細說藏傳佛教

雪域中的珍寶

……在雪域的傑作。

藏傳佛教[illegible]生在雪域高原上的獨特文化現象。

藏……

姜安 著

【目錄】

〈編序〉

藏傳佛教在臺灣

吳明興

距離臺灣，西藏地處萬里之外，在我國西北部的崇山峻嶺之中。然而大部分的臺灣人，但知有這樣一個地理名詞，在教科書上讀過，至於它的眞實性如何，則不甚了然；或者在電視節目中、雜誌上，瞥到一些片片斷斷的光影，也是模模糊糊的不知所指。除非專家，否則很少有人有興趣的就其地理、歷史、語言、社會制度、信仰、風俗民情，乃至於生活方式等方面，對西藏進行全面性的了解與深入的探討——特別是藏傳佛教。

藏傳佛教雖然是佛教的三大體系之一，就佛教的信仰而言，其終極關懷與漢地和南傳佛教，本無分別，祇是在信受和發展的取向上，受到藏族固有的歷史條件，和與傳統苯教會通的相互制約，加上地理、人文環境的特殊，而逐漸開展出別具風格的形式。

藏傳佛教和漢地佛教同為北傳佛教的系統，就佛教法裔在北傳的發展系統而言，一直就被定位為八宗之一，或言眞言宗，或言密宗。在它的發展進程中，不但在信仰上對藏族產生了全盤性的影響，更普及於一切的生活方式、思想特質、行為態度等。即使在國史上，自唐乃至於元、清，尤其佔有舉足輕重的地位，而於元時盛極一代；至清朝更是受到宮廷的器視，而直接影響了內地對西藏的政策，這使國族的融合在一眞法界之下，特別顯得密切無間。

自從臺灣光復後，藏傳佛教在臺灣，幾乎是不存在的，即使有少數人有機緣親近密教，也是在唐朝時東傳日本，再間接傳入的東密的殘餘。而在當時其他宗派的佛教，如淨土宗、禪宗、天臺宗等，也因形勢的不得已，而被弱化成民間信仰，甚至與齋教、偶像崇拜、天道、道教信仰混淆不清。雖然後來有了諸如「金剛乘學會」之類的民間組織出現，也祇限於少數有心人在默默地努力，這不但沒有普及的條件，也缺乏弘教的因緣，致使一般人對密宗的看法，就顯得更加神祕不解了。

這種不解，甚至是誤解，不僅造成了不必要的困擾，也直接造成了對藏傳佛教正信的傷害。首先是電視連續劇往往把喇嘛的角色，幾乎都扮成依附於滿清皇朝，專幹傷天害理以媚主求榮的御用殺手；其次是在民間，則不斷地把它神通化，並與堪輿、占卜、氣功等術合流，用以談風水、求發財，且意圖假借他力以消解自作的災厄，而讓人感到密教似乎具有極端神祕的異能，於是怎麼看它就怎麼邪；再次是港製國片電影，喇嘛更全是清一色的奇怪的角色，就像巫師、天師，善於與修羅道、地獄道相鬥，且身懷絕技從事一些詭祕的勾當，這不但使純爲消費娛樂的看倌們覺得刺激無比，甚且以其不解而乘機揶揄密教爲無知之徒的神怪信仰爲能事。其實藏傳佛教，根本不是這麼回事。

近十幾年來，隨著各宗佛教在臺灣迅速的振興和傳佈，且信徒與日驟增，對社會正面的影響與貢獻日漸深遠之際，佛教密宗亦因法緣當機，喇嘛來臺者日衆，而逐步在臺灣發展起來，經典、經論、雜誌的整理、詮釋、翻譯的編印與出版，也隨之勃興，並與各宗並顯於當前，因此受到了各階層人士的正視。祇是我們實在雅不願意，密教在臺灣，一如既往，僅止於做爲一種充滿詭異氣氛的「祕密宗教」而被認識到，於是在長期整編陳健民瑜伽士的《曲肱齊全集》三十七册的同時，適時梓行本書，一方面用以正本清源，一方面用以做爲一系列密教法本倡印的前導。

本書是由親身體驗、研究藏族生活和藏傳佛教的著名學者姜安所撰述，並得到西北民族學院藏文系高級佛學研究員多識主任，以及藏胞閔有德先生就藏族歷史、文化等多方面的指導，且參照了張潔、朶藏才旦的實地採訪資料，和諸多時賢大量著作的啓發，可以說是我國當代第一部全方位地揭顯藏民族歷史文化和藏傳佛教的著作。

值此，藏傳佛教日益受到臺灣信徒的關注和皈依者日衆之際，爲使各階層人士有正確的認識，我們很樂意把本書推薦給您，願諸位大德知所以正依、如實受用，而得大法益、大圓滿。

民國八十四年十一月十三日

序言

藏傳佛教也稱藏語系佛教，與漢語系佛教、巴利語系佛教並稱佛教三大體系。這三足鼎立的佛教體系，從表面上看來都是佛教，似乎它們之間的差別僅僅是佛經語種的差別；實際上則不然，藏傳佛教和漢傳教屬於大乘佛教，巴利語系佛教屬於小乘佛教。大乘和小乘之間除了四衆弟子的基本戒律方面有相同之處外，在教義和價值觀念、追求目標等方面則有所不同，就佛教最基本的佛、法、僧三寶的概念，大小乘之間有著天淵的差別。這種差別主要來自經典傳承的不同。在巴利語系的佛經中只有屬於第一法輪的《四諦經》和律部《阿含經》之類，不但沒有佛傳給烏杖焉國王恩札菩提，和香巴拉法王月賢等人的《密集主續》和《時輪主續》等四續部經典，就連屬於第二、第三法輪的

《般若》、《華嚴》、《法華》、《涅槃經》之類的大乘經典都沒有。因此，上座部小乘佛徒以自己所見經典為依據，認為大乘經典「非佛親授」。

後來龍樹、彌勒、無著等大乘師以有力的證據，破除了反對大乘法的部派偏見，弘揚了大乘教義，曾一度只在高智弟子中傳習的大乘佛法在社會大眾中得到了普及。密咒散見於各種佛經，至於屬於大乘佛法核心的成佛捷徑密道理法類《四續部》，佛住世時祇傳給了文殊、普賢、大勢至等大菩薩和根器特優的少數僧俗弟子。當時傳授，修行方式極密，保密措施極嚴。故佛示寂數百年間未曾聞世，到了龍樹時代修密法的人才逐漸多了起來。因此早期的小乘佛法的資料中沒有佛傳大乘法和密法的記載。

現在有些人所謂的「大乘法典為佛入滅數百年後形成」、「密法來自印度教《吠陀》」等觀點顯然受了小乘佛教傳說和資料的影響。如果這種觀點成立，就要承認，除了上座部的《阿含經》之類的幾部經典外，屬於第二、第三法輪的所有經典和《四續》部全是「託佛之名的偽作」這樣一種的觀點。因為若非佛說，不能稱作「佛法」。對小乘教這一類觀點，印度的大乘師和歷代藏傳佛教大師的著作中有很多反駁和論證。此處不必費舌。

藏傳佛教和漢傳佛教同屬大乘教，顯宗方面的教義理論基本經典也大致相同，都是以《大般若經》爲主。從道理上講，藏傳和漢傳佛教之間應該有更多的共同點，但實際上也不然。

一、共同遵循的經典雖然相同，但對經文的解釋和教義的理解方面，藏傳和漢傳佛教之間有著很大的差別。

二、漢傳佛教屬於顯宗佛教，在漢文佛經中只有事部和行部的兩三種密法譯本，其餘全部是顯宗經典，就連禪宗也是顯宗的一個派別，雖然有「禪密」之稱，但也算不上密宗，而藏傳佛教是顯密結合的大乘教，在藏文大藏經《甘珠爾》部共有佛經譯本七七九種，其中密部經典三九八種，佔百分之五一。《丹珠爾》部共有印度高僧的著述種二三三七種，其中密典有一七四七種，佔百分之七四點八，藏傳佛教歷代高僧的佛教論著不下幾十萬種，其中百分之七十以上是密宗著述。由於這種原因，在整個教義和修持方面，藏傳佛教有了與漢傳佛教完全不同的特點。

三、藏傳和漢傳佛教在地域生活環境、歷史文化、民族心理素質等因素的影響下，所形成的文化形態方面具有重大的差別。例如寺廟佛塔建築風格，佛像的造型色調、供儀禮樂、規章制度、飲食服飾和學修生活方式、宗教習俗和信仰心理等方面，都有明顯的相異。同樣的觀世音，在藏傳佛教中是慈悲尊嚴的男性，而在漢傳佛教中卻變成了清秀莊重的女性；同樣的彌勒在藏傳佛教中只有佛和菩薩兩種形象，而在漢傳佛教中卻多出了一個笑容滿面的「大肚羅漢」形象。至於千奇百怪、五顏六色的藏傳佛教的密宗佛像，在漢傳佛教的寺廟中是找不到的。

總之，藏傳佛教既有佛教的共性，也有藏傳佛教特有的個性。實際上藏傳佛教可以說是佛教意識形態和藏族歷史文化長期融合，所形成的一種特殊的文化意識形態。

當今世界上正在興起一股研究藏學的熱潮，居於藏族文化主幹地位的藏傳佛教引起了很多人的興趣。這本書的出版，一定能夠滿足想從宏觀角度了解藏傳佛教者的願望。

本書的作者姜安女士是一位才華橫溢的專業作家，在散文、小說、報導文學方面有許多膾炙人口的佳作。這本書，我是第一個讀者，我受作者的委託，從頭到尾進行了審閱。她雖然不是受過專業訓練的藏傳佛教專業研究者，但她相關知識的儲備量和對藏傳佛教的了解深度，使我感到驚訝。

我六歲入寺，從小學習藏文佛學顯密經典，先後得到十多位藏傳佛教著名格西的傳授栽培，青少年時代在大寺院中度過，受佛教的熏陶將近五十年了。由於自己才識有限，學到的東西很少，談不上「精通」，但還略懂一點。我看了這本書後，的確找不出什麼毛病。個別細節問題，隨時發現，隨時做了糾正。在密宗的義理和修持方面的某些問題，雖然介紹得有點籠統，但這更符合一般公開的密籍所採用的方法，沒有必要說得更具體透徹。

總的看來這本書有以下幾個特點：

一、作者不帶任何框架、不執著因襲偏見，而客觀地、如實地反映了藏傳佛教的情況。

二、本書涉及的內容很廣，對藏傳佛教的各個領域展開了全方位的透視。

三、作者在寫這本書的過程中所參考的書籍多達三、四十種，其中大多數資料所反映的情況符合實情，本書介紹的情況完全可以信賴。

四、本書的作者雖是一位藝術修養很高的文藝作家，但在這本書中卻沒有文藝小說式的誇張和虛構，沒有氣功師式的憑感覺亂說，沒有不懂裝懂的想像臆測，顯示了作者的嚴肅認真、實事求是的精神。

五、書中沒有採用專業性很強，艱澀難懂的語彙，沒有枯燥無味的抽象說教，沒有舞文弄墨的弊病，用通俗質樸、淺顯易懂的語言，直觀形象地將一幅幅藏傳佛教的五彩繽紛的畫卷展現在讀者面前，讀起來彷彿有一股強烈的感染力吸引著你不放。

我希望今後不論誰來寫藏傳佛教，都能不帶偏見，正確反映民族宗教文化，以幫助各民族間的相互了解。

西北民族學院少數民族語言文學系主任　多識

於一九九二年二月十九日

1 藏傳佛教在雪域

青藏高原，是一片凝重、莊嚴的土地。

自從人類從這塊地球行星表面最高拔、最嚴峻的陸地上站立起來，便賦予了它一個再貼切不過的稱謂——雪域。

雪域，是一片永遠能引出人類豪邁感的地域！

博大與高拔，使它攏抱了世界上幾乎最高峻的一群山脈——喜瑪拉雅山脈、岡底斯山脈、巴顏喀拉山脈、唐古拉山脈、祁連山脈、喀喇崑崙山脈、阿爾金山脈、橫斷山脈等等；並涵括了中華大地以及亞洲南部的許多大江、大河的源頭。

令人生畏的海拔高原，以及環護著它的厚厚的天然屏障，使它成爲地球上最後一片在人們面前顯露出眞實面目的高原。

衆多的探險家、科學家、藝術家、傳教士的好奇心、野心、信仰和使命感，永久地鐫刻在這裡；無數學者、商賈、入侵者的喘息、驚異和歎服，也恆久地留在這裡……

雪域又是迷一般的土地。

橫亙於這片高原上的草原、荒漠、終年不融的積雪、獨特的陽光、紫外線和湛藍的天空，還有發生於此的罕見、壯闊的自然景觀與人文景觀，都構成了它對外界永久的魅力與誘惑力。

然而使雪域高原對外界產生最大吸引力的，卻是誕生於此的獨樹一幟的高原文明與文化（爲與其他地域文化區別起見，不妨稱它爲雪域文明與文化）。

是的，喜瑪拉雅山聖潔的冰峰和雅魯藏布江不息的濤湧，在這裡映照和推湧出了燦爛的歷史和文化。這別具一格的文明與文化，不僅以其巨大的向心力，將數萬年來生息、繁衍於此的雪域居民，凝聚成爲一個具有共同心理素質的偉大民族——藏民族。而且這種文明與文化，在與漢族以及國內、外其他民族文化的相互補充、緊緊相連中，構成了整個中華民族燦爛文化的完整篇章。

而在雪域文化中，最爲獨特、最爲神奇、造成了雪域高原神秘氣氛最強烈色彩的，便是由藏民族所信受創立、奉行、傳播的藏傳佛教。

可以說，在這塊莊嚴、神秘的雪域上，不僅處處顯示著歷史前進的足跡以及優秀的高原文明與文化成果；同時，也並存著生命輪迴說和濃烈神秘的宗教文化氛圍。

當宇宙天體中的太陽，把一天中最初的光線射向地球的時候，雪域高原的清晨，如同世界許多地方一樣開始躁動、歡騰起來。作爲現代文明標誌的無線電波，載著千里之外中原時間報曉的鐘聲到達雪域，催促著人們走出現代化樓房、住宅區，或古老的村寨、帳圈進入繁忙的勞動與創造。然而，雪域的躁動與歡騰，卻是伴隨著裊裊上升的祝願來臨的。不少人家的院內、屋頂上漂起香柏、奶汁、糌粑燃燒的青煙，晨空中散發著略帶苦澀的爛爛味……雪域的居民在虔誠的修持中，開始了一天的工作。

在大自然的懷抱裡，在養育了祖先的土地上，工廠的轟鳴與飛機、汽車等現代化交通工具的喧囂，已進入了人們的生活之中。然而在一切有人居住的地方，隆達旗、五色經幡仍獵獵飄舞。人們用自己的辛勞與智慧創造著生活，同時也向佛陀表達著敬意，向上天傳達著虔誠。

雖然今天，絕大多數村落、山寨、帳圈的生產組織與經濟結構已隨時代的發展，發生了很大的變革。然而，不論是村落、山寨，還是遼闊草原上的帳篷，差不多仍是以嘛尼房爲中心而建造的。那些印有經文的修行場所，可以說是村莊、山寨的核心和靈魂。

在不少藏族人家的庭院中，已有神氣活現的手扶拖拉機、割草機等農牧業機械進進出出。然而，神秘的符咒也貼在不少人家的門楣上，那是主人希望這些鎮妖的符咒能發揮護家、護國、護部落村寨和鎮宅的威力。

現代化的家用電器、高級的組合傢具和室內裝飾材料，已進入了人們的居室中，美化著人們的生活，提高著生活的格調。然而，在佛教徒的居室中，卻不能沒有佛陀的位置。富裕殷實些的家庭，在室內設有專門的佛堂；不富裕的家庭也要在家中顯著位置設一小小的佛龕。無論他們多繁忙、多勞累，他們都能擠出時間舉行宗教儀式，向佛、菩薩奉獻供品、淨水。佛燈，在佛龕前爍爍長明……天天如故，歲歲如此。

雪域居民的飲食結構亦在變化著，現代化的飛行、運輸工具，能以快捷的速度從天上、陸地將世上的一切美食「泊」到雪域高原來。咖啡、威士忌已擺上尋常百姓的餐桌。然而，痛飲之前，人們誰也忘不了先用右手最潔淨的無名指蘸少許酒汁，向空中連彈三下，代表著向佛、法、僧三寶致意。

尼龍、化纖織物對於雪域居民早已不是什麼新鮮之物。著西服、牛仔服的高原男女青年常在集市、商場與你擦肩而過；時髦的金項鏈戴在了雪域女兒們的脖頸上；然而，一根由活佛念經加持過的吉祥結，對於許多人來說卻顯得更爲重要。他們認爲這種由色綾所挽的「順瓦」，能夠爲他們消災袪難，因而既使在西服之下，也常有人繫著一根吉祥結。

至於念珠、護身符更是被不少人珍藏於身上。一百零八粒的念珠，日復一日地被不少人數捻著。那些由菩提子、珠寶、骨頭或木製的佛珠，不論價值高低，同樣被用來向佛祖傳達心聲。那些粗糙的或細膩的手指，在佛珠上數百萬次、億萬次地數捻著。而那種裝有精緻佛像和密咒的護身符，藏語稱爲「嘎烏」，更被許多人緊貼胸口永不離身，表示著佛陀與他們永伴。這樣，他們便覺著踏實，感覺跟踪的災難會被消除，襲來的邪惡會被化解。

困苦與災難，不會使雪域主人呼天嚎地。雖然新建的心理諮詢、老人、殘疾人等一系列機構，向人們宣傳著擺脫心理障礙、孤獨、恐慌、壓抑等的方法。然而，這裡的人們更多地祇是默呼三寶（佛、法、僧），持誦著流傳千古的六字眞言。在雪域，可以說從瑜伽行者到牧童，幾乎都會唱詠佛教讚歌，無論在高高的山岡，還是在深深的谷底，也不論是在城鎭還是在遙遠的荒漠……

在雪域，無論何時何地，祇要手和嘴有功夫，這裡的不少人就要誦念經咒和轉動嘛尼經輪。那鐫刻著六字眞言的手輪，在不少人手中畢生地旋轉著，不少人就在這虔誠的修持中，走完了自己的人生之路。

雪域是文化氣氛濃厚的藝術化的土地。這裡的繪畫、雕塑、鑄造、建築……無不透著令人稱頌的藝術光輝。然而，無論是古老的唐卡、堆繡作品，還是已高度抽象化了的現代壁畫、浮雕，許多題材仍與宗教有關。在一定程度上，佛教構成了雪域高原文化、藝術、文獻的精華。今天，現代化的舞廳、卡拉OK營業廳在雪域隨處可見。然而，踢踏舞、鍋莊、「羅羅舞」等民間傳統舞蹈同樣受到鍾愛。而且在許多場合，這種集體的娛樂活動開場之前，仍要由煨㷭拉開序幕。人們請德高望眾的長者念祭辭、願文，在小小的金剛杵和銅鈸叮噹作響中，娛樂活動滲進了濃濃的祈願祥和、幸福永駐人間的宗教氣氛。

雪域居民的婚禮，是以最隆重的儀式舉行的。舞蹈、歌唱在結親雙方家庭親朋聚會中是必不可少的，然而更少不了招福和祈神的儀式。許多人家在有條件的情況下還請喇嘛遵禮誦經。許多地方將羊毛捻成的一種稱爲「穆」的線黏在新郎的前額，而將一根藍色的吉祥繩黏在新娘的前額。新郎手握一支箭，給神供奉青稞酒和食品；而新娘手拿一支紡錘，供上奶酪和「細瑪」（糌粑和奶油的混合物），然後新郎和新娘同坐在白色（藏胞普遍崇尚白色，他們認爲白色是美好的化身，是善的象徵，代表純潔、溫和、善良、慈悲、吉祥）的氈毯上，向親人致意並接受人們的祝福。整個婚禮過程不僅貫穿著象徵吉祥意義的宗教儀式，而且婚禮後，剛建立起新家庭的夫婦和他們的親屬，還要去寺院布施獻茶，祈求白頭偕老、幸福安寧。

一個新生命呱呱落地，不少家庭必定要請寺院高僧為之賜福。有的還要請高僧為新的生命命名。從此，那小生命從小到老、事無鉅細，便都在佛理教義的引領之下，或生生死死，輪迴不絕；或證入涅槃，永離諸苦……

現代醫學雖已使人的壽命和健康水準大為提高；然而，不少雪域居民，在遇到病難疾患時，仍恭請喇嘛誦經占卜，禳災祛邪；或請咒師念密咒、送祀食，驅趕病魔。

對於故去的人，人們已開始接受追悼會的形式悼念他們。然而，許多地方、許多人仍要另請喇嘛作法、超度亡靈。對於死者的財物，一部分作為喇嘛誦經超度之用，其餘的布施給寺院；亡者的屍骸，或天葬、或火葬、或水葬、或土葬。總之，要讓原本就來自天、土、水、火「四界」的生靈，再歸於天、土、水、火「四界」，他們認為這樣做，一切才顯得合情合理、天經地義。

佛教教義的生死輪迴之說，可以說已完全融進了這片凝重、莊嚴、神秘的雪域。藏傳佛教的痕跡，無處不在，藏傳佛教的光輝，無處不有。

今天，以藏傳佛教為載體的文化，已成為藏民族主體文化的構成部分。毋庸置疑，藏傳佛教已成為生息在雪域高原的藏民族，以及其他信仰它的民族的精神支柱和情感寄託。在很大程度上，藏傳佛教影響著這些民族的歷史、文化以及日常生活。

藏傳佛教是發生在雪域高原上的獨特文化現象。

藏傳佛教是歷史留在雪域的傑作。

然而，藏傳佛教究竟是如何形成與發展的？它涵括著哪些內容？這一宗教形式何以對藏民族有著巨大的吸引力、感召力？它在雪域高原，以及在蒙古、土、裕固、納西、普米、門巴等民族中為何經久不衰？藏傳佛教無論作為一種「存在」，還是作為一定歷史時期的思想與文化成果，都為歷史、為世人提出了一個必須正視的課題。

2 喜瑪拉雅山的晶峰折射出的宗教幻想

踏上浩茫的雪域，不論是誰都會立即明顯地感覺到，自己是進入了一個被塗抹了現實與超現實色彩的世界、游弋在神話傳說的海洋裡……

屹立於雪域藏地的每座山峰、每塊草原、每汪湖泊、每條溪流，都無遺漏地被藏族人構思、杜撰出了優美動人的故事。

那些冷峻的自然物被賦予了跳蕩的生命。那些山峰和湖泊，或凶煞，或善良，或高貴，或卑微，或冷漠善妒，或寬懷大度，或哀怨不振，或樂觀凜然……在雪域，世間、天界，神奇地交融著；現實、夢幻微妙地契合在一起；現實的物質世界與非現實的、超現實的精神世界，奇異地並存著。

有人說，藏民族是具有高超形象思惟能力和夢幻意識的民族。這話不假。然而我們不能不說，正是他們所生息著的那塊地球上最孤寂的生存高地，賦予了他們最廣大的精神空間和思惟特質。

人們喜歡以羅曼蒂克的手法，把那些突兀於世界陸地之巔的雪山，描繪爲披著柔曼輕紗的少女；把人們憑著氧氣筒和現代技術裝備攀登而到達的某一海拔高度，稱作「征服」。然而，當他眞正如同雪域主人那樣，作爲生存的「常態」去翻越它們，或在它的胸膛上站立片刻，他便會立即感悟到神祕雪域所展示給人類的眞正象徵意義。

特殊的大氣壓力和大氣寒度，對人體機能產生了特殊的作用。事實上，海拔的高差使我們同生存於地球上的人類分成了不同的生命種屬。一定的海拔高差，有時竟阻止了人的交會與流動，從而使一些特殊地域完整地保持了自己的生命文化形態。

青藏高原就是較好地保持了自己完整生命文化形態的地域。

雪域的居民，往往要面對蒼茫、肅穆寂靜的雪山；往往要面對明淨遼闊、丰姿綽約的湖泊之國；面對鋪展天際、年復一年忽而綠、忽而黃，在夕照中閃爍波光的草原；面對著曾是波光浩渺而今卻徹底乾涸了的古海；面對那些透著鐵鏽紅的死火山；面對驟然而起的風暴以及風暴過後草原出現的奇異安詳和美麗……

造化就是這樣爲雪域主人安排了他們特殊的生存空間和生存環境。宇宙之大，天地之闊，大自然變幻之奇，世界風物人情之異，人類命運的莫測與艱辛，都被雪域主人充分地感應著。對此，除了驚異、除了歎服外，他們的頭腦自然不會是一片空白的。

哲人費爾巴哈曾風趣地說：「如果太陽老是待在天上不動，它就不會在人心中燃起宗教熱情的火焰。祇有太陽從人眼中消失，把黑夜的恐懼加到人的頭上，然後又再度在天上出現，人這才向它跪下。」

的確，嚴峻的環境與變幻無窮的時空，不僅賦予了雪域居民適應環境所必備的超乎尋常的體魄和剛強倔強的性格，而且也將這個民族的夢幻意識推向了高峰。

當科學處於不發達狀況時，夢幻意識便最容易引出宗教幻想來。

試想，生活在遠古時代的雪域居民的祖先們，在那天似穹廬，籠罩著四野茫茫的草原上，望著遠處的雪山在陽光下晶瑩閃爍，頭頂上的天空一塵不染，人在大自然中是那樣渺小、神秘。自然界又常向人們顯示神威——雪崩、泥石流、旱災、蟲災、風、霜、地震、雷殛、野獸橫行等，棲息於此中的藏族先祖們，又怎能不發出奇異的感覺呢？

況且今天藏民族的先祖們早在距今四、五萬年前，就已在青藏高原繁衍生息了。

近年來，在唐古拉山以南至喜馬拉雅山脈以北的廣闊地域內發現的舊石器文化遺存，以及西藏靈芝縣、墨脫縣、拉薩北郊曲貢村、山南乃東縣等地出土的舊、新石器文化遺址，以及那些遺址「點」的集合，足以說明在西藏高原的很多地區，自古就有古人類生存。

位於西藏定日縣的蘇熱、申扎縣的盧令、珠洛勒、日土縣的扎布和普蘭縣的霍爾區考古發掘出的舊石器中，不少在加工方法上已較成熟，出現了心形尖狀器，大約可推定爲距今五萬年前的產品。

在藏北的納曲和申扎、雙湖和班戈的蒂浪碧錯、木多茶卡和雅典雅土、藏南聶拉木的亞里、羊圈，阿里地區的日土、昌都的卡諾等地出土的細石器，已有各種形狀的細石核，同時還伴隨有陶器、骨器、打製石器、磨製石器等。那些原始人類留下的器物，每一件都以無聲的語言敘述了製造者的匠心、生存需要，包含了雪域主人早期的思惟、史前社會的文化和藏族先祖們的生活方式。

毋庸置疑，藏民族的早期文明與宗教有著舉足輕重的聯繫。

那些「蘇熱」文化遺址、「卡諾」文化遺址的創造者們，在變幻莫測的大自然中重覆著他們極簡單的生產、生活方式……一切都似乎凝固了。因此，他們需要一個「動」的崇拜，需要有更多的神來充實自己的生活，也希望能有更多的神能保佑自己免受各種惡煞的侵襲。

藏傳佛教的起源

同世界上其他民族一樣，雪域的主人，在其處於人類的童年時代時，也曾產生過自己的神話傳說，也曾產生過自己的原始宗教。

法國哲學家孔德（西元一七九八年～一八五七年）說過，人類一切知識的發展，需經過三個不同的階段：一、神學的階段；二、形而上的階段；三、實證的階段，而宗教階段是人類知識發展的起點。

雪域主人正是從這個起點出發，邁向人類認識自然、認識社會的漫長路途的。在藏民族中相繼出現過山水崇拜、植物崇拜、動物崇拜、圖騰崇拜到英雄崇拜、偶像崇拜等幾種原始崇拜觀念和信仰過程。

⊙自然崇拜

對自然的崇拜是藏族先民原始宗教觀念的第一項內容。

這種最初的原始宗教是對與人們生活有密切關係的自然界具體實物——如天地、日月、星辰、雪雹、山石、水火等的直接崇拜。藏族先民認爲，這些自然物處處顯示出超人的威力，因此它們均有神靈，它們本身就是神的化身。而宇宙萬物和人類都由天神來創造和主宰。

在他們看來宇宙分爲三層境界。最高層是天神居住的地方，住著天神六兄弟和他們的眷屬，最大的天神「什巴」，是創世主，因而在藏族古代神話中已出現「什巴創世」的傳說。人們也常把心目中崇敬的人物視爲天神之子來到人間，可見「天神」在古代藏族先民心目中的顯赫地位。

而人類腳下踏著的土地，之所以能長出一切植物，包括草、花朵、糧食、瓜果等，則被認爲全是土地神指使的結果。土地神（土主）掌管著大地上生長的萬物，保管著大地下的一切寶藏。正因爲如此，每逢春耕或秋收之時，人們必向土主供獻各種祭品，以保土地的肥沃和莊稼的豐收。至今在藏族民間沿襲著的望果節、採藥節、採花節等習俗，就是對地神（土主）的崇拜和祭祀形式。

至於對「曜神」——即日、月、星辰的崇拜，以及對雪雹、雷殛等的畏懼和崇拜，不僅在藏文典藉《十萬白龍經》、《土觀宗教源流》中有所記載，而且在藏族民間至今仍能找到痕跡。

對於神山聖湖的崇拜，則是藏族先民在各類自然物崇拜中規模最大、影響最久遠的崇拜內容和形式。

青藏高原雪山矗立，雪崩、泥石流等災害時有發生，因而形成了雪域主人對雪山獨特的、持久的崇拜。那些率先產生的山神，是一些滋潤著良田、牧場的雪山，它使人們直接獲利，因而人們從功利的目的出發，尊它們爲善神。而另一些處於人跡罕至的森林或蠻荒、貧瘠之地的，又與人們生產活動關係不如「善神」那麼密切的，人們出於畏懼而將它們神化成「惡神」。

根據藏族民間的傳統信仰，認爲藏地有四大神山：

雅拉香波大神山，位於西藏山南地區的窮結縣。此山並非青藏高原較大的山脈，但它卻處在古代雅礱部落形成、發展的地帶，與統一全藏區各部落的吐蕃王朝的先祖們，在物質生產活動上有直接的關係，因此它被尊爲四大神山之首，代表犛牛圖騰。

念青唐古拉山，位於藏北羌塘草原。這位山神最初是作爲雹神被人們認識到的，是屬龍蛇圖騰的「巨蟒」；在神話傳說中被認爲是財寶的守護神。西元一九九〇年，在大陸舉行的第十一屆亞洲體育運動會的聖火火種，就是在這座西藏最著名的神山上取得的。

庫拉日杰山，位於西藏南方。

沃德鞏甲山，位於西藏東方。

四大神山是雪域神山的代表，是佛教傳入之前藏族原始信仰中崇拜的圖騰山神。四大神山又與阿尼瑪卿山（青海）、蛟卿頓日山、崗巴拉杰山、雪拉居保山、覺沃月甲山、西烏卡日山組合在一起，形成了藏區山神體系的核心，稱爲「世界形成之九神」。此外，因地理環境的不同，各地區還有自己特定的山神。如：藏族果洛部的大山神保玉載匝日山；每年都有大批印度教徒朝拜的西藏西部的岡底斯山；位於西藏定日地區的護佑人類福壽、財寶和農牧的長壽五姊妹女山神等等。

有趣的是，隨著藏族社會的發展，山神由單體的神靈向整體的山神體系過渡，出現了神靈的分類和等級。而藏族社會不同發展階段的差異與宗教內在的矛盾性，又導致了山神體系的矛盾性，出現了最高山神的異同和山神職能的異同，這些異同和矛盾性，又演繹出了流傳於民間的許多優美、神奇、充滿人間之情的關於神山的故事和傳說。當然，隨著後來佛教的傳入，關於它們的傳說便又摻進了大量佛法的成分。那些山神、湖神都轉爲佛教的護法神，使得山神、湖神的性質和職能發生了變化。後來佛教創造出的佛教聖山和山神，成爲藏區原有山神的統領了。

對於湖泊的崇拜，也源於青藏高原星羅棋佈的湖泊和常發生的一些難以解釋的自然現象。古代雪域居民認爲，這些自然現象均是湖神在顯靈。

聖湖，幾乎遍佈藏區各地。藏北高原上的納木湖、色林湖等湖泊，就被視爲聖湖或魔鬼湖。拉薩東南的拉摩南措湖，就是藏胞所公認的「神湖」。古代吐蕃王朝對國事作出重大決策之前，先要請巫師到拉摩南措湖觀看顯影，占卜吉凶。這一儀式，後來被藏傳佛教所吸收，在選定達賴、班禪活佛的轉世靈童時，都要到拉摩南措湖觀看顯影，以確定靈童轉世的方向和地點。

⊙動物崇拜

動物崇拜與隨之而來的圖騰崇拜的出現，是隨生產力的發展和思惟能力的提高，藏族先民們在自然崇拜的基礎上呈現出的一種新的原始宗教觀念。

狩獵和採集經濟，使人與動物的關係極爲密切。人們既依賴動物，又畏懼動物，動物被當作神靈來崇拜，這就產生了動物崇拜。在西藏阿里古格王朝遺址中，在一些寺廟的經堂上方和四壁，隨處可見繪著許多獅、象、馬、龍、孔雀等圖案。這表明古格王朝的藏族先民早已把這些動物作爲崇拜的對象了。此時人們的全部經驗中最主要的部分都是與動物界有關的，他們的世界觀就在這一經驗的基礎上形成了。他們的藝術主題也容易取自於動物。藏族先祖們對一些動物從羨慕、幻想，逐漸發展到崇拜，並以此作為部落氏族的祖宗，解釋自己的種族起源，這樣就形成了圖騰崇拜。藏族先民主要的圖騰崇拜是：獼猴圖騰、羊圖騰和龍圖騰。此外，還有犛牛、犬、白馬、白狼等圖騰崇拜。

如此不同的圖騰崇拜，或者說藏族先民以不同的動物作為自己族源神話的主角，這說明了各個氏族在族源問題上不同的見解，同時它也從另一角度說明了藏族族源問題上不同的見解的多元性。應該說是那些曾共同生息繁衍於雪域高原的種族集團，在社會的發展中，逐漸具有了共同的文化心理，從而最終凝聚成為一個民族——藏族。

當藏族原始社會由採集、捕獵階段進入到農牧業經濟階段後，人的力量愈來愈多地顯示出來。當人類開始意識到自己比動物優越得多的時候，那種以動物為崇拜的顛倒情形，就重新顛倒過來了。一些獸形的神開始退出了歷史舞臺。人們由對動物等的圖騰崇拜，開始轉到人們自己身上。那些部落祖先中最強悍的英雄，便被人們奉為可驅逐一切「惡鬼」、災禍、主宰人生死的「保護神」。

⊙英雄崇拜

藏族先民信奉的「保護神」較多。它們主要是「贊神」、「敵神」（戰神）、「陽神」（男神）等等。至今，藏區仍保留的古老的招神（招魂）儀式以及插箭節等儀式，實際上就是祭祀、祈求「保護神」保護的儀式。「保護神」的出現，意味著英雄崇拜的產生。藏族長篇史詩《格薩爾王傳》中所提到的格薩爾王，就是一位身兼數種「保護神」職能的英雄。至今在衛藏地區、青海的巴納部落和果洛部落，以及藏東部的霍爾巴藏族中，格薩爾王都被作爲祖先神和保護神來崇拜。一個民族對《格薩爾王傳》如此津津樂道，其群體文化背景便十分值得研究。

在英雄崇拜中，一切神都是人格化、社會化的。英雄神靈具有主宰人世間一切，包括主宰人們生死禍福的權力。因此，隨著英雄崇拜的擴散，那種規模大、時間長、次數多、形式紛繁的祭祀活動也隨之產生了。

⊙原始宗教：苯教

在佛教傳入青藏高原之前，當藏區社會進入父系氏族社會以後的漫長歷史時光中，一種由西藏本土誕生的宗教——苯教，曾是雪域居民主要的信仰宗教。

苯教是以崇拜天、地、水、火等自然物爲特徵的雪域本土宗教。從目前對苯教研究的成果看，苯教應分爲原始苯教和系統苯教兩部分。原始苯教是古代青藏高原各氏族信奉的一種原始宗教，同早期薩滿教有某些雷同之處。又被稱作「黑本」、「魔本」、「苯教」、「缽」。信奉該教的人「重鬼右巫」，禳災解禍、祛病除邪的文化心理與他們緊密地聯繫在一起。至於系統苯教，按照西藏的傳說，在西曆紀元初，古象雄國的王子辛饒米沃將「杰爾」按照佛教的方式進行了一次「結集」，這就是後世稱爲是「正統」苯教的起源。這種被象雄王子尊之爲「正統」的苯教，亦稱爲「白苯」或「雍仲苯教」。

今天殘留在藏北文部地區當惹雍湖畔一個叫穹宗地方的象雄國王宮遺址，大概是當年系統苯教形成的唯一見證了。

在苯教裡，有一個神秘的符號——卍（藏語稱「雍仲」，表示「永恆」）。今天，在雪域的一些廟宇、村寨和山石上，仍刻著這個符號。如果我們將眼界擴大到西藏以外的古印度、古波斯，甚至古希臘，就會發現在那些地區，曾有過一個時期，也將「卍」符號作爲一種符咒、護身符和宗教標誌。「卍」符號是太陽和火的象徵，是法輪恆轉不止的象徵，是「永生」、「永恆」的標誌。然而它的具體含意，在不同的民族中卻有所不同。我們不會忘記第二次世界大戰期間，希特勒曾以此符號作爲法西斯的標誌。據說，希特勒是從古天竺文化中發現了這個吉祥符號的。於是，選用它作爲保佑自己意志的標誌，但他卻弄錯了方向，更因爲他的行爲褻瀆了這個符號，所以導致了他的覆滅。

苯教的「苯頗」一詞，既是苯教的名稱，又是苯教巫師的稱呼。「苯頗」以父子、叔侄相承傳，他們在生產勞動上掌握著一定的知識，在婚喪嫁娶、軍事征戰特別是王室有重大活動時，都必須經過他們占星卜卦，預示凶吉。

苯教崇拜天、地、水、火、雪山等自然物。認爲天是「三界」（天上、地上、地下）之上界，是神與靈魂所居之處。日、月、星辰都被奉爲光明之神。古代西藏的吐蕃王朝，在舉行會盟大典時，有「令巫者告於天、地、山、川、日、月、星辰之神」的儀式。祭天時，用松枝葉焚起靄靄煙霧，認爲用煙霧把天和地連在一起，溝通天上人間，可以得福。爲了接近神靈，在山頂壘石爲壇，由巫師站在神壇上呼喊天神，宰殺牲畜獻祭。吐蕃王朝初建時，王室宣稱自己的祖先是「天神赤頓之子」降歸世間來做「吐蕃六犛牛部的主宰」的。

苯教的發展一般分爲三個時期：一、篤苯；二、伽苯；三、覺苯。篤苯與伽苯稱爲「黑苯」，是原始苯教。而覺苯爲「白苯」，是系統化了的苯教，爲苯教主流。

在西元七世紀前（即佛教傳入青藏高原之前），雍仲苯教的傳播，對西藏、青海等地文化的發展，具有十分重要的意義。這一宗教形式不僅包含了雪域居民以崇拜形式所追求的精神願望，而且還包含著維護社會等級、社會倫理以及固定本民族基本生活方式（包括衣、食、住、行……）等各方面的內容。雍仲苯教的傳播過程，使得生息、繁衍在雪域高原上的許多氏族，都在雍仲苯教的影響下，逐漸放棄了本氏族信奉的主神，遵照雍仲苯教規定的崇拜方式逐漸聚集起來。可以說，苯教所傳播的文化內容，在佛教傳入之前的相當一段歷史時期內，為雪域各氏族融合為一個民族——藏族，提供了凝聚的動力。

自西元八世紀以後，苯教受到佛教的影響，逐漸成為具有經典和至高神的系統宗教。當松贊干布的孫子赤松德贊大力發展佛教以後，在「雍仲苯教」中出現了某些苯教師依佛教式樣立「本經」的做法。西元八世紀中葉，曲水鐵橋附近建立了一座模仿佛教寺院格局的苯教寺院降洋貢卻布。寺院開闢了法苑，有苯教師在此學習苯教經典五寶庫（含基礎寶庫、高山寶庫、純潔寶庫、總寶庫、行寶庫）以及《十萬龍經》等著作。那座規模宏大的寺院為傳播苯教教義作出了巨大的貢獻。

苯教的影響，使立志統一青藏高原的吐蕃帝國的首領松贊干布在他事業的開端時期，也不敢對它忽略。他一方面將自己的妹妹賽瑪噶嫁給了信仰、提倡苯教的象雄王列木夏，一方面迎娶了象雄王的公主李圖曼作為自己的王妃。他採取這種親上加親的「和親」政策，顯然表明他當時準備崛起，但又對以苯教為信仰的象雄王國的力量有所顧處。這段歷史，過去曾長期未被重視，事實上，松贊干布初繼位時，爲鞏固王位，先是依仗與象雄王室的婚姻關係取得了象雄王的支持，從而鎮壓了王朝內部的反對力量。

此後，隨著力量的增強，松贊干布才相繼與尼泊爾和唐帝國建立了親戚關係，並受尼泊爾和大唐帝國的佛教文化的影響而皈依佛教，從此與信奉苯教的象雄決裂。據歷史記載，後來象雄王列木夏在去波孫（今青海玉樹藏族自治州一帶）的途中，被吐蕃軍隊所殺。吐蕃從此吞併了象雄，苯教的地位也被佛教所取代了。

西元七世紀後，苯教已不再是藏民族主要信奉的宗教了。但它所傳播的許多文化內容和習慣，至今卻仍保留在藏族人民的生活方式和社會倫理中。煨焗、跳神、占卜、禳解、祭神以及婚喪禮儀……都遺留有苯教明顯的痕跡，在許多方面又演化爲其他形式繼續存在著。

然而，它畢竟被佛、法、僧取代了曾有過的至高無上的地位。這是歷史的必然。佛教，這一來自異國他邦的具有旺盛活力的宗教，在七世紀之後的漫長歷史時期內，代替苯教在雪域高原組織社會，維繫人心，建築人們的精神支柱，掘啓人的智慧。

從此，雪域這片被喜瑪拉雅山的晶峰照耀下的高原，便逐漸籠罩在藏傳佛教的文化氛圍之中了。

3 藏民族與來自異國的釋迦牟尼佛

歷史上，最早進入雪域藏地的釋迦牟尼佛形象，大概要首推西元七世紀初由尼泊爾赤尊公主和唐帝國文成公主分別帶入西藏的覺阿佛像了。

那兩尊帶有明顯古天竺人特徵的釋迦牟尼佛像，在地勢高拔、空氣稀薄的雪域高原已佇立了整整一千三百五十年了。

經歷了一千三百多年歲月的侵蝕，佛像的色彩已經黯淡。但他的微笑卻永不黯淡，他的魅力永不黯淡。他以坦然的微笑，進入了陌生的雪域；進入了一個陌生民族的生活。他以坦然的微笑，目睹和體驗了佛教在這塊土地上傳播、挫折、興盛的全部歷史。

吐蕃王松贊干布提倡佛教

西元七世紀時，歷史強大的車輪在青藏高原上輾軋出了兩個傑出而輝煌的印記——一是吐蕃王朝的突起；一是來自異國他邦的佛教開始植根在雪域。

其實，雪域在更早的時候，就有佛教傳播的痕跡。相傳西元四世紀吐蕃王陀朶日時，就有印僧五人來藏區，帶來了佛經和佛塔。藏王視它爲「密寶」供在雍布王宮。但佛教大規模的傳入，卻是從松贊干布提倡佛教開始的。

那是藏族歷史上最輝煌的時期。當時，吐蕃第三十三代軍政首領松贊干布，以其過人的膽略在青藏高原建樹了一項偉業——在政治上統一了青藏高原的各部族，使世界歷史舞台上出現了一個令人刮目相看的強大帝國。

當時的西藏社會，已從父系社會的分散部落狀態過渡到集權的封建奴隸制。松贊干布又大拓疆土，使吐蕃的疆域「其地東與松茂嶲接，南極波羅門，西取四鎮，北抵突厥，幅員萬餘里，爲漢魏諸戎所無也。」（《新唐書》）

然而，當時的吐蕃王朝，它的國家體制事實上還處在各部落的聯盟階段。王朝內部不僅權力分散，而且苯教巫師還常常以神的曉諭或代天行事的方式控制王室，左右朝政。苯教的多神論很明顯已不適宜松贊干布集權政治的需要。

在這種情況下，懷有雄才大略的松贊干布在建國之初，便將眼光轉向了中原和鄰邦，選擇佛教作為鞏固國家集權、統一大業的思想基礎。

當時由印度釋迦族的公國國王——淨飯王的王子喬達摩（釋迦牟尼佛）所創立的佛教，已在南亞和中國中原的廣大地區傳播和興盛起來。這位佛教創始人放棄王宮舒適的生活，為從動盪、尖銳的社會現實中苦修苦行而得到解脫，最終在菩提樹下「悟道成佛」的生平事蹟，以及佛教以「緣起法」解釋世界和對人生提出的「因果報應」、「生死輪迴」等教說，頗受這些國家統治者和人民的推崇，也頗與他們長期以來對生活、對人生的願望相吻合。這些國家在佛教傳入之後所呈現出的社會、經濟的安定和繁榮，自然吸引了松贊干布。於是，懷著自己的抱負，在西元六三二年，松贊干布派人踏著曾以軍事征戰尼泊爾時踏出的「尼泊爾風暴」之路，再次入尼，這次他是去迎娶這個國家的國王的女兒——赤尊公主。那年，這位藏王年僅十六歲。

赤尊公主入藏時，攜來不動佛像、彌勒菩薩像、度母像等。不動佛像即釋迦牟尼佛八歲身量像，現今仍供奉在小昭寺內。

唐貞觀十五年，十八歲的松贊干布又向處於佛教鼎盛時期的唐帝國派出使臣，要求迎娶唐帝國的公主。據記載，「太宗未之許」，於是松贊干布率衆兵駐於今四川阿壩州松潘一帶，聲稱：「大國不嫁公主，即當入寇。」太宗派遣吏部尙書候君集率步兵、騎兵五萬討伐。「夜襲其營，斬首千餘。」松贊干布派使前往長安講和，並再次提出娶親一事。此次「太宗許之」。

篤信佛教的文成公主進藏時，攜來一尊釋迦牟尼佛十二歲身量像以及一批經卷。爲供奉諸聖像，便於人民修持禮拜，尼泊爾公主修築了大昭寺，唐文成公主建築了小昭寺。松贊干布又於拉薩四週各要地建迦剎寺等十二寺。

當時松贊干布在信仰上採取佛苯兼容的政策，同時大力引進先進文化。他曾派大臣端美三菩札等十六人去印度學習佛法。端美三菩札返回後，創立了新體藏文，翻譯大批梵文經典，輸入印度佛法。這是佛教在雪域傳播的開始。

在此期間，松贊干布依佛經中的十善戒，制定了吐蕃的法律：鬥毆的處罰；殺人的抵償；盜竊的加八倍罰款；姦淫的斷肢體而流放；欺妄的割舌等（《藏王紀》）。同時還制定了十六條人道倫理法。總之，由於松贊干布對佛教的大力倡導，在這段時期內，雪域藏區開始出現了新的氣象，建築寺廟、創造文字、翻譯經典、制定法律、教育民衆，使西藏社會逐漸強盛文明起來。

松贊干布之後，芒松芒贊（松贊干布之孫）、都松芒薄結兩代贊普，雖然繼承祖先的遺訓奉事佛教，但吐蕃貴族中信奉苯教者，利用他們掌握的權勢以及苯教在王朝和社會上所具有的勢力，公開反對王室扶持佛教，多次兵亂，松贊干布所建的布達拉宮毀於兵火。文成公主帶進藏區的釋迦佛像，被封閉在大昭寺左廂祕室中，達兩代之久。

赤德祖敦即位後，再度與唐王室聯姻。西元七一〇年，唐金城公主被迎娶進藏，大弘佛教。她在朝觀小昭寺時，發現前朝公主帶進藏地的覺阿佛像不在寺中，便詢問，當得知文成公主帶進藏的釋迦佛像被封閉在暗室，急命人請出，供在大昭寺正殿。又將尼泊爾公主請來的不動佛像，移到小昭寺供奉。

赤德祖敦想繼承祖先弘揚佛教的遺規，曾派使臣前往岡底斯山迎請佛密和佛靜二位大師，但兩師未肯來藏。赤德祖敦於是遣使到唐帝國和于闐，迎請弘法大師和經典。這段時期，由於赤德祖敦的倡佛，在拉薩又建立了一些寺廟，並翻譯了一些漢文佛經典籍。

赤德祖敦去世後，王室中反對佛教的王親仲巴結等，藉口過去幾代藏王的短壽和國家的兵連禍結，將這些都歸罪於佛法。又編造許多謊言，誣蔑文成公主帶進藏的釋迦佛像爲引禍根源，重新將佛像埋入地下，後又移到芒宇。改大昭寺爲屠場，拆毀赤德祖敦所建的寺廟，驅逐修行佛法的僧衆，各地來藏的僧人也都遣回原籍。此時，赤德祖敦與金城公主的兒子——王位繼承者赤松德贊年幼，不能自主朝政，衹好聽憑仲巴結攏布。藏地尚未成長的初期佛教，就這樣遭到一場摧折。

赤松德贊

赤松德贊繼位後，胸懷抱負，曾大拓疆土，使吐蕃的疆域「西逾蔥嶺，北極天山，東蝕大唐隴右諸州和劍南西界松茂雅黎之地，東南並摩些諸蠻，南達印緬平原北部」，並率兵攻入大唐京畿。適應這種擴充疆土、稱雄於世的政治需要，赤松德贊與他的祖父松贊干布一樣，積極倡導佛教，以保障權力的集中。

赤松德贊與主張佛教的大臣密謀，清除了「禁佛」運動的主謀者，並迎請長安漢僧和印度大乘佛教顯宗的著名大師靜命（寂護）到吐蕃傳教。

靜命大師到藏後，在龍塘宮中安居四月，爲藏王等傳經講法。當時雷擊瑪波日，洪漂龍塘宮，瘟疫流行。不信佛教的人認爲是弘揚佛教之過，請藏王停止弘法，民間喧擾不安。藏王請問靜命大師，靜命說須請佛教密宗蓮華生大師來才能止息災害，他自己也就暫回尼泊爾去了。藏王又派人去尼泊爾迎請蓮華生大師。蓮花生大師到藏後，適災害止息，才又接靜命大師回藏。

蓮華生大師到吐蕃後，發現以深奧的文字為教義的佛教顯宗，在當時的雪域尚無發展條件。於是採取依附苯教的方法，開始傳播容易被具有苯教文化傳統的藏族民眾所接受的、帶有強烈神祕色彩和原始氣息的佛教密宗。他還把苯教眾神祇都收歸為佛教的護法神。當藏民對站在佛教寺廟中的苯教神祇不再感到陌生時，當他們看到佛教的儀式中，已寬容地融進了一些苯教儀式的內容時，佛教便在苯教神的護法下，傳入了吐蕃。

西元七六二至七六六年，藏傳佛教的第一座寺院桑耶寺，在西藏山南札囊縣建成。吐蕃贊普赤松德贊親自為桑耶寺作了奠基。桑耶寺建成後，西藏第一批七名藏族僧人剃度，被稱作「七覺士」，開創了藏人出家之始。由此，雪域正式有了喇嘛僧團。

此時吐蕃贊普赤松德贊為進一步推行佛教，還採取了傳統的盟誓方式，曾兩次在桑耶寺舉行了王朝內部的「興佛盟誓會」。歷史上稱為「桑耶大誓」。參加盟誓者有王妃、王子、諸大臣、武將等。保留至今的重要歷史文獻〈桑耶寺興佛證盟碑文〉，曾把歷史上吐蕃王室貴族之間的誓言，永遠記錄在歷史的檔案中。

由於赤松德贊和後輩贊普牟尼贊布、牟底贊布、赤祖德贊的保護，佛教在雪域得到了長達五十六年的傳播。尤其是到了赤祖德贊（也有譯為赤惹巴僅的）登位時，他深信佛教，護持十善法制，並進一步作出規定；對每一位僧人，各分配七戶居民供養；對於所有大小朝政，均請決於高僧；一切行政制度，也都以經律為準則。由於他對佛教極端尊崇以及推行強制興佛的措施，曾引起了信奉苯教的貴族和苯教群眾的強烈反對。貴族大臣經密謀後發動政變，流放了興佛的重要支持者，殺掉了王妃，繼而殺掉了吐蕃王赤祖德贊。吐蕃的權力落在赤松德贊的哥哥朗達瑪手中。

朗達瑪「滅佛」運動

朗達瑪繼位後，立即舉行了西藏佛教史上最大規模的禁佛運動。這次禁佛的措施比以往更嚴厲，佛教遭到了十分沉重的打擊。許多著名的佛教寺院遭到了封閉，文成公主被「苯波」們判為「妖精」，其罪名是從長安把那尊釋迦佛像帶進了雪域。大昭寺、小昭寺則被當作屠宰場和牛圈。大量的佛教經典被銷毀。許多佛教僧侶被迫還俗，驅趕狩獵。

朗達瑪的「滅佛」運動，使佛教百年不振，他自己也在「滅佛」運動中喪失了性命。密宗行者貝季多吉又稱「妙金剛」，事先預謀，將白馬塗作黑色，反著青裡白舞衣，以向吐蕃王獻舞的方式，抽出弓箭行刺。初跪時搭矢，再跪時開弓，三跪時發矢，射中朗達瑪的心窩。事後他乘馬過河，馬恢復白色，並翻穿外衣，得以遠逃，圖謀復興的事業。朗達瑪成了佛、苯兩個宗教幾世紀以來不斷激烈鬥爭的犧牲品。

西藏佛教史上，一般將松贊干布倡導佛教到郎達瑪滅佛，這一時期，稱爲「前弘期」。這個時期，實際上是來自異國他邦的宗教文化，在雪域紮根生長，並與當地已有深厚基礎的苯教文化相互融合的時期；也是佛教在雪域高原被不斷地地域化、藏族化的艱難過程。

朗達瑪死後，吐蕃陷入「無序」狀態。王室分裂，中央集權力量顯著削弱。此後不久，當一場轟轟烈烈的平民和奴隸大起義爆發時，它便走向了崩潰。

然而，郎達瑪的「滅佛」運動，並沒能使苯教振興起來。這是一個十分值得研究的問題。

進入西元十世紀的藏族社會，畢竟已由分散的部落狀態，不可逆轉地向著封建奴隸制度階段過渡。社會經濟的這種變化，促進了藏族意識形態的發展。以往以宗教鬥爭形式出現的一系列政治鬥爭，這時因新生產力的出現，進入了一個新階段。而佛教畢竟是一種具有強大生命力的系統宗教，進入封建奴隸制社會的藏民需要一種高層次宗教作爲精神支柱和情感寄託。於是，適應這種新的要求，佛教在經歷了三個世紀的艱難傳播之後，進入了一個向高層次的「有序」前進的嶄新階段。

藏傳佛教的「後弘期」，就是在吐蕃時期遺留下來的僧人們的不懈努力，和位於西藏西部阿里地區的古格王朝的積極傳教活動中拉開序幕的。

古格王朝

古格王朝對於弘揚佛教的貢獻，不會因這個王朝在地球上突然神祕消失而減弱。它的功績，永遠是佛教演繹大舞台上最生動、最感人心魄的一曲！

古格王朝弘揚佛教的功績，是帶著艱辛、帶著苦難、滴淌著鮮血的。

朗達瑪的孫子貝考贊，在西元九二三年被起義軍所殺，他的兒子紀德尼瑪袞（亦譯爲「得祖袞」）帶三名親信和一百名騎兵，向西逃到阿里地區的普蘭，與當地貴族聯姻，後來逐漸形成雄踞一方的封建勢力。尼瑪袞去世後，其王國被他的三個兒子所瓜分。其中一個在從前象雄王國的中心地帶建立了古格王朝。古格王朝的第二世主闊惹（亦譯爲「柯日」），將王位讓給其弟松內（亦譯作「松艾」），自己出家爲僧，法名益希奧。在西藏歷史上於是出現了國王和系統宗教領袖集於一身的現象。

益希奧依靠王權的力量復興佛教，派僧赴印取經學法、修築寺院、組織人力翻譯佛教顯、密典籍。他聽到印度佛教界著名學者阿底峽（今孟加拉國達卡地方人）的名聲後，便決心把他請到古格來傳教。爲了籌措迎請阿底峽所需的資金，益希奧不顧年老，親自帶兵進攻居住在噶洛地區信仰伊斯蘭教的民族，結果戰敗被俘。噶洛的統治者宣稱：「只要你皈依伊斯蘭教，立即可以讓你獲得自由，否則必須用與你等重的黃金贖身。」

於是，益希奧的侄孫降曲奧便在古格王朝勢力所及範圍內竭盡全力籌集黃金。當降曲奧帶了足夠的黃金來到噶洛時，益希奧卻不肯贖取自身。他命令降曲奧攜帶黃金去印度迎請阿底峽大師到古格，以弘興佛教。降曲奧揮淚離別了叔祖父，按他的命令行事，而蒼老的益希奧不久即病死在獄中。

阿底峽被益希奧的虔誠所動，毅然接受了邀請。西元一〇四〇年，他歷盡奔波到達古格。

阿底峽的傳教事業取得了極大的成功。他在色爾康寺，對於密宗精僻的講解和對律學重要性的分析，特別是對顯教和密教的同等強調，使聽者讚歎不已，將不少遺留在雪域繼續傳教的有造詣的藏族僧侶，聚集在他的旗幟下。

他還針對剛剛恢復的佛教界所存在的認識混亂，顯、密不斷爭論和在修習次第上各執己見的狀況，寫了一本佛教經典《菩提道炬論》。這本書通過對「下士道」、「中士道」

和「上士道」（大乘）的闡述，勸人皈依佛、法、僧「三寶」，要持戒、定、慧「三學」，要按「六度」修法成佛，利益衆生。這本書的出現，對於在雪域逐漸形成的藏傳佛教體系顯然發揮了巨大的作用。阿底峽本身的神祕色彩，以及《菩提道炬論》、《入二諦論》、《中觀教授論》等共約三十種佛教論著問世後，更使他成爲西藏佛教「後弘期」最著名的代表。

由於阿底峽以及留在雪域的藏族僧侶的不懈努力，藏傳佛教最終實現了教理的系統化和修持的規範化，走上了「上路弘法」的道路，進入了藏傳佛教「後弘期」的坦途。

自松贊干布以後，來自異國的佛教，雖因政治原因幾經波折，但畢竟在整個西藏和甘、青、川、滇等藏區發展起來，並出現了寧瑪派、噶當派、噶舉派、薩迦派和格魯派等教派。這些教派經過一千多年的發展，終於在藏區政治活動中確立了不可忽略的地位。佛教經過藏民族數代人的吸收與改造，終於發展成爲具有濃郁民族特色、地域特色、高度形象化，可與漢地佛教、南傳佛教相並列的佛教重要支派——藏傳佛教。

來自恆河流域的釋迦牟尼佛，終於走入了陌生的雪域，進入了一個慓悍民族的生活之中。藏傳佛教從此成爲藏民族主體文化構成中的重要部分。

4 藏傳佛教的教派

假如略微細緻地觀察藏傳佛教的僧侶們，你會發現，他們在穿著的袈裟、配帶的器物，以及持守的教義、修持重點和方法上，是有所不同的。

他們雖然同是藏傳佛教的僧人，卻又分屬於藏傳佛教不同的教派。

藏傳佛教在其漫長的發展過程中，形成了一些具有強大政治勢力的教派。它們各持自己的教義思想、習學方法和修持重點。這些不同教派的相繼出現和並存發展，在藏傳佛教內部形成了百花齊放和活躍爭鳴的生動局面，促使藏傳佛教在藏區政治活動中確立了不可忽略的地位。

寧瑪派

寧瑪，藏語意爲古、舊。因該派遵循前弘期所傳之密宗，故得名。又因該派僧人穿紅色袈裟、戴紅色僧帽，所以俗稱「紅教」。

寧瑪派以早期傳密宗入吐蕃的蓮華生大士爲祖師，依蓮華生大士入藏時所傳密咒和所遺「伏藏」修習傳承，形成獨特的一派。

紅教以習密宗爲主。根本密典有十八部怛多羅。常行者有八部法，即文殊身、蓮花語、眞實意、甘露功德、橛事業（以上爲五部出世法）、差遣非人、猛咒咒詛、世間供贊（以上稱世間法）。在寧瑪派的經典中，除保留了吐蕃時期的部分佛經和紀事外，還保留了大量蓮華生降魔伏妖的神奇傳說。在這些傳說中，活生生的蓮華生大師被神化了。寧瑪派相傳，按照蓮華生傳播的佛教咒術和密法，修鍊圓滿便有「神通」。或能點石成金，起死回生；或能騎上光線，上升飛天……這些帶有烏仗那、印度、中亞等地區宗教文化中魔術色彩的幻術，經寧瑪派僧人用佛教的一些理論加以解析，便得到了意外的功效，吸引了衆多信奉者頂禮膜拜。

寧瑪派在教義上，將全部佛法分爲聲聞乘、緣覺乘、菩薩乘、事（瑜伽）乘、方便

（瑜伽）乘、瑜伽乘、大瑜伽乘、隨瑜伽乘、無上瑜伽乘等九乘。前三乘合名波羅蜜多乘，即顯宗，爲化身釋迦牟尼佛所說。後六乘合名眞言乘或金剛乘，即密宗。

寧瑪派在學佛修持上有自己的規定，首先要選擇一處奇異、偏僻的荒涼地方，使人能「觸景生情」，產生一種超自然的幻想。念經作法時，將頭髮披在背後，爲的是造成一種氣氛。修法人自始至終沈浸在一種與各種魔怪進行搏鬥的意境中，在靜冥的幻想中，領悟「一切皆空」的佛教理論。

寧瑪派供奉的神靈，在藏傳佛教各派中是最多的。

寧瑪派在後弘期初還較爲分散，無固定寺院和嚴格的僧伽制度。直到十一世紀出現同一家族的寧瑪派名僧素爾且波、素爾瓊、釋迦僧格（通稱「三素爾」）後，才開始形成與其他教派相類似的教派，建立寧瑪派寺院。

寧瑪派以分散發展爲主。教徒一般是在家僧人，安家立業，娶妻生子，並不都集中在寺院。紅教僧人盤髮，辮子分多股，象徵無數尊怒神。周圍蓬鬆的頭髮，象徵無數空行母。紅教僧人身佩手鐲、戒指、耳環、牛角之類，這些都作爲避邪之用。出外時手執錫杖。錫杖頂端有三股叉，分別代表本性、自性和慈悲；叉下有三個人頭，象徵法、報、應三身。

由於寧瑪派屬早期藏傳佛教，因此，它的宗教儀式還保留了用人身體的某部分作為祭祀的遺風。這種遺風對藏傳佛教的其他各派都有影響。在政教合一的藏區，自五世達賴起，凡西藏發生重大事件時，都要請寧瑪派僧人來參加儀典，念咒作法。殘酷的法器、威嚴的法力，懾服人心，使人靈肉震顫不已！

薩迦派

當寧瑪派僧人大力弘法的時候，著名僧人款・貢卻杰布（西元一〇三四～一一〇二年）在後藏仲曲河谷一片呈灰白色土質的地方，建立起一座「白宮」。款・貢卻杰布以此為基地，傳教弘法，開創了一個新的教派「薩迦派」。

薩迦，藏語意為「白土」，建築在那片白色土地上的寺也就被稱為薩迦寺。因為寺廟圍牆塗有象徵文殊、觀音和金剛手的紅、白、黑三色花紋，所以薩迦派又俗稱為「花教」。

薩迦派的教主由款氏家族世代相傳。有血統、法統兩支傳承。

薩迦派不禁止娶妻，但規定生子後不再接近女人。

在佛教哲學上，薩迦派學者的見解頗不一致，如薩班、絨敦等人持中觀自續派見解，仁達哇則屬中觀應成派，釋迦南杰起初是中觀見，後轉爲唯識見，又轉爲覺襄派的他空見。薩迦派特別推重「道果」教授，在教義中最重要的是「道果法」。認爲人生無常，世界萬物皆由因緣和合而成，並非實有。人衹有了解了這個道理，才能把世間的一切看穿看透，從而斷除任何欲念，解脫一切痛苦。

薩迦派教義中還有一値得注意的特點，那就是屬於「時輪金剛法」和「金剛持法」的熱派體系傳承者。時輪金剛，簡單的解釋就是「時間之輪」。對於時間的不停流逝，太陽、月亮的不停運轉，早在遠古時代苯教的苯頗們，在計算天文曆算上已有自己的解釋。當佛教進入雪域後，苯教對時間的解釋，又爲佛教有關「時空」的理論所代替。而到密宗興盛以後，時輪金剛被人格化爲一種白色的神。薩迦派的時輪金剛法和它的支派覺南巴的時輪金剛法，奠定了整個藏傳佛教時輪金剛學的基礎。薩迦派的著名高僧以及後來格魯派的創始人都弘揚和學習過時輪金剛法。時輪金剛法至今仍是藏傳佛教最重要的學科。

薩迦派到西元十三世紀中國元朝時，發展成爲具有強大政治勢力的教派。薩迦派的第四世祖薩班・貢噶堅贊和第五世祖八思巴（本名羅追堅贊），對元帝國的鞏固有巨大貢獻，是西藏歷史上乃至中國歷史上的重要人物。

薩迦四祖薩班・貢噶堅贊（西元一一八二～一二五一年）二十七歲受比丘戒，對「所有薩迦寺藏書均曾加以分析，並破一切邪見」。由於他廣學佛教經論，通曉五明，因而得「班智達」（大學者）稱號。他撰寫的《薩迦格言》爲西藏文學名著，在藏族文學史上佔有重要地位。這位在佛學、文學、語言學等方面均有建樹的高僧，在政治上的功績更加顯赫。

西元一二四四年，當元太祖成吉思汗的孫子廓丹汗（又譯爲闊端）領兵駐紮甘肅涼州時，曾寫信給薩班，請他去涼州見面共商大事。薩班在與衛藏地區各勢力討論之後，於西元一二四六年動身到達涼州。當時蒙古帝國統治者急於解決西藏問題，廓丹汗在這個問題上與薩班達成了協議。

西元一二五一年，薩班圓寂，他的侄子八思巴（西元一二三五～一二八〇年）接替了薩班教主地位，成爲薩迦第五祖。他堅持薩班的政策，使西藏和中原保持了統一的局面。

八思巴本名羅追堅贊。相傳他三歲時能誦出咒語，八歲能背佛經。他出生在款氏家族，因絕頂聰穎，被稱作八思巴，意爲「聖人」。十歲時八思巴隨叔父薩班到達涼州，當他接替薩班教主地位後，便在政治上充分施展了自己的才能。

西元一二六〇年，忽必烈封八思巴爲大元帝國的帝師，並賜玉印。西元一二六四年，忽必烈遷都大都（北京）後，設總制院，掌管全國佛教和西藏地區事務。八思巴受命擔任該總制院院事。西元一二六五年，八思巴奉元帝詔令，創制了「八思巴文」。這種蒙古新文字，在蒙古全境流通使用，為蒙古的社會、文化進步發揮了重大作用。可以說，在兄弟的蒙古族的文明與文化中，也滲透過這位年輕藏族喇嘛的智慧。

智慧的靈光，照耀著誕生智慧的土地。也許正因為此，薩迦派的寺院，顯得格外精緻，薩迦派供奉的諸神，在藝術造像上也顯得格外精彩，靈氣充沛。

位於後藏的薩迦寺，其佛殿後的藏經庫，簡直可以說是一座智慧的儲存庫。那裡所藏一萬餘部佛經、佛典，是八思巴時期集中衛、藏、康三地區的繕寫家，用金汁、銀汁、朱砂、寶石和墨汁精工抄寫而成的，堪稱佛教中珍寶。薩迦寺另有一部「方經」，長、寬各有一公尺，上下均用夾板保護著，全部用金汁寫成，更被視為寶中之寶。整個薩迦寺共藏佛教經藏四萬多卷，其中還包括大量的「貝葉經」。難怪充滿智慧之光的薩迦寺，有人稱它為「第二敦煌」。

特別值得一提的是，薩迦派於西元一五五〇年在四川德格貢欽寺所設立的德格印經院，這是藏區最著名的印經院。專門刊刻藏傳佛教經書、各宗派重要著述、曆法和醫學等千餘種典籍，對保護藏傳佛教文化具有重要的作用。

噶當派

噶，藏語指佛語；當，指教授。噶當，意爲將佛的一切語言和三藏教義，都攝在該派始祖阿底峽所傳的「三士道」次第教授之中，並據以修行。

噶當派的奠基人，是古格王朝從印度迎請的著名佛教大師阿底峽。西元一〇四五年曾參加迎請阿底峽的居士仲敦巴（西元一〇〇五～一〇六四年），拜阿底峽爲師，修習佛學，盡得其傳。西元一〇五五年，阿底峽圓寂後，仲敦巴應藏北當雄地方之請，前往建立熱振寺。熱振寺是噶當派的主寺。噶當派由此逐漸成長並發展起來。

噶當派在藏傳佛教中是比較特殊的一派。它以顯宗爲主，主張顯、密二宗不應相互攻擊，而應相互補充。它對修習次第的主張是：先顯後密。噶當派在傳承中，形成了三個主要支派，並各有自己所依的經典和教義。

教典派

自佛僧博多哇傳出。該派以較爲重視學習佛教經典而得名。教典派傳述阿底峽的佛學思想體系，認爲一切經論都是爲解脫而設教，分爲「重在明見」、「重在明行」、「見行並重」三類。教典派的代表人物，有博多哇的弟子朗日塘巴和夏爾哇巴。夏爾哇巴的弟子又分別建立怯喀寺、基布寺系統和納塘寺系統。

教授派

自京俄哇傳出。以較爲重視師長的指教、注重實修而得名。也分三類：重在明見、重在明行、見行並重。不過在內容上與教典派略有不同。教授派的代表人物，以京俄哇弟子甲域哇比較著名，並由他的弟子分別建立甲域寺、崗崗寺。此外，尚有內鄔素巴及其弟子分別建立的仁欽崗寺，達堅寺系統。

教誡派

阿底峽在向弟子們傳授教法時，據其遺囑，他的教法應首由弟子俄・雷必喜饒傳阿里巴・喜饒堅贊，阿里巴傳普窮哇……以下單傳數代。至仲・宣奴羅追時，傳承稍廣，至根敦主時，傳佈更廣。教誡派提倡恆住五念，即念師長爲皈依，念自身爲本尊，念語言爲誦咒，念衆生爲父母，念心性爲本空。有「十六明點」修法，爲顯密雙融之法門。

西元十三世紀晚期，一名名叫迴丹惹遲的噶當派教典派僧人，曾把噶當派的納塘寺搜集保存的大量藏譯佛經，編訂為《甘珠爾》、《丹珠爾》。這就是在佛教歷史上具有重要地位的藏文《大藏經》最早的編纂本。

噶當派由於教理系統化、修持規範化，因而對藏傳佛教其他各派都有重大影響。噶舉派、薩迦派的一些重要僧人都曾向噶當派學習。格魯派是直接在噶當派的基礎上建立的，有「新噶當派」之稱。此外，藏傳佛教中一切大論的講說，也都導源於噶當派。該派著名的大、小俄師——俄・勒必喜饒和俄・羅丹喜饒所傳的因明，在藏傳佛教史上被稱為「新因明」。噶當派的桑浦寺，在大、小俄師之後，一直到西元十五世紀都是西藏講授因明等五部大論的重要據點，為藏傳佛教的學術發展起過重要作用。西元十五世紀黃教（格魯派）興起後，因格魯派是在噶當派教義的基礎上發展起來的，因此原來屬於噶當派的寺院，都逐步成了格魯派的寺院。從而噶當派也就不再單獨存在於西藏社會中了。

噶舉派

噶舉，藏語意為「佛語傳承」，漢譯口傳。指傳承持金剛佛親口所授密咒教義。因該派僧人穿白色僧裙和上衣，俗稱「白教」。

該派的創始人是出身富裕家庭的佛教徒馬爾巴。其實馬爾巴是一位在家的佛學大師，從十五歲起曾到拉薩、印度、尼泊爾等地習經學法。平時，馬爾巴按印度密宗的習慣，著白色的僧裙，以後，這種白色的僧裙就成了該派世代相傳的袈裟式樣了。

噶舉派僧人中最具傳奇色彩的，是藏族民衆中婦孺皆知的密勒日巴。密勒日巴七歲時父親去世。他與母親相依爲命，受盡了親戚們的欺侮，財產被瓜分一空，生活十分艱難。他從小開始修法，其動機十分天眞，想以法術來消滅欺侮他家的「壞人」。西元一〇七七年，他三十八歲時找到了當時久負盛名的馬爾巴。馬爾巴經過對他六年八個月的觀察，確信他「根器」好，可以造就成才後，才對他口傳了全部密法。密勒日巴按照此法修鍊，終於成了可以騰空飛行、降妖除怪、具有神通的傳奇人物。他的故事被記載在藏族文學名著《密勒日巴傳》中，在藏區廣爲流傳，經久不衰。

噶舉派重視密宗，重視「大印」傳承。不重文字，重在論理，即通過「大印」智慧。大印原爲受過灌頂者進行傳授的密法。到達保哈解時，兼包顯宗內容，於是大印有顯有密，噶舉派各支系中對此各有偏重。

噶舉派是支系較多的一個教派。其支系之多，是藏傳佛教任何教派都比不上的。

1. 香巴噶舉

創始人瓊波南交。此人先學苯教，後學寧瑪派的大圓滿，又去印度學密教，後在後藏香地（今南木林）建立一百零八座寺院。西元十四至十五世紀，格魯派創始人宗喀巴及其弟子克主杰等人，都曾從此系僧人學習，但此後該系逐漸湮沒無聞。

香巴噶舉的桑定寺，是座著名的古剎。有趣的是，該寺的僧侶都是比丘，唯獨寺院的住持是女性。她叫多吉帕姆，是西藏唯一的女活佛。她在噶舉派中，地位極高。

2. 達布噶舉

通常指稱的噶舉派就是這一派。此派由馬爾巴創立。馬爾巴收密勒日巴為弟子，密勒日巴的弟子中又以熱窮和達保哈解為上首。達保哈解早年學習噶當派，三十二歲時向密勒日巴學習，他將噶當派的「道次第」和密勒日巴的「大印」結合，於西元一一二一年建崗布寺，形成達布噶舉系統，後分出許多支派，有「四大八小」之稱。四大支為噶瑪、蔡巴、拔戎、帕竹。帕竹噶舉又分八小支，即止貢、達壟、主巴、雅桑、綽浦、修賽、葉巴、瑪倉，此外，尚有其他更多的小支。

3. 噶瑪噶舉

創始人都松欽巴。他三十歲時始從達保哈解學習佛法，三十八歲時在類烏齊附近噶瑪地方建噶瑪丹寺，此支派即由此寺得名。藏傳佛教的活佛轉世制度始於此支派。這個制度後來被藏傳佛教的其他教派採用，沿襲至今，成爲藏傳佛教區別於漢傳佛教和南傳佛教最爲獨特的地方。

此派曾先後建立黑帽系、紅帽系等轉世系統。黑帽系追認都松欽巴爲第一世，其實際創立者爲第二世噶瑪拔希。黑帽系第五世得銀協巴曾應明成祖召，隨漢官候顯、僧智光到南京，成祖賜他「大寶法王」法號。元、明兩代大寶法王爲藏傳佛教最高領袖人物的封號，從得銀協巴開始，此封號爲黑帽系各世沿襲專用。紅帽系第一世札巴僧格曾受元朝廷賜予紅帽，因而得名。此系主寺爲羊八井寺。但該系第十世米龐卻朱嘉措因勾引廓爾喀軍入侵後藏，清廷於戰亂平定後查抄羊八井寺，並下令禁止紅帽系轉世，此系於是滅絕。

4. 蔡巴噶舉

創始人蔡巴。他曾偕同帕木竹巴謁見達保哈解，從受密法。此派元初實力較大，其領袖人物受封爲世襲萬戶長。十四世紀時此派著名學者蔡巴・貢噶多吉以編纂藏文《大藏經》甘珠爾部和撰寫《紅史》而知名。後來此派在與帕竹噶舉派鬥爭中失利，勢力漸衰。格魯派興起後，盡並其屬寺，此系於是絕傳。

5. 帕竹噶舉

創始人達保哈解著名的弟子帕木竹巴•多吉杰布。他廣學經論，佛學淵深。西元一一五八年在前藏帕木竹（今桑日縣境內）建寺，即後來的丹薩替寺。十三世紀初，此寺座主由當地朗氏家族的札巴迥乃擔任並世襲相傳。朗氏家族因而也被稱爲帕竹家族。元代，此派領袖人物也被封爲萬戶長。十四世紀中，帕竹噶舉派首腦曾以武力兼併衛藏大部分地區，取代了薩迦派在西藏的政治地位，建立政教合一的地方政權達二百六十五年之久。十五世紀後，帕竹噶舉派的勢力逐漸衰落，屬下貴族割據一方，政權名存實亡，直至西元一六一八年，爲第悉藏巴所取代。

格魯派

格魯，藏語意爲善律或善規，因該派倡導僧人應嚴守戒律而得名。該派僧人戴黃色僧帽，俗稱黃帽派，或黃教。

格魯派是十五世紀後期經過宗喀巴宗教改革後而興盛起來的教派。創始人宗喀巴，原爲噶當派僧人，西元一三七三年到衛藏地區學經，先後跟從薩迦、噶舉、夏魯等派僧人學習，自十四世紀八〇年代初學習各派顯、密經論，至八〇年代末，遍學藏傳佛教各派教法。他不愧爲「站在所有大師肩上的」僧人，他吸收了噶當派的戒、定、慧學修並重的方法；吸收了薩迦派研究佛經學問的嚴謹；主張顯宗、密宗並重，在密宗教義修鍊方面，將佛教所有教派的精華均吸收過來。他著書立說，授徒傳教，獨樹一派，在衛藏地區建立了很高的威望。

宗喀巴圓寂後，該派法務逐漸擴大，修建了甘丹寺、哲蚌寺、色拉寺、札什倫布寺等大型寺院。各大寺院建築宏偉、僧人衆多，塑像精美，有一套學經修習制度，成爲在藏族僧衆中有廣泛影響的教派。

達賴、班禪是該派兩大活佛轉世系統。在明朝、清朝的册封、扶持下，格魯派成爲藏區執掌政權的教派。黃教能夠在雪域盛行不衰，建立起如此高的威信，能夠被信奉者如此歡迎和接受，這現象，爲我們的社會學家們提出了一個值得研究的課題。

小的教派

除了寧瑪派、薩迦派、噶當派、噶舉派、格魯派外，藏傳佛教還有一些小的教派。它們也是藏傳佛教「百花齊放」格局中的一枝，構成了藏傳佛教生動爭鳴局面的獨特的一派。

⊙息學派

該派信奉者中，女性佔有很大比重。創始人瑪久拉布吉卓瑪（西元一〇五五～一一五三年）也是女性（也有譯爲「瑪吉拉珍」的）。他們誦頌「泉經」，泉水邊便是他們的主要修鍊場所。該派僧尼很少有固定寺院。對於每位息學派僧人來說，至少坐一百零八座泉，才算功德圓滿。如此虔誠，連以泉爲居處的空行母，大概也會爲之感動的。

⊙希解派

「希解」是「息滅」的意思。就是說依據這個教授，能息滅業力和非人煩惱所致的身心衆苦。正因爲此，希解派以荒山老林、墳墓、葬場等一些人跡罕至之地爲苦修場所。

⊙覺宇派

覺，是「能斷」的意思，是說修這派教授，以慈悲菩提心能斷自利心，以般若空見能斷我執；此二種和合，能斷四魔。該派修鍊時以斷除人生苦難、生死根源爲境界。這種修「覺」的教授，遍於全藏各教派，到現在沒有斷絕。

⊙覺囊派

以修習時輪學爲主。代表寺爲四川阿壩塘藏巴寺。該派對藏傳佛教時輪金剛學的建立貢獻很多。

⊙廓札派

廓札，是地名。這一派的創始人福幢（西元一一八二～一二六一年）起初從釋迦室利學修菩提心法，又從金剛祥、寶鎧論師等習經修法，後在崗底斯山專修五年。他後來在仰垛建廓札寺，因此又稱廓札巴。他遍學新舊各派所傳一切法門，所以當時前後藏的大德，沒有一個不從他參學。他的學說不一定屬於哪一派。

⊙夏魯派

又名布敦派。創始人布敦•仁欽朱（西元一二九〇～一三六四年）原是中興律學的嫡派，後來又遍學薩迦、噶舉、噶當所傳的因明、對法、中觀和各部密法，成爲一代教主。三十一歲時住夏魯寺（亦譯爲「霞爐寺」），傳徒、著述，講說修行盛極一時。從此流傳的教派，名夏魯派。

正是由於藏傳佛教的各教派，在發展自己力量的同時，競相宣傳各自的學說，闡述各自觀點，展開辯論，展開爭鳴，使佛教界擴大了眼界，活躍了思想，藏傳佛教因而呈現出了一派生動活潑的局面。

5 宗喀巴和他的宗教改革

在藏傳佛教信徒的心目中，黃教（格魯派）創始人宗喀巴，有著特殊的地位。在每座藏傳佛教的寺院中，幾乎都在顯赫位置上供奉著這位頭戴黃色僧帽、含笑結跏趺坐的聖者像，成千上萬的教徒頂禮膜拜。他被譽爲「三部化身」、「文殊怙主」、「佛陀第二」。

這特殊地位的取得，不僅因爲他創立了一個教派，更重要的是他實施了宗教改革，使一度瀰漫在西藏佛教界的不良風氣，一舉改觀；使一度在群衆中信譽低落的佛教，振作起來。他明智地吸取了印度佛教走向衰落的教訓，提出自己的一系列主張，並身體力行，使得藏傳佛教避免了重蹈印度佛教衰落的覆轍。

西元十四世紀後，當時在青藏高原已經取得地位的藏傳佛教各教派中，出現了一片頹廢委靡之相。因各教派的上層僧侶掌握著地方政權，各寺院因而享有各種特權。不僅可免稅免差，而且積累了大量財富；寺院中高級僧侶也追逐利祿，且淫樂無度、橫行不法；宗教因受朝廷之尊崇，一般喇嘛僧中也有流於侈惰者，他們戒律廢弛、無所不爲，甚至專持咒詛，以吞刀吐火而炫耀於俗衆，行爲已無異於巫師。佛教在群衆中的威信開始低落。

而群衆是佛教存在的基礎，他們不僅是寺院、僧侶的供養者，而且是佛教得以代代延續下去的最主要的文化傳遞者。群衆的失望，從一個方面說明了當時西藏佛教事實上已經面臨深刻的危機。

生活在這一時期的宗喀巴，正是在這樣一種歷史背景下拉開他宗教改革的序幕的。

宗喀巴的誕生

歷史總是在危機時刻，讓偉大人物出現在它的舞台上。西元一三五七年，藏曆第六饒迴火鷄年十月初十，對於藏傳佛教的信徒來說，永遠是個不尋常的日子；這一天，被後人譽爲「三部化身」、「佛陀第二」的法王宗喀巴誕生了。

青海省朶康葉摩塘中央的宗喀，即今袞本強巴林（塔爾寺）所在地，有幸迎接了這個不平凡的生命。

宗喀巴，本名羅桑札巴，出身於封建官僚家庭，其父是元朝兼管當地軍民政務的達魯花赤，是一個很有實力的地方官。相傳宗喀巴降生處剪臍帶滴血的地方，長出一株旃檀樹，十萬片葉子每片自然顯出一尊獅子吼佛像。所以這地方被稱為「袞本」，即十萬佛身的意思。那棵旃檀樹，如今已成為佛教聖蹟之一。這棵聖樹如今在塔爾寺金瓦寺的金塔之中，從根部生出的另一支被金瓦寺台階前的石欄護衛著。每日瞻禮參拜者絡繹不絕。僧俗群衆都相信，這棵聖樹的樹葉帶在身邊，可逢凶化吉，遇惡稱祥；若拿一點碎葉用茶沖服，可治百病。這些稱頌，使一棵樹有了愈來愈多的崇拜者。

大師三歲時，由魯本格攜領前往夏宗寺，謁拜應元順帝之請，由藏赴京路經此地的噶瑪噶舉派黑帽系第四世活佛噶瑪・饒貝多杰，噶瑪・饒貝多杰為他授近事戒（居士戒），賜名「貢噶娘布」。

七歲時，由父親送到夏瓊寺，跟從後藏納塘寺迥丹若貝熱哲的大弟子董敦・若貝僧格（亦名「多朶巴・仁欽僧格」）和欽・羅桑札巴的高足隆朶寧巴・曲結敦珠仁欽學讀經文，得到續部本尊大威德金剛等多種灌頂，並以夏瓊寺的創建者噶當派高僧敦珠仁欽為親教師，以古瓦・旬奴降曲巴爲軌範師出家，受沙彌戒，從七歲起直到入藏前的十年間，他一直在夏瓊寺學經，在顯教經論、密教儀軌方面打下了堅實的基礎。這對他後來學經的路數、思想格局的形成有著重要的影響。

當時他的師長納塘巴・欽・羅桑扎巴就曾向弟子敦珠仁欽預言：「爾將有無與匹敵的弟子，其出家時當以吾名賜號。」按此，賜給他羅桑扎巴的法名。

宗喀巴十六歲時，一心想去衛藏佛法地求學，得到師長敦珠仁欽的支持，並命他與止貢的化緣喇嘛結伴入藏。臨行前，敦珠仁欽法師爲他打點行裝，對他入藏後學經的程序和方法作了一一安排。諄諄的臨別之言，基本上規定了宗喀巴在衛藏學經時期的學習路數。宗喀巴也大體按照他的指示做了，這對宗喀巴後來改革西藏佛教、創立格魯派時注重借鑒噶當派教義是有很大關係的。宗喀巴後來在他撰著的《密乘道次第廣論》的後記中，對這位恩師表達了深切的敬意：「敦珠仁欽大師具有卓越的教理修養和記悟知識，蒙他指導，使我初入金剛乘門。」「我願以自己的頭頂去擦拭他腳上的灰塵。」

告別青海故鄉後，十六歲的宗喀巴進入西藏學習。他先到止貢祥林，跟從噶當派的教授派大師京俄仁波切扎巴降曲聽授佛法。後來（西元一三八二年）大師曾撰有《京俄仁波切傳》和《京俄仁波切贊》，輯入《宗喀巴大師全集》。此後，又去噶當派創始人阿底峽尊者長期駐錫的聖地洛黑達河右岸的聶塘代瓦金寺，拜依雲丹嘉措爲師，學習《現觀莊嚴論本釋》。宗喀巴敏銳的智力，令諸位智者歎服。

宗喀巴十九歲時，曾在桑浦寺和代瓦金寺在衆僧前講辯經論。然後又去後藏的薩迦寺、達桑丹寺、安仁寺、噶讓寺、覺摩囊寺、夏魯寺、靄寺、那塘寺、尼寧寺等拜依藏傳佛教各教派名師，聽授經論，並立宗講辯，博採衆家之長。在佛教盛行的當時，他非但不像許多人那樣靠向寺院略獻布施去求討無量功德，而是以鑽研經典、立宗論辯來學習佛法，建樹了一種令人稱道的風氣。

宗喀巴二十多歲時的一個秋天，故鄉送來生活費用，他便從安仁啓程，經薩迦到達前藏。從此走上藏傳佛教史的大舞台，走向宗教改革的前沿。

西元一三九三年到一三九九年，這七年間，是宗喀巴思想體系形成時期。在這段時間裡，他先學習和領會了噶當派教義，又在聶地和阿喀地區阿得公結的拉頂寺先後得了《中論佛護釋》和卓壟巴著的《菩提道次第》、《聖教次第》等著作，精研以後，對大乘空宗發揮的般若經部思想提出的三是偈、八不中道和實現涅槃等觀點，有了明確的認識。這些爲他佛學思想體系的形成奠定了堅實的基礎理論。

他的佛學思想體系吸收了噶當派的戒、定、慧學修並重的方法；吸收了薩迦派研究佛經學問的嚴謹；在密宗教儀修鍊方面，將佛教所有教派的精華均吸收過來。因此被稱爲「站在所有大師肩上」的僧人，西元一〇四二年，他完成《菩提道次第廣論》這部名作，這是他對「中論」鑽研所取得的成果。

此時，放眼世界，佛教在它的誕生地印度，已走向衰落。自西元六世紀起，印度北部的密教已演變出時輪派，佛像出現了極其凶惡、恐怖的形象。同時，印度佛教界不但學系傳承日趨繁歧，而且學風也日漸改變。門戶之見至深，佛教內部形成對峙之局。其中「中觀」、「瑜伽」兩派僅因對於龍樹中觀的不同解釋，而推演開來，爭端迭起，久未寢息。在這種情況下，佛教雖有崇信佛法的波羅王朝的熱烈擁護，但此時的佛教在印度已是強弩之末，無法創新，也無法還眞返樸，衹好愈來愈投合大衆的嗜好，走向了巫術、幻術的死胡同。

印度佛教在波羅王朝時，雖扼守殘局達五百年之久，但這五百年中備受異教的進逼。尤其是到西元十二世紀後半葉時，當中亞強盛起來的伊斯蘭教軍隊侵入印度時，印度佛教便如疾風掃落時一樣不可收拾。所到之處，佛教寺廟被焚毀，信徒被屠殺。以後雖在荒山僻壤，苟延一時，但最終無可救藥地衰落了。此後，佛教僧人紛紛改奉他教或北遷，不少則進入西藏境內。僅存的一些佛教藝術建築，也衹能做爲考古學家的徘徊憑弔之處而已了。

宗教改革

宗喀巴明智地吸取了印度佛教走向衰落的教訓。法尊法師譯述《宗喀巴大師傳》中記述：「三十九歲時（西元一三九五年）大師（告）白（南喀堅參）曰：『我於正法類有疑未解，爲解疑故，欲往印度樹山朝密多羅大師。』南喀堅參以爲與其去印學法，不如留藏弘法，遂止而不往。」一書中記載了宗喀巴擬往印度求法一事。印度與中國西藏地區地處毗鄰，交往甚多。而宗喀巴此時學已有成，社會上已有相當威望，他擬往印度學法，說明宗喀巴對印度佛教是有所關注，有所了解的。

他的宗教改革從思想上看，顯然是抓住了要點。他的教誨，要點有三：其一性相合流；其二是顯密相資；其三是三士（下士、中士、上士）一貫，而一切之教盡以菩薩心爲中心。宗喀巴不過分強調密宗的一些教義和儀式在佛教信仰中的地位，主張顯密並重，學與修並重，以持戒修德爲本。在習修順序上，主張學佛先從學顯教入手，對有資格學密法者，則必須在學習顯宗的基礎上循序漸進地學習，四部密續的理法儀規，聞、思、修全面結合，不允許只重視某一個方面。由此，在他的倡導下，一個學佛修法系統的程序，在寺院嚴密組織下實施起來，使得藏傳佛教避免走向巫術、幻術的死胡同，從而避免了佛教在雪域重蹈印度佛教衰落的覆轍。

宗喀巴並未停留在「僅僅認識佛教哲理」的階段，而是把認識到的佛教哲理貫徹到行動中去，著手於重振藏傳佛教的事業。

他以身作則，嚴格戒律——這是他銳意進行宗教改革的第一個措施。他頭戴黃色尖型僧帽，表示他與以往僧人的不同以及堅守戒律的決心。西元一三九三年，他採納南喀里參的建議，將所供的彌勒佛像披上比丘服，以此行動向世人宣佈：無論顯宗還是密宗僧侶，都必須嚴守戒律，以嚴守戒律來表示對佛的眞誠信仰。他還嚴厲批評了一些高級僧侶不守比丘戒的行爲。

他在聶地區以及拉薩，曾親自宣講比丘戒及其細則，不僅要求自己門下的弟子必須嚴格服從戒律規定，而且爲當地佛教徒講解出家以及在家修行應遵守的戒律。宗喀巴頗富辯才，其宏大之聲，可使最多之聽衆所聞。他解釋要點時，與聲調高低相合，常可激動信徒的感情。而且日夜宣講教義而無倦容，令其他教派領袖難以與他長時間地辯論短長。他宣講的主張，語言簡潔確切，而且鋪排適宜，所以一般信徒衆都能通曉，因此他的改革，方得通行。

同時嚴立寺院管理制度，規定各種專職均有專人負責，誰也不得逾越職權。他創建的格魯派寺院，一般採用委員議事的形式處理日常事務，以防個人專斷；各種僧職還有一定的任職限制，這樣便防止了某一世俗統治者操縱寺院事務的現象。一般僧人受比丘戒必須持守二百餘條戒律，破戒者將視其情況給予嚴厲的處分，直至開除或驅逐寺外。

在嚴格戒律的同時，宗喀巴又著手實行重振西藏佛教的第二個步驟——大力修復佛教寺廟，西元一三九三年，宗喀巴師徒九人首先選中在藏傳佛教史上有威望的位於達阿喀宗以北的精其寺，作為修復佛寺的開端。

當時精其寺因年久失修而荒蕪頹壞。宗喀巴師徒九人先朝拜了寺中的彌勒佛，發願恢復寺廟，並且勸說阿喀宗地區的地方宗本父子為重修該寺出力。

宗喀巴重振藏傳佛教的第三個措施，便是創辦講經法會。

他把講經法會作為宣傳佛學思想、重振藏傳佛教的主要形式。西元一三九七年，宗喀巴在聶地區的饒鍾寺首創講經法會。在那次講經法會上，他除了對三千多名學僧宣講佛教的十七部大論外，還對當地的地方名人在公開場合因排座次問題所發生的爭執進行了調解，令他們心悅誠服，他們很快就成了宗喀巴的支持者。西元一三九九年，藏曆的正月初一至十五，宗喀巴率其門徒三十餘人到精其寺彌勒佛像前舉行祈願法會。這是藏傳佛教寺院每年舉行一次正月祈願大法會貫例的開端。

宗喀巴的這些舉動，使他贏得了衆多支持者，也得到了當時西藏地區掌握統治實權的帕竹統治者的仰慕。當時宗教界內部的腐敗，每況愈下的景象，正直接影響到西藏統治政權的穩固。而宗喀巴的宗教改革，正是將當時已經雪域化了的佛教按照重振佛教的需要，再經檢選提供給西藏社會各階層人士。他的觀點主張，連與他教派不一的帕竹噶舉派的領導帕竹第悉扎巴堅參也不得不大加賞識和推崇。後來帕竹集團成爲他事業的最大支持者。

宗喀巴的改革抱負，正是順應了當時政治和宗教的需要，在帕竹統治者的支持下，得以順利施展的。

西元一四〇七年，宗喀巴回到拉薩後，與帕竹第悉扎巴堅參商議後，決定於第三年初，在拉薩的大昭寺舉行盛大的祈願法會。此時的宗喀巴已進入了創作的旺盛期。他相繼完成了《中論廣釋》、《辨了不了義論》等著作，已明顯地成爲當時藏傳佛教界的領袖。

西元一四〇八年，明成祖朱棣派使臣邀請宗喀巴到京城，但宗喀巴因正忙於籌備一四〇九年初舉行的大法會，未能應詔。明成祖得知他未能應詔的原委後，充分理解和諒解他。

在這期間，宗喀巴如期舉行了拉薩大昭寺萬人大祈願法會，並在帕竹屬下貴族的支持下，創建了甘丹寺。這是他創立的藏傳佛教格魯派第一座寺院。格魯派由此誕生。

西元一四一四年，明成祖再次派使臣到西藏宣詔宗喀巴晉京。此刻，宗喀巴大病初癒，難以遠涉萬里，祇得派弟子釋迦葉西（西元一三五二～一四三五）作為代表前往北京。西元一四一五年，明成祖封釋迦葉西為「西天佛子大國師」，師祖宗喀巴的威望也因此更高了。

西元一四一九年藏曆十月二十五日，處於重振藏傳佛教最旺盛時期的宗喀巴大師，在自己親自建立的道場甘丹寺圓寂了。享年六十二歲。

相傳宗喀巴圓寂後，弟子們將其身體朝向南方，宗喀巴卻表示願朝東方，轉生後仍在中國傳法，於是佛座下生出一硬似手指之物，指向東方，表示他的意向。

大師的肉身保存於甘丹寺內一座金質靈塔之中。他的肉身以及靈魂，永遠與雪域的信徒們聯在一起。每年藏曆十月二十五日，即宗喀巴圓寂紀念日，成為藏傳佛教信徒們心中最重要的聖日。藏傳佛教各寺院在這一天都要舉行盛大的紀念儀式，供奉大師聖像的佛殿內均添置供物。信眾帶著香柏枝、酥油，到佛殿院內煨燊，轉廓拉者絡繹不絕。信徒無不以在這天膜拜這位藏傳佛教的聖者為榮。人們以此表達他們對這位傑出人物的敬意，緬懷他重振藏傳佛教的偉業。

宗喀巴圓寂後，他所創立的格魯派法務逐漸擴大。寺院遍布全藏區，僧人衆多。特別是在形成達賴、班禪兩大活佛轉世系統後，得到明、淸兩朝的册封和扶持，更成了具有廣泛影響力的教派。

宗教改革家宗喀巴也許未曾料到他宗教改革的重大意義，他也未能親眼目睹他所創立的黃教（格魯派）在今天盛行的狀況。

但他的改革賦予藏傳佛教的生命力卻是長久的、深遠的。佛教教義，經由他的解釋、深化，更加貼近「人間」、貼近現實，成爲一種瀰漫於各個角落的文化氛圍，滲入信徒的苦樂觀、宇宙觀、審美觀、生活觀、倫理觀之中。人們看得很淸楚，佛教，在它體現出了「人間佛教」思想的時候，它的興盛就不可避免了。也許正因爲這一點，促成了宗喀巴宗教改革的最終成功，也使得他所創立的黃教容易被廣大的信徒所接受。宗喀巴所創立的黃教歷經六個世紀的傳播而不衰。

6 活佛的轉世

藏傳佛教的活佛轉世制度，是藏傳佛教有別於其他宗教和佛教其他支派的最爲獨特之處。活佛轉世的空沒、玄妙，增加了藏傳佛教的神祕色彩。

按照佛教教義的說法，一個活佛的圓寂，不過是靈魂的轉移，化身爲另一肉體的人而已。化身隨機體顯現，所以必有靈童轉世。

活佛生生不息地沿襲下來，是由轉世制度維繫的。世世相接，永垂無疆。

活佛轉世制度創立於西元十三世紀。最早起源於噶舉派中的噶瑪噶舉派。噶舉派注重隱居生活，注意修行。西康僧人杜斯欽巴對噶舉派學說有獨到的見解，並建立了自己的寺院廣授學徒，創立噶舉派黑帽系。西元一三三三年，噶舉派黑帽系第三代住持讓迥多吉受到元帝國皇室的邀請，赴京參加了元順帝的登基典禮，受到了元帝國的青睞，取代了薩迦派的地位。當他第三次上京訪問時，不幸染病圓寂，臨終前留有遺言，說自己將在西藏的工布地方轉世。他的弟子在他圓寂後，根據多種跡象和徵兆，在工布尋訪確認了他的轉世，成爲第四代主持。

由此，活佛轉世制度開始出現，藏傳佛教各派競相仿效。十五世紀後，在藏區具有廣泛影響力的格魯派（黃教）的活佛轉世制度，就是仿效噶舉派的黑帽系。

達賴和班禪喇嘛

活佛的佛位，有高低大小之分，而藏傳佛教尊達賴喇嘛和班禪喇嘛爲最高活佛。達賴，蒙古語意爲大海。喇嘛，藏語意爲上人或上師。明嘉靖二十一年（西元一五四二年），格魯派採用活佛轉世制度，迎請黃教（格魯派）創始人宗喀巴的後世弟子索南嘉措到哲蚌寺繼任寺主職位。習慣上，一般把四歲的索南嘉措進入哲蚌寺的時間作爲格魯派寺院集團形成的標誌。

明萬曆六年（西元一五七八年），蒙古土默特部順義王俺達汗（也有譯爲「阿拉坦」）迎請索南嘉措到青海傳教，甚爲尊奉。兩人在青海湖東仰華寺會面，互贈尊號。俺達汗贈索南嘉措以「聖識一切瓦齊爾達喇達賴喇嘛」稱號，這句由蒙語、藏語、漢語多種語言組成的尊號，意思是「超凡入聖、學問淵博猶如大海一般的大師」。這是達賴名號的來歷。後來格魯派僧衆以索南嘉措爲三世達賴，上溯其師承，以根敦嘉措爲二世，以宗喀巴的上首弟子根敦主爲一世。明萬曆十五年，索南嘉措又受明朝廷册封。到了順治九年，清朝當政後也曾册封第五世達賴羅桑嘉措以「西天大善自在佛所領天下釋教普遍瓦赤喇怛喇達賴喇嘛」尊號。由此，達賴喇嘛取得了蒙、藏佛教各派總首領的地位，被尊爲觀音菩薩的化身。

班禪，爲梵語「班智達」（學者）與藏語「禪保」（大）的省稱，意爲「大學者」。額爾德尼，系滿語，舊譯「寶師」或「瑰寶」。

班禪的名稱，是由羅桑確吉堅贊開始的。這位出生於後藏倫主加地方的僧人，西元一五八三年被認爲是宗喀巴大弟子克主杰的第三世傳承者羅桑頓珠的轉世。明末，蒙古和碩特部固始汗入藏後，與五世達賴合作統領西藏，深得羅桑確吉堅贊之助，故於一六四五年贈以「班禪博克多」的尊號（博克多，蒙語，意爲「智、英武」），此爲班禪名號之始。

清順帝亦封之爲「金剛上師」，令其主持後藏札什倫布寺，並畫後藏部分地區歸其統轄。其徒衆上溯師承，追認黃教創始人宗喀巴的另一位大弟子克主杰和其後的傳承者索南喬朗、羅桑頓珠三人爲期前三世，於是形成班禪活佛轉世系統。清康熙五十二年（西元一七一三年），清朝廷册封班禪五世羅桑益西爲「班禪額爾德尼」。班禪喇嘛在藏傳佛教界被認爲是無量光佛轉世。

達賴和班禪，成爲藏傳佛教格魯派（黃教）兩大活佛轉世系統。他們的轉世，是藏傳佛教界的重大事件，爲世人所矚目。

達賴、班禪之下，還有分駐各地、在其駐地代理達賴喇嘛管理教務之權的各大寺寺主，稱作「呼圖克圖」（藏語「朱必古」的蒙語音譯，意爲化身）。呼圖克圖人數不定。依以前的一般慣例，呼圖克圖不僅掌有教權，而且掌握政權，尤其是藏族地區的呼圖克圖，均爲政教兩權並掌。而在信奉藏傳佛教的其他民族，比如蒙古，情況就不一樣了，如在內蒙古呼圖克圖一般僅掌握教權，而政權則另掌握在各盟旗王公們手中。呼圖克圖間，無形中依其政教之勢力，也有大小的區別。曾經在外蒙古喀爾喀部最大的藏傳佛教格魯派活佛哲布尊丹巴呼圖克圖，就曾統有政、教兩權，幾乎是掌握著外蒙古的命運。第八世哲布尊丹巴於一九一一年曾一度宣布外蒙古獨立，稱「大蒙古帝國」，年號「共戴」，成立

「外蒙古自治政府」。一九二四年圓寂後，傳承斷絕。除哲布尊丹巴外，呼圖克圖中較著名的還有在中國內蒙古地區藏傳佛教格魯派最大轉世活佛章嘉呼圖克圖、安多藏區的嘉木樣呼圖克圖、西康藏區的帕巴拉大活佛等等。

在呼圖克圖之下，還有在各寺院具有高級佛位的高僧，稱作「呼畢勒罕」（意：轉生者）的，也都按慣例能夠轉生。

活佛轉世一般有幾種情況：

- 前世活佛轉世。
- 因學識淵博，修鍊達到很高程度而被上一級活佛確認爲活佛。
- 因對本寺政教事務作出卓越貢獻而被僧俗群衆要求轉世的。
- 有些活佛因在世時失去威望或因寺院經濟力量衰敗、因戰爭或政治形勢變化等因素而中斷或不再轉世的。

這樣發展的結果，轉生者的數目難以預測。僅安多藏區，西元一九五八年前就有活佛一千五百五十餘名。札什倫布寺一個寺可轉世的活佛也有數十名；而拉卜楞寺院到一九四九年底，大小活佛達近百名。

尋訪靈童

活佛轉世禮制，不同於封建世襲和鐵拳繼承制，而是有其獨特的神祕方式。在靈童的確認方面，可以說機會是均等的。凡信奉佛教家庭出生的兒童，不論民族，不論貧富，不論男孩、女孩，凡符合選擇條件的均可入選靈童。

在歷世達賴喇嘛中，第四世達賴喇嘛云丹嘉穆措是出生於蒙古族貴族家庭的蒙古族喇嘛；第六世達賴倉央嘉措則是門巴族人。而在前後共十四世達賴喇嘛中，其中有五位達賴出生於普通農、牧家庭。在藏傳佛教中也有女活佛，西藏桑定寺的寺主就是女活佛。她屬下的僧侶卻都是比丘。女活佛桑定‧多吉帕姆在藏傳佛教噶舉派中地位極高。另外建在安多地區著名的佛教修行地——甘加白石崖的寺院，寺主也是女活佛貢日倉，白石崖寺大小政教事務都由她主持。

靈童轉世禮制是爲避免傳承爭奪、爲防止教區和寺院的權力壟斷在某個家族手中而採取的特殊手段。

靈童轉世禮制含有偶像崇拜的神祕性，必須適於佛法預示的條件。

當前世活佛圓寂時，如果已預示到自己轉世靈童的徵兆、出生方向地點等，那麼就按前世活佛預示的徵兆，經寺院有地位的寺主、大堪布等降神抽籤算卦，如占卜結果與前世活佛的預示相一致，那麼便可根據降神指點的方向去尋找。

但對於有影響的大寺院寺主活佛的轉世，則須向達賴或班禪大師直接請教，由他們預測靈童是否已出生，出世靈童所在的方向、年齡、屬相如何。

在尋訪靈童的方向、生辰八字確定之後，按照慣例還要探求靈童產生的具體地點和產生家庭的某些特徵、父母姓名以及靈童誕生必有的奇異徵兆。探求的方法則是向乃均之類降神占卜或是聖湖看顯影。若尋訪達賴喇嘛的轉世靈童，則必須去拉薩東南方向五日程的海子——拉摩南措湖（藏名「古今鑒」聖母湖）去看顯影。儀式由甘丹寺、色拉寺、哲蚌寺三大寺活佛、僧官參加。大堪布先向湖中抛灑哈達、寶瓶藥料等物品，並在湖畔誦經祈禱，然後向湖內觀看靈童轉生地方的地形、村莊等特徵幻景。又將看到的影像詳細地記錄在圖上，以此作爲活佛轉生地的根據。

在聖母湖看過顯影後，就可按卜卦的方向和聖母湖的顯影尋覓靈童了。

如果在此方向上確有與卜卦出的環境相符的地方，便可繼續尋找符合徵兆的靈童。但有時往往並非那麼順利，有時一位活佛的轉世靈童需經幾路尋訪數年，方能被確定證實下來。

在尋訪的方向地點上若確有與神的昭示相符合的家族和兒童，尋訪者要立即回報寺院，寺院遂派大堪布等人前往詳細考察。他們要向村人和兒童父母探知嬰兒誕生的過程，仔細觀察嬰兒相貌、動作、機敏情況和身體健康狀況。這實際上像是個優選兒童的過程。對於靈童考察的情況和過程，都要具實向寺院報告。

在考察滿意之後，還要取出前世活佛用過的遺物數件，放置在嬰兒面前，看嬰兒是否拿取前世活佛用過之物。按照黃教的規矩，嬰兒如果取了，就證明正是前世活佛的轉生，遂將此情況向上級大活佛或達賴、班禪直接報告，獲得認可後，才能認定靈童是眞活佛的轉生。

有時同時覓得條件相似的幾名嬰兒，這時就要通知抽籤、抓面丸或金瓶掣籤來確定。

爲減少在尋訪靈童過程中的流弊，避免在靈童尋訪受少數人所左右，造成僵局和糾紛，清乾隆年間，清朝廷曾三次下詔諭，在不改變活佛轉世制度的前提下，由駐藏大臣監督、三大寺主要活佛主持、高僧及地方官員參加共同金瓶掣籤，保持公道，防止舞弊。並特賜一金瓶用以對達賴、班禪以及西藏、青海、西藏等地的活佛轉世靈童的確認，此瓶保存在拉薩。同時在北京雍和宮也保存有一個清廷所賜金瓶，雍和宮保存的金瓶是爲判斷蒙古地區呼圖靈童而用的。

《金瓶掣籤》制度明確規定：凡尋找達賴、班禪轉世靈童時，必須邀集四大護法王、各呼圖克圖和駐藏大臣在大昭寺釋迦牟尼佛像前舉行金瓶掣籤認定儀式。儀式中，將所尋訪到的數名靈童的名字、出生年月，用滿、漢、藏三種文字寫於象牙做的籤牌上，呈給達賴（或班禪）、攝政、佛師、駐藏大臣等過目。然後由秘書用紙將牙籤包好，投入金瓶內，由活佛達賴（或班禪）同全體喇嘛一同誦《金瓶經》。念經完畢，由駐藏大臣起立向東磕頭，然後打開金箸，在瓶內攪三匝，用金箸箝出紙包，打開來看，牙籤上的名字就可確定爲轉世靈童。

假如尋訪到的靈童有此一名，也須將這一兒童名字寫在籤牌上，和另一沒有名字的籤牌共同放入瓶內。假若抽出沒有名字的籤牌，就不能認定已尋到的兒童是大活佛的轉生，而要另外尋找。

達賴喇嘛和班禪額爾德尼相互爲師徒關係，互相認定對方的靈童。

靈童一但擇定，其父親按慣例封爲公爵，晝分財產、莊園、牛羊。靈童便迎入寺院撫養、訓練。從此靈童在全封閉的佛教氛圍中成長，不受凡塵污染。

被迎進寺廟的靈童，要由高僧爲其剪髮、換僧衣，並給靈童授戒取法名。授戒取法名後，寺院還要爲靈童剃度取名舉行盛大慶典。待選定良辰吉日，便舉行坐床儀式。活佛坐床後，按過去舊例，正式啓用前輩活佛的大印，並開始學習佛學顯、密經典。此後，小活佛便在嚴格的佛教戒律下，習經修鍊，直到學業合格圓滿，到一定年齡即可正式主持教務。

⊙十三世達賴靈童尋訪過程

藏學專家牙含章先生曾在他編著的《達賴喇嘛傳》中，詳述了歷世達賴喇嘛轉世過程。現輯選十三世達賴靈童尋訪的經過，我們從中可對靈童轉世神祕過程作些粗略了解。

根據藏文十三世達賴傳所載：在拉薩東南部達布地區，有一處地方山青水秀，在許多山脈裡，有一座山形狀像象的鼻子，因此當地人把這座山和山腳下的村莊命名為朗敦（意爲象山之前），該地氣候温和、農產豐富，還出產蜂蜜。

在朗敦村裡面有一户農家，其血統不是貴族，但照西藏人的説法，也不是「殺生作惡」這一類人。這家的主人名叫貢噶仁欽，婦人名叫羅桑卓瑪，此婦人於西元一八六七年（藏曆第十五饒迥火鼠年，清光緒二年）五月五日，在太陽剛出山的時候，生產了一個男孩，廣額、黑髮、頭頂上有幾莖白髮是這個小孩的特點。

這時十二世達賴成烈嘉措圓寂已一年多了（十二世達賴於西元一八七五年三月二十日圓寂），噶廈為了尋訪新達賴的靈童和決定尋訪的方向，特請札什倫布寺的八世班禪丹白旺修（西元一八五四～一八八二年）打卦問卜，八世班禪答覆說達賴靈童已經出世，其方向在拉薩之東南方。噶廈又請山南桑耶寺降神的曲將降神，也說達賴靈童轉生在東南方向。噶廈因各方面的說法一致，於是決定向拉薩的東南方尋訪靈童。

在靈童尋訪的方向確定以後，……噶廈先在布達拉宮大經堂內舉行了一次降神，由攝政大拭呼圖克圖、三大寺的活佛僧官、政府的全體噶倫參加，乃均在會上降神，說是「達賴靈童降生在拉薩東方某一村莊，父名貢噶，母名卓瑪，應派大德高僧，前往打箭爐以西各地尋訪。」噶廈根據上述的尋訪範圍與父母姓名，派出很多活佛、堪布和政府官員前往衛康各地尋訪，又特派拉薩上密院卸職堪布羅桑達吉，於西元一八七六年九月，前往拉薩東部曲科甲地方的聖母湖去看顯影。該堪布照例向湖中拋了哈達和寶瓶藥料等物，並在湖畔誦經祈禱，然後向湖內觀看了達賴靈童轉生地方的村莊幻景。

這位堪布在看了湖內幻境以後，又會晤了曲科甲地方的聶堆（地方官名）。該聶堆說，他聽說達布地區的朗敦村，有一農戶男名貢噶仁欽，婦名羅桑卓瑪，於火鼠年五月初五日生了一個男孩。堪布就按他講的方向，前往朗敦村密查暗訪。當他到達朗敦村時，據他說該地景況和湖中所見的幻景完全相似，而生有小孩家的父母姓名，又與於乃均神所說符合。

堪布找到了這戶農家，看望了嬰孩，然後回到拉薩，將上述情況詳細報告給噶廈和攝政。噶廈即派古覺大堪布強曲南卓、噶廈卓尼拉旺努布兩人前往朗敦詳細考察，並要貢噶夫婦二人將生子前後的經過，有何徵兆，具實向噶廈作一書面報告。

古覺大堪布和噶廈卓尼到達朗敦村，代表噶廈向嬰兒獻了一條長哈達、一尊佛像、七大包乾果，還有兩小袋「丹對」和「麻尼日布」藥丸。

獻禮完畢，古覺大堪布又取出十二世達賴生前用過的遺物數件，放置在嬰兒面前，看嬰兒取什麼東西。嬰兒在陳列的東西中，隨手拿了一個小瓶。於是古覺大堪布即告誡嬰兒父母，對嬰兒要很好的保養，尤以清潔為重要，並禁止外人與嬰兒接觸。

古覺堪布在朗敦村停留了四日，仔細訪問了嬰兒生産經過情況，又仔細觀察了嬰兒的動作，然後滿意地返回拉薩，向噶廈作了報告。攝政通善呼圖克圖、四大噶倫、三大寺代表等人，又請乃均曲均降神，乃均曲均向東南方叩頭、獻哈達，表示東南方尋到的這個靈童是真正達賴的轉生。與此同時，噶廈又把朗敦地方的靈童的詳細情況，向札什倫布的八世班禪報告，班禪回信也說朗敦村的靈童是真達賴的轉世無疑。

至此，噶廈認為朗敦靈童已經各方面肯定為新達賴的靈童，因為其他地區未再發現有同樣的靈童。乃由八世班禪、攝政呼圖克圖、三大寺，和札什倫布寺的全體僧俗官員，聯名向當時的駐藏大臣松溎上了公稟，要求駐藏大臣轉奏皇帝，由於靈童只有一名，且經各方公認，請免於金瓶掣籤。西元一八七七年三月，光緒帝在奏摺後面批示：「貢噶仁欽之子羅布藏塔布克甲木錯，即作為達賴喇嘛之呼畢勒罕，毋庸掣瓶。欽此。」

西元一八七七年十月二十日，布達拉宮派了森本、蘇本、卻本等三大堪布（這是伺候達賴經常不離的三大堪布）及馬官、轎官、打傘的、搭帳篷的、儀仗隊、樂隊等全體人員，帶了前世達賴用過的日用器具，前往朗敦村迎接達賴靈童前來拉薩供養。

十一月初一日，達賴靈童穿了法衣，坐了轎子，由儀仗和音樂前導，離開朗敦村前赴拉薩。十一月十四日，靈童到了拉薩河南岸的公塘寺，由森本堪布把靈童抱到聶畏殿上，按照過去的舊例，在此接受聖旨。靈童捧讀了光緒帝批准靈童繼任十三世達賴喇嘛並免於掣籤的聖旨，靈童向東方行了三跪九叩禮，然後與駐藏大臣互獻哈達、禮品。達賴靈童暫時就住在公塘寺，等候八世班禪從札什倫布來給靈童剪髮並取法名。一八七八年正月初四日，八世班禪丹白旺修應噶廈之請，從札什倫布寺前來拉薩，正月十一日，赴公塘寺，會見達賴靈童，靈童向班禪獻了哈達和曼札，班禪也給靈童還了哈達。禮阿旺羅桑土登嘉措鳩差旺覺卻勒南巴加娃巴桑布」（簡稱土登嘉措）。剪髮取法名畢，噶廈在雪都崗欽冒大經堂內舉行了盛大的慶祝大會。班禪和達賴靈童在公塘寺一同住了兩個多月，然後班禪返回札什倫布。此後達賴靈童移到日加三丹林寺去居住了一個時期，等候選定日期，舉行坐床典禮。

歷史上在尋訪第十世班禪的靈童時，所尋獲孩童數量之多，是歷世大活佛轉世靈童尋訪中不曾出現過的。共尋訪到符合達賴喇嘛推算、護法師降神所預示的兒童十七名，其中青海地區就有九名。經過班禪堪布廳對十七名候選人進行了三次甄別和複驗，確定了三名聰慧兒童。其中包括出生在青海省循化縣溫都鄉、生於藏曆十六饒迴土虎年（西元一九三八年）正月初三日的兒童宮保慈丹（即十世班禪）。

當時班禪堪布會議廳已將尋訪情況報告給中華民國中央政府，同時通報了西藏拉薩的達賴喇嘛和噶廈政府，由達賴喇嘛在大昭寺打卦卜算，宮保慈丹在三名靈童中排在第一。但因此時達賴集團與班禪集團的關係處於不正常的狀態，加之各地方勢力都想插手（其中最突出的是青海的馬步芳和西康的劉文輝），致使認定工作拖延了下來，遲遲不能作出決定。

在噶廈政府和班禪堪布廳各不相讓，誰也無法確認班禪的轉世靈童時，當時的青海省主席兼西北軍政代長官馬步芳起了很大的作用。他打電報向國民政府代總統李宗仁陳述利害關係後，終於得到了批准。經國民黨政府批准後，班禪行轅堪布廳於中華民國三十八年八月十日上午十一時，在青海塔爾寺文殊殿前大經院舉行坐床儀式。由甘肅拉卜楞寺活佛拉科倉・吉美陳烈確吉堅贊爲十世班禪剃度，並授了沙彌戒，任命嘉雅佛爲經師。國民政府特派蒙藏委員會委員長關吉玉爲專使，參加了第十世班禪的坐床典禮。至此十世班禪在政治上獲得了繼承九世班禪的合法地位。但在宗教手續上卻未能完成。

隨著中國政治形勢的發展和「和平解放西藏十七條協議」的簽定，一九五一年五月三十日，十世班禪主動給十四世達賴發了一封表示祝賀的電報。同年七月十九日（藏曆），十四世達賴復電十世班禪，電文中說：「五月三十日來電，此間由藏曆六月四日接悉。甚慰。……至於此間我卜卦所得良好徵兆，您確係前輩班禪化身。決定後已經公佈札什倫布訖。並屆時已由卓木（亞東）去電知照北京西藏代表阿沛噶倫矣。現在希望您即速啓程回寺，所經道路決定後希先來電爲荷。達賴佛於羅布林卡。」（牙含章《班禪額爾德尼傳》）

此時，十世班禪正式得到了十四世達賴喇嘛及西藏地方政府的承認，從而眞正完畢了宗教上的一切手續。

一九五二年四月二十八日，班禪終於回到了拉薩，並於同年六月二十三日回到了自己的寺廟札什倫布寺，開始其宗教領袖的生涯。

由此看來，在政治鬥爭複雜的政治背景下，「金瓶掣籤」制度，有時也不能保證活佛轉世認定問題上不出現複雜局面。

至於一般佛位較低的活佛轉世，過程與大活佛類似，但確定權卻由寺院寺主決定。

靈童選定後先送哈達，再送衣服、卡墊等物品，並商定贖價。按以往習慣，如拉卜楞寺賽池（活佛名稱）贖金爲六百五〇元白洋、堪布四百五〇元白洋、法台銜三百五〇元白洋，其次送來袈裟，給佛父送衣服、馬匹、鞍韃全套；給佛母送衣服、犏雌牛；給兄弟姐妹各送衣服、衣料不等。活佛所屬教民依據個人經濟情況出資慶賀坐床典禮。

對於信奉藏傳佛教的群衆來說，活佛具有崇高的威望。他們的轉世與坐床典禮，是整個教區乃至全藏區的重大事件。活佛被視爲一個教區的精神領袖。

隨著中共「改革開放」政策的確立，一度曾廢黜的寺院活佛，又恢復了正常的宗教活動，不少已重回寺院掌教。

活佛的特殊身分和威望，使他們在佛事活動和社會活動中都發揮著不可估量的作用。民間的糾紛，因活佛出面調解往往解決得比較順利；活佛勸說群衆參加衛生保健、兒童計畫免疫，似乎更容易被信徒接受；在捐資辦學方面，不少活佛爲藏區的教育文化事業作出的貢獻不可磨滅和低估……

擔任本書顧問的多識教授，他本身就是一位活佛。這位學識淵博的活佛，如今是西北民族學院少數民族語言文學系的主任。他在數學和藏學研究方面傾注了大量心血，在培養少數民族人才和藏學研究方面作出了自己的貢獻。

7 活佛的涅槃和神秘的肉身塔

不管科學怎樣發達，人們對於「死亡」，仍懷有恐怖，仍生出苦惱。然而佛教對「死」的態度，卻爲「死」開闢了別的途徑。

對於佛教徒來說，涅槃寂靜，是人生最後追求的一種絕對安靜、神秘的超脫生死的精神狀態。

涅槃的意義是圓寂；是智慧福德圓滿成就、永恆寂靜的最安樂境界。這種境界爲聖者所知。按照佛教理論，生與死是人生兩大課題，也是兩大苦。生與死之間存在著相承相合的二重性關係，生是精神皈依肉體而生長發育的過程。死則是精神離逝、肉體消滅的過程。死是生的前提，死後將重生，而又生便又有死，如此循環不已。

也許由於對「死亡」的別一途徑的認識，所以「死」對於佛教徒來說，不再恐懼、不再嚴峻、不再沈重、不再灰暗。它有如人生所能達到的最高峰，是短暫生命交響樂中的一個片斷，是回歸自然的一種形式而已。

因此他們安詳地迎接死神的到來。

他們從容地等待涅槃寂靜。

對於活佛的涅槃，藏傳佛教除全員哀悼、舉行盛大誦經超度儀式外，還舉行誦經祈禱，祈禱大師功德圓滿，祈禱他的靈魂早日附著於另一肉體——他的靈童早日轉世。

肉身之制

按慣例，活佛圓寂之後，遺體開放給各界祭悼。祭悼完畢，則進行防腐處理，將骨灰或遺體直接存放於靈塔之中。

這是藏傳佛教獨特的喪葬形式——「塔葬」，也稱爲「肉身之制」。

藏傳佛教這種特殊的遺體處理方法，是與藏傳佛教的教義有密切關係的。

當佛教傳入青藏高原之前，那裡的葬俗中就有土葬、水葬、火葬、高空葬等。隨著佛教的傳入，天葬和具有佛教特色的火葬逐漸興起。這幾種葬俗的流行，與佛教基本思想的「四界」說相一致。所謂「四界」，即指土、火、水、空，古印度認爲這四種是構成一切物質的元素，人的身體也是物質，因此土葬於土、火葬於火、河流於水、天葬於空，是將死者遺體還其來源。

在藏傳佛教僧侶看來，「人體衹不過是一種外殼而已——衹不過是不朽靈魂的一種物質被覆而已……一具死人的屍體，其價值遠不如一套破舊的衣服。如果一個人壽終正寢，亦即不是遭橫禍而死，我們便作如下之觀，此身已病，已有殘缺，已經不再適於精神運用，已經不再堪作進修之需，是該棄置的時候了。精神逐漸退出此一肉身之外。」（羅桑倫巴《第三眼》）基於這樣的看法，藏區流行的葬俗，不論土葬、水葬、天葬、火葬，均不保存遺體，而是採用不同的方式將屍體加以處理。而佛教興盛後，逐漸出現偶像的製作和崇拜，宣揚佛的肉身、壽命無邊無際、威力無限，號召人們向他頂禮膜拜，求得神明保佑，由此導致了由偶象崇拜到對佛僧直接肉體崇拜。適應這種「偶像崇拜」的宣傳和信徒們對「偶象崇拜」的心理要求，便出現了對活佛涅槃肉身施行保存的制度。

「肉身之制」實際上是藏族社會物質和科學文化發達到能夠有效保存人體肉身水準後的產物。

⊙製作肉身

一具肉身的製作過程，是極爲複雜的。肉身的製作，大體可分爲防腐，乾燥處理、裝金修飾三步驟。首先將遺體加以洗滌，不動一刀一剪地從特殊孔道取出體內的臟器，然後須用含蘇打成分的藏地出產的沼鹽，吸收體內水分，還要用檀香粉、香料、漆液、藥物，以及高原地帶生長的具有防腐消毒作用的植物等等，進行複雜處理，使處理過的肉身「全身猶如一人正在睡眠，隨時可以喚醒，外部輪廓一如生前」。

對於防腐處理過的遺體，還須由金匠進行裝金修飾，也就是將眞金至薄至柔地一層一層地鋪在遺體上，不出絲毫的差錯，使每一線條、每一摺皺都複製得一如生前。這樣，才算完成了活佛肉身的最後定型。

活佛肉身的製作，體現著藏族人民在解剖學、生理學、化學、藥物學等方面的科學技術水準，以及在雕塑、鍍金方面高超的技藝。無論是從醫學科學的角度，還是從工藝美術角度來說，都體現出藏族人民的聰明、才智和創造力。

據介紹，對已逝世的十世班禪額爾德尼的法體，就是完全按傳統方法處理和保存的。大師的法體先用藏紅花、檀香料、鹽巴等多種名貴的藥水精心沐浴、擦洗，再用綢緞密密裹緊，吸出法體水分。如此在四個月內按期更換綢緞，使法體內的水分完全吸盡，又不損傷體膚，保證了法體的長期保存。在不停的誦經聲中，札什倫布寺的高僧及班禪大師在拉薩的行宮雪林多吉頗章，和在日喀則的新宮德慶格桑頗章的工作人員，出色地完成了保存法體的工作。據瞻禮過十世班禪法體的有關人士說，法體端座在孜恰殿內一米多高的法臺上，比生前略小。法體頭戴黃教尖頂黃帽，身披綢緞法衣，右手持金剛杵，左手持法鈴，似在進行莊嚴的法事活動。法容經整容後已塗上金粉，並重新描繪了五官。整個法體以玻璃護室保護，似一座小佛堂。前來朝拜、瞻仰者無不爲法體完好的保存而驚歎。

在世界另一古代文明的發祥地古埃及，也有「木乃伊」製作工藝的發明。但拿藏族的肉身製作和古埃及「木乃伊」製作工藝作比較，我們不難發現，儘管二者在製作原理上極爲相似，但藏傳佛教活佛肉身的防腐製作祇需七至十五天；而埃及木乃伊製作一般需七十天左右。從外形來看，藏族活佛肉身外形完整、光潔，不動一刀一剪；而木乃伊肌膚外表多留有明顯手術痕跡。再從體表裝飾看，藏傳佛教活佛肉身體表裝飾華美，重在觀瞻，具有工藝美術效果；而木乃伊體表不重修飾，並通常用亞麻布將遺體層層裹紮存放，重在保存。

由此可見，藏傳佛教涅槃活佛肉身保存，具有東方民族意識形態和審美特色，是東方的木乃伊。

對於製作好的涅槃活佛肉身，將置於具有特殊含意的靈塔之內。

在信奉佛教的國度以及中國佛教聖地，人們常看到那些特殊構思的佛塔，它既是佛塔，也是陵寢，具有雙重功能。

靈塔

而藏傳佛教的靈塔建築式樣，基本上與印度的「窣堵波」式塔相似。通常由塔座、塔瓶、塔刹三部分組成。在塔瓶內供奉活佛的肉身。

靈塔的建築式樣，有著特殊的佛教含意。藏族著名高僧羅桑倫巴曾對靈塔的構造和功能作過一個很有意思的圖解。

他認爲佛塔最下層的方型基底，表示堅固的「地基」；其上爲「水球」；再上爲「火錐」；再上爲「氣托」；最上爲波動的精神或待脫離物質世界的靈氣；而以上元素又都由「趣悟階路」而登達。

這基本上是把佛教「四界」的思想——土、火、水、空集於靈塔一身，使這四

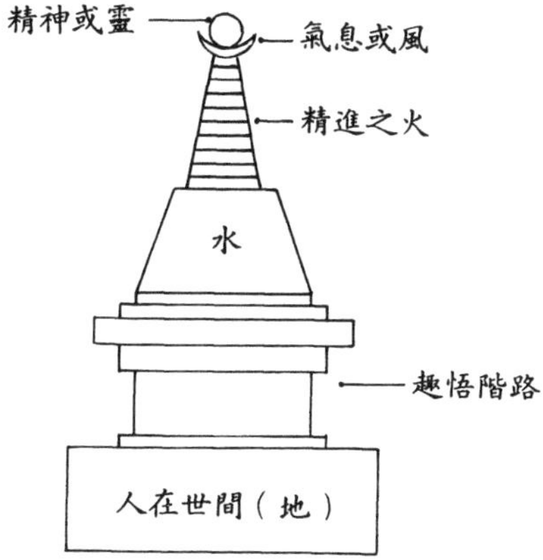

■藏傳佛教的靈塔結構

種屬性通過靈塔表現爲有形有質、可通過視覺觀察到的實體。高僧、活佛的遺體保存於這樣的靈塔之中，不僅體現了肉體復歸「四界」的佛教思想，還象徵著「出生——生活——死亡——精神——出生」的「生命之輪」，實現永無窮盡的輪迴。

從本質上來說，藏傳佛教的塔葬不僅體現著佛教的基本思想，而且採用更爲精巧、直觀的形式，造成了更爲濃郁的宗教神祕氣氛和強烈的感染力，顯示出藏傳佛教獨特的風格。

西藏的第一座靈塔，可追溯到西元七五五至七九七年藏王赤松德贊時期。那時，在西藏山南建立了西藏第一座寺院桑耶寺，並於該寺四周修建紅、白、黑、藍色佛塔四座。位於西藏山南桑耶寺旁黑山腳下的寂護大師靈塔，是雪域高原上第一座爲涅槃活佛建造的靈塔。此塔建於西元八世紀晚期，距今已有一千二百七十年的歷史。

從此爲高僧涅槃建造靈塔的作法，爲後世藏傳佛教徒所沿襲。從寂護大師開始，藏傳佛教的活佛、高僧幾乎都採用塔葬。

藏傳佛教後弘期來藏區傳教的印度大師阿底峽的牙靈塔，便座落在拉薩色拉寺內。

在黃教著名寺院甘丹寺內，保存著一座高二丈的靈塔，那是黃教創始人宗喀巴大師的紀念塔。今天我們所看到的那座靈塔是仿照原來的靈塔建造的。原來的靈塔中曾保存著黃教創始人宗喀巴大師的肉身。據說，寶塔原有個小木門，可以開啓，能夠看到宗喀巴大師的法體。以前，那小木門祇限爲政府高級官員開閉，後來達賴喇嘛下令將小門關閉。人們雖不再有朝拜瞻禮的機會，但這樣做卻能完好地保存法體。據說，有些貴族曾看到過大師的法體，大師的頭髮已長過膝蓋，指甲盤到肩上，黃帽袈裟仍如新的一般。對此傳聞，不少藏傳佛教徒頗爲相信。

如果人們步入雄偉的布達拉宮，還會看到第五、七、八、九、十、十一、十二、十三世達賴的靈塔。這八座靈塔，點綴著稀世珍寶，佈滿精巧嵌飾和美麗圖案，顯示了歷世達賴威力無比、大智大慧、全知全能的最高佛的地位，他以此來反映活佛「轉世」和「輪迴」的超人力量。

一般一座靈塔中祇有一個法體。然而矗立在西藏日喀則札什倫布寺內東陵札什南捷的一座靈塔，則是第五至第九世班禪大師的合葬靈塔，這種現象在藏傳佛教史上是頭一次出現。

由於中國歷史上的原因，一九六六年的文化大革命，破壞了札什倫布寺內存放的第五世至九世班禪喇嘛的五座靈塔。大陸「改革開放」以後，信徒把在動亂中冒著生命危險保留下來的五世至九世班禪的遺體殘骸歸還寺院。在十世班禪大師的親自主持下，重建了班禪「東陵札什南捷」大殿，安放了五世至九世班禪合葬靈塔。

重修的東陵札什南捷大殿由紫紅色和棕色兩大建築部分組成，雄偉壯觀。殿中矗立的合葬靈塔高十一點五二公尺；塔身以銀皮包裹，遍鑲珠寶，雕飾華麗，造形端莊。爲包製這座靈塔耗白銀一六六九公斤；黃金一○三點八公斤；水銀六六五公斤；黃銅五六三八點八公斤。五世至九世班禪的遺體殘骸分裝在五個檀香木匣內，安放在靈塔的壺瓶中。同時還放有袈裟、《大藏經》、歷世班禪的著作、各教派大師的經典以及金銀製成的各種宗教用品；各種糧食、糖果、水果、茶葉、酥油等供品；此外還有金銀珠寶和印度洋的水。

一九九○年九月二十日，十世班禪的靈塔、祀殿工程在札什倫布寺正式開工。奠基典禮完全按照藏傳佛教的儀軌進行。

奠基之前，札什倫布寺曾由七百多僧衆用一年時間爲工程進行了各種祈禱活動。學經院喇嘛傾心念誦《破土經》、《消災經》、《甘珠爾》等通篇經文。由高僧主持進行了莊嚴肅穆的百事供果及和平火祭儀式，從而使各項佛事祈禱儀式活動達到圓滿。

典禮那天，是藏曆的良辰吉日。凌晨時分，陣陣法號打破了後藏聖城日喀則的寧靜。工程現場幾十盞酥油燈在黎明前閃著光亮，以六十名高僧進行的安放寶瓶活動拉開了奠基典禮的序幕。

高僧端坐在卡墊上，誦經、拋灑青稞、聖水。一尊由日喀則民間工匠專爲十世班禪靈塔、祀殿打製的高約一公尺的「聚福寶瓶」由六名高僧用六種綢緞包裹起來，置入一棕紅色木箱內，在僧衆朗朗誦經聲中，被安放在靈塔中央的基石下面，在安放寶瓶的上方，又立起一塊一公尺多高的奠基石碑，上面用金色藏文書寫了修建靈塔的時間。

班禪大師的七十四歲高齡母親堯西・索朗卓瑪，專程從家鄉青海循化縣趕來參加奠基典禮。她和活佛帕巴拉・格列朗杰一起，爲石碑獻上哈達並培土。此後，信徒依次獻哈達，祈願奠基功德圓滿。這時，全場高響起誦經、祝福聲，白色的糌粑撒滿天空……

8 恢宏的寺院建築

進入神秘的雪域，你會發現，無論是豐草長林、沃土美地，還是危崖峭壁；也不論是喧鬧繁華的地段，還是僻靜偏遠的角落，都有藏傳佛教的寺廟在醒目之處巍然矗立。這片山水，這方土地，似乎與宗教結下了永世不解的法緣……我們簡直可以這樣說，在這塊遼闊的雪域上，最美麗的東西——在心靈上和物質上，寺廟，是首屈一指的。

據統計，在人口僅有二百零九萬（一九九〇年人口統計數字）的西藏自治區境內，著名寺院就有三千餘座，一般的寺院更是不計其數。

在地理嚴峻、氣候多變、經濟尚不發達的藏區，矗立著如此眾多、如此精美豪華的寺院建築，這現象叫人驚訝不已！感歎不已！

這反差，足以說明藏傳佛教在這塊土地上曾擁有著怎樣至高無上的地位了。

寺廟的建築結構

仔細觀察，人們會發覺，藏傳佛教的寺院一般都選在依山傍水、山勢風景秀麗的吉祥寶地。寺院面對風光明媚的山光水色，造成恰如西天樂土降臨人間、勝地無常的環境氣氛。佛殿廟宇一般順山勢而起，層層升高，上下銜接，高低相配，組成渾然一體的完美建築群。寺院規模不論大小，都態勢莊嚴，居高臨下，收控制全局之勢。

藏傳佛教寺院建築群一般分爲：經堂、佛堂、活佛居住的囊欠和僧人居住的僧舍等幾部分。

寺院前面，常有旗杆經幡、佛塔和講經院。寺院經堂周圍，一般排列有用皮製、木製、銅製鍍金的嘛尼經輪，供信徒們作轉經祈禱之用。

藏傳佛教的寺院，是藏傳佛教各派作爲本宗根本道場的，因此它必定是在遍集藏區一切財力、物力、智慧的基礎上發展起來的。藏傳佛教的地位，促成了它的宏麗壯觀；而藏族人民的虔誠篤信，鑲嵌出了它的金碧輝煌。

⊙布達拉宮

平地一峰，高聳雲端，與一塵不染的雲天相對——這就是著名的布達拉宮給人的印象。布達拉宮是達賴喇嘛居住的宮殿。這座著名的藏傳佛教宮殿，建於西元七世紀松贊干布時期。後來一世達賴重修，五世達賴改建，規模不斷擴大。

布達拉宮的建築思路，充分展示了藏民族高超的形象思惟能力和充沛夢幻意識的思惟特點。一座宮殿緣山而築，建築面積十三萬多平方公尺，十三層盤蹬而升，這形勢增加了建築本身神秘、高妙的色調。

布達拉宮的所有宮殿建築都採用藏族傳統的碉樓式樣。基礎深入山岩中，好似從山岩中生長出來，與整個布達拉山渾然一體。

布達拉宮的主要宮殿都覆蓋以漢式金頂、金閣和金亭。飛簷、走獸、雕刻、彩繪、燦爛輝煌。宮內有金殿三座，殿前金塔五座，光彩奪目，輝映照耀。宮殿內部佈局設置複雜玄妙，由人導引穿行也難知其結構。西殿是達賴喇嘛坐床處，有宗喀巴大師的手足印，日久不化。這些更增加了這座宮殿的玄妙感。布達拉宮以其恢宏和高妙的構思，成爲世界建築史上舉世聞名的精品。

⊙拉薩大昭寺

青藏高原上最早用來供奉佛像的佛堂拉薩大昭寺，始建於隋開皇十年。大昭寺最初供奉尼泊爾赤尊公主帶進雪域的釋迦佛八歲時身量像，後來又以唐文成公主帶入釋迦佛十二歲身量像爲主像。

大昭寺全寺殿宇參錯，高高挺起在拉薩市內，是拉薩城的重地。正殿威靈殿，是四層閣樓構成的巨大殿堂。正殿四周繞以走廊，通往各殿。殿內光影晦暗，道路分岐，初入者如入迷宮，給人以高深莫測之感。

大昭寺是尼泊爾公主請來的尼泊爾匠人建造的。但建寺經過，如藏族史料所述，曾請文成公主勘察地形、設法鎮伏惡魔。實際上這是中原自古相傳的堪輿加上苯教思想相混合的產物。關於大昭寺的堪輿、建設，藏傳佛教信徒們口中，早有一篇無形的碑文。

傳說，唐文成公主頗精通占驗術，在測量藏區地形時，她發現西藏地勢如妖女仰臥，而拉薩的倭塘湖則是妖女的心臟，稱爲海眼。於是指示修建大昭寺以鎮妖女之心；再建十二精舍，以鎮妖女手足。松贊干布依照公主的話，動工興建大昭寺。用石塊在海眼四周塡砌。這時，海眼中忽然騰起五色霞光，顯出三層的石塔。藏王向石塔上拋擲石塊，然後加蓋木板，又用溶化的銅汁向空隙處塡灌，這樣海眼才平靜下來。平靜的海眼爲地基，建起了大昭寺。寺建起之後，藏王又在祈求神時得到啓示，若想將邪氣永久鎭住，必須將四周風脈更正爲八寶吉祥，並在接連地脈上建寺一百零八座環繞大昭寺。從此，此地和平祥瑞。

大昭寺宮殿瓦及四周裝飾皆爲銅質鍍金。一樓正殿柱上的斗拱，雕有裸體和著衣的人物及天鵝、象、鳥獸等。殿前有近似羅馬式的大圓柱，屋脊上裝有與印度、尼泊爾寺廟相似的銅塔、倒蓮、蓮盤等。大殿二、三層屋簷下，鑲有仿古埃及寺廟裝飾的泥質半圓形獅身人面獸形。融多民族藝術於一體。

⊙塔爾寺

由於地理、氣候條件的差異，以及各寺院創建時不同的政治背景和各教派不同的信仰、當地信徒不同的審美觀，藏傳佛教寺廟建築風格也有所差異。

座落在青海省境內的塔爾寺（又稱金瓦寺），是一座典型的漢式建築風格的寺院。塔爾寺是藏傳佛教格魯派六大宗主寺之一，以宗喀巴誕生地而出名。

塔爾寺修建在奇峰重疊的環境中，山前山後，處處有大山叢林，猿嘯鶴唳，極盡人間之幽雅。

塔爾寺的建築式樣，可以從中國中原的帝王宮殿中找到原形。殿頂是深藍色和深綠色琉璃瓦，鱗次櫛比。中間高出衆殿之上的大頂，金光燦爛，耀人眼目。這就是被藏傳佛教信徒視爲靈地的最負盛名的宗喀巴塔爾寺。

塔爾寺地基約有五十公尺見方，牆爲各色香木雕成。很難找出適當語言描述它的高貴美麗。金瓦寺屋頂分上、下兩層，兩層均鋪以金葉之瓦。最上層美麗的寶頂是純金作成的，其價值難以估算。

⊙拉卜楞寺

座落在甘肅省南部甘南藏族自治州境內的拉卜楞寺，則是典型的以藏式建築風格爲主的建築群。

拉卜楞寺也是黃教六大宗主寺之一。拉卜楞寺佔地一千多畝。整個建築鱗次櫛比，錯落有致。金瓦紅牆，樓臺高聳，氣勢雄渾。

拉卜楞寺於清康熙四十九年建寺（西元一七一〇年），距今已有二百七十七年歷史。二百七十餘年中，拉卜楞寺先後建有經堂六座、大小佛殿四十八座，鎏金銅瓦頂樓四座、綠色琉璃瓦頂樓兩座。有大活佛嘉木樣及各大堪布、色赤囊欠(活佛居所)藏式樓房三十一座。各囊欠活佛住舍三十院,吉哇院六所,大廚房六處,印經院一處,講經院兩處,嘉木樣大師別墅兩處,經輪房五百餘間,普通僧舍五百多院,還有塔及牌坊等建築。

這些建築按其式樣,又分為漢式、藏式、藏漢混合式三種。按其結構,可分為石木結構和土木結構兩類。經堂、佛殿等高大雄偉的建築,都是木石結構,外石內木,牆垣多用青灰石英砂岩塊疊砌而成,表面刷紅色或黃色礦料泥土。這些建築材料的選擇,為因地制宜,就地取材。選材根據當地氣候、溫度、濕度等因素。拉卜楞寺則選用了乾燥不易起火的黏土、磚瓦、石料。這些建築一般是「外不見木,內不見石。」牆垣上部用當地生長的一種小灌木「鞭麻」束紮成小把疊置而成,極具當地民族特色和裝飾性。經堂支柱的巨大木料,大多是靠人力從陡峭的山道或從西藏、雲南運來。姑且不論木料本身的價錢,信徒基於信仰去作貢獻,雖苦猶樂。藏式建築的屋頂全用岩板鋪成平面。院內階梯用花崗岩或石英砂岩石條鋪成,這種藏式房屋建築顯然是適合於藏民族居住的地理環境和心理需要而孕育產生的。堅實、穩固、可靠,就像藏民族適於生存在雪域一樣,貼切、合理、恰當。

拉卜楞寺院建築群的中樞聞思學院經堂,是一世嘉木樣修建的,距今二百七十多年。當時祇有八十根柱子，可容納一千名僧人同時誦經。二世嘉木樣擴建成一百四十根柱子，可容納三千僧人誦經。西元一九四六年，五世嘉木樣又續建了前殿樓，至此，大經堂成爲有前殿樓、前庭院、正殿和後殿共數百間房屋、佔地十餘畝的宏大建築。

大經堂前殿樓爲大屋頂式建築，頂脊裝有寶瓶、法輪等法器，樓上供有藏王松贊干布法像。樓上的前廊是寺主嘉木樣大師和寺院四大色赤、八大堪布、十八囊欠活佛每年正月和七月舉行法會時觀會的座席。正殿和前殿樓之間的庭院，是聞思學院學僧們辯經和考取學位的場所，正殿是全院學僧誦經之所。正殿上首所設兩個位置，是爲寺主大活佛嘉木樣和拉卜楞寺所屬六大學院總院長磋經堪布設置的。講經時，磋經堪布居前座，嘉木樣大師居後座。佛座兩旁各供佛像十餘尊，並有經櫥，貯大藏經《甘珠爾》、《丹珠爾》等經卷。經堂地上是僧衆誦經的氆氌坐。經堂頂篷綴有蟒龍袍圖案的緞幕，懸掛五彩幢幡寶蓋，四壁彩繪各種顯密佛畫；正殿之後，還有本寺護法神殿，供有本寺的護法神和該寺寺主歷世嘉木樣活佛的舍利塔，以及歷世爲創建拉卜楞市立下汗馬功勞的黃河南蒙旗親王夫婦和其他活佛的舍利靈塔。正殿西側的大廚房，內有直徑三公尺多的鐵鍋一口，可盛八十桶水。每次集會，這口大鍋可供三千多僧人就餐，眞可謂世上鐵鍋之「最」了。

⊙桑耶寺

座落在西藏山南的桑耶寺，是一座更爲特別的、在建築風格上融合藏式、漢式和印度式建築風格爲一體的寺院。

桑耶寺也，也稱「三樣」寺，是具有藏、漢、印三種建築樣式之意。這座西藏第一座藏傳佛教寺院，創建於西元七世紀吐蕃帝國興起時，在當時藏王冬宮的所在地。該寺寺址是由印度佛教大師蓮華生大士所勘察決定，藏王赤松德贊親自主持奠基。寺的規模則是由另一位進藏傳教的印度佛教大師寂護設計的。

金碧輝煌的「烏孜」大殿，是桑耶寺的主殿。主殿居中，象徵宇宙中心的須彌山。「烏孜」大殿的四方各建有一大殿，象徵佛教中的四大部洲；四方各殿近旁，又各有兩小殿，象徵八小洲；主殿兩側還有象徵日、月的兩座殿；主殿四角建立的紅、綠、黑、白四塔，象徵鎮服一切凶神邪魔、防止災禍發生；塔週圍遍佈金剛杵，形成一百零八座小塔，每杵下置佛舍利一顆，象徵佛法堅不可摧。

主殿之外還配以其他殿堂、房屋、佛塔、通道、圍牆等，組成象徵佛教宇宙觀的建築群。可以說，桑耶寺的建築佈局，是體現佛教思想的典範，堪稱藏傳佛教建築的一顆明珠。

最爲別致的是桑耶寺的主殿「烏孜」大殿。這是一座別具一格的殿堂，看似五層實則三層，建築者巧妙地利用了依山地勢。大殿下層的建築式樣，是採用藏族建築形式，其中塑像的面貌是仿照藏人的面貌塑造的；中層樓房的建築式樣，是採用漢族建築形式，其中塑像的面貌是仿照漢人的面貌塑造的；上層樓房的建築式樣，卻是採用印度建築形式，其塑像的面貌又仿照印度人面貌雕塑。每層的壁畫、裝飾、也都按不同的風格繪製。這種藏式、漢式、印度式合璧的建築風格，在中國建築史上實屬罕見。

桑耶寺的烏孜大殿，實際上是藏族、漢族和古印度三種宗教文化匯聚的產物。由此也說明了藏傳佛教從它開始形成時刻起，就不是單色的。

桑耶寺的建築磚瓦也很有特點。那些燒製於吐蕃時代的磚瓦，現在存有紅、黑、綠三種，屬於地磚施釉。磚的形式有方形、長方形、梯形、子母口形，大小型號不一。磚面一般刻有文字。

瓦的形式有板瓦、筒瓦兩種，大小規格也分幾種型號。瓦上有非常細密的紋；滴水上飾乳釘紋、三蓬瓣和波浪紋；瓦當上飾靈塔、大乳釘紋、連珠紋和太極紋圖案，極爲精緻。特別是那些綠色琉璃瓦的大量使用，反映了西藏古代建築裝飾工藝的高超水準。

建築風格

由於各地的地理、氣候條件各有差異，以及建築材料來源不同和各寺建寺時的政治背景、信奉教派的差異，遍佈雪域高原的藏傳佛教寺院在建築風格上差異很大。

座落在青海省洛都縣的曲曇寺，全寺的建築式樣和佈局是完全按照明代皇宮佈局而建造的；而藏傳佛教薩迦派的主寺薩迦寺，是由整根圓木作椽棟築造起來的。

位於後藏日喀則地區的黃教著名寺院札什倫布寺，是歷代班禪駐錫之地。其寺建築宏麗，宛如都府。該寺戒律頗爲嚴格，在東方以禁吃煙著名。札什倫布寺最珍奇的建築物爲「吃苦大磨撒」，這是喇嘛的大食堂，高九層，頂如楔狀。據說從前食桌上滿置羊、犛牛、山羊之屍體及大斧大刀，用以告誡僧侶苦苦修行

此外，在雲南的白族、納西族、普米族、阿昌族、怒族等民族地區，以及甘肅的裕固族、青海的土族等以藏傳佛教爲主要信仰的民族地區，其寺院建築更是風格各異，異彩紛呈。特別在信奉藏傳佛教的蒙古族地區，佛教寺廟可以說是蒙藏兩個民族文化交流的直接產物。位於內蒙古包頭的五當召，是一座以西藏札什倫布寺爲藍本修建的藏傳佛教（喇嘛教）寺院。整個廟宇體現了藏族寺院反映「曼荼羅」五山八海、四大部洲的平面

布局。

呼和浩特的席力圖召，則是一座蒙、藏、漢三種風格合璧的寺院。寺院在漢族建築中軸對稱的平面佈局中，加入了富有藏傳佛教色彩的建築，通過前半部分不同空間序列的組織，在中軸線的末端，高潮突起，烘托主殿主宰一切的氣勢，創造了十分濃厚的宗教氣氛。蒙古地區的藏傳佛教寺廟在細部裝飾上獨有韻味，它吸收了蒙古民族和臨近地區晉、陝等漢族地區裝飾技藝，使寺廟顯得格外精美華貴。

綜觀藏傳佛教的寺廟，不論何種教派、不論何種風格和規模大小，給人印象最深、最使人留連的地方，就是它的富麗和嚴謹的佈局結構。與其他宗教的教堂造形相比，它更注重錯落有致、渲染裝飾，使人覺得諧和，既不覺缺什麼，也不覺多出什麼，無一瓦不妥貼，無一木不相稱，眞正表現出十足的東方藝術特色。

⊙草原上的帳篷寺院

此外，在地域遼遠，人煙稀少的遊牧地區，還有一種因地制宜建立的帳篷寺院。

在草原爲環宇的蒼穹之下，帳篷就是天堂。草原上以牧業爲生的牧人和僧侶們自然也以自己的方式，迎接和安奉佛身。

藏北那曲地區安多縣北部丹堆鄉的羌塘草原上，現存有一座最大的帳篷寺院「柏爾貢巴」。柏爾貢巴，藏語意爲「柏爾部落的寺院」。

它的大經堂、佛殿、僧舍都是用各種帳篷製作的。大經堂是用犛牛毛織成的大帳篷；佛殿、僧舍是用布製成的小帳篷。僧人居住的帳篷，多是僧人從自己家中帶來的。

這類草原上的古刹，其佈局完全同其他藏傳佛教的寺院一樣，以大經堂和佛殿爲中心。在經堂、佛殿中照例供奉佛像、供品等。僧舍和轉經房等則圍繞四周。

帳篷寺院是在遼闊的草原上沒有森林、缺乏木材、磚瓦的情況下因地制宜建立起來的，這眞是一項奇特的文化現象。在一切全靠手工和體力條件下，這件工程的工作量及其意義，一點不亞於當今文明社會一座大型公共設施的建立。它爲生息在草原的遊牧民族提供了從事宗教活動的心理寄託和活動場所。

千百年來，藏傳佛教的寺廟佇立在雪域高原以及信奉藏傳佛教其他民族的土地上，雖經受風吹雨淋、天災人禍、歷盡滄桑卻仍宏偉壯麗、光彩照人。其原因完全是一代又一代信徒和喇嘛僧人珍視、愛護和不斷修繕的結果。信徒把寺院當作自己精神的寄託、靈魂的歸宿之所，所以無微不至地加以愛護。他們把愛護寺院和捐資修繕寺院，作爲積累功德之舉。

一九八五年四月七日，著名的黃教六大寺院之一拉卜楞寺大經堂，因意外事件不幸起火。當地的僧俗聞訊，立即奔赴現場。在沒有先進消防設施的情況下，以木桶、臉盆在大夏河中取水，迅速將火撲滅，避免了更大的損失。此後，僅四年時間，大經堂就已完全修復啓用。修復後的大經堂，依然保留了原建築式樣、規模和風格，同時採用先進技術和材料，於是，這座大經堂又煥發出了莊嚴的光彩。

9 藏傳佛教所供奉的神靈

作為佛教的一個重要支派，藏傳佛教所供奉的神靈與漢地佛教、南傳佛教既有相同之處，又有不同之處。

我們在漢地佛教的寺廟和南傳佛教寺廟中，常能看到佛祖釋迦牟尼佛的供像，以及彌勒佛、文殊菩薩、觀音菩薩、地藏菩薩和羅漢菩薩塑像。這些佛像神態自然、神情善靜，把人引入一個祥和、恬美的境界。

而在藏傳佛教寺院中，除供奉佛祖釋迦牟尼佛和一般的顯宗佛、菩薩、羅漢外，還供奉一些特有的神與佛；那是顯、密結合的藏傳佛教在弘揚「佛的至高無上，法的無所不能」的過程中，在崇信密宗原有的神佛外，又創造了許多獨自信奉的神靈。

這些神靈在藏傳佛教寺院中，是形象具體、職責分工明確的。它們在對宇宙萬物滴水不漏、天衣無縫的「駕馭」中，組成了網路嚴密、系統的「佛的世界」而使信徒崇拜，心中有充實感、實在感。

應該特別指出的是，藏傳佛教寺院中供奉的釋迦牟尼佛像，多少是被雪域化、藏族化了的。不少寺院供奉的釋迦牟尼佛的頭上戴上了具有藏族風格的冠飾，服裝也比古印度和漢地、南洋寺廟中的佛服有些變化。他內著僧祇支，外著袒右肩的袈裟。釋迦佛祖在雪域被宗教改革家宗喀巴從身穿袈裟變成應身。

被愛好和平的民族所最欣賞的、代表大慈大悲的觀音、文殊形象，在雪域理所當然地受到了心地善良的藏族人民的特殊供奉。然而，雪域的觀音、文殊也都有了延伸的含意。一些功績卓著的人物，都被說是觀世音的化身；連藏族族源問題，也被說成是與觀世音有關。許多藏胞虔誠地相信，自己的民族是由觀世音化身成獼猴與羅刹女結婚而繁育的後代。

被供奉的藏族歷史人物

藏族歷史上的重要人物，也因人們對他們的過分崇信而被神化了，他們因功德超人，而被說成是菩薩、神的化身，以宗教崇拜的形式去悼念、學習和信奉他們。

松贊干布、文成公主、赤尊公主都被視爲觀音菩薩的化身，供奉在藏傳佛教各寺院的顯著位置上，歷輩達賴喇嘛在坐床典禮時都要謁拜他們，敬獻哈達，這已成爲藏傳佛教的慣例。

最早由印度來青藏高原傳播佛教的蓮華生大師，當然被作尊神供奉在藏傳佛教的各寺院裡。他的塑像頭部，有分別代表太陽和月亮的圓鈕；身後有了橢圓形的頭光、背光。手捧寶瓶，夾一長柄法杖，全身被如實卻又奇特的蓮花托著，完全成了超脫世俗的聖人。

藏傳佛教後弘期的重要人物阿底峽，也被尊在許多藏傳佛教寺院的佛殿臺上。這位古印度高僧、學者，因他在北宋元年被請到古格王朝傳播佛教、醫學、譯經，他的功德使他頭頂自然有了太陽、月亮的折光；身後也有了橢圓形頭光、背光——佛光。

著名法師和宗教改革家宗喀巴，則在不少寺院中被純金貼面當作最尊貴的文殊怙主佛來供奉。他生前以慈愛、高尚的佛教精神感化了數千萬信徒，涅槃後備受萬方人士景仰，日夜受到頂禮膜拜。

藏傳佛教噶舉派的重要人物馬爾巴、密勒日巴，因其獨特的傳教經歷，一天天增加了自己的威望。西藏佛教界以他們爲苦修僧人的典範。

香巴噶舉派僧人唐東杰布，以首次修建鐵索橋和創立藏劇團，而被後人當作師祖供奉。曾任過大元帝國帝師的薩迦派領袖薩班和八思巴大師，則作爲智慧的代表和化身，被莊重地供奉在薩迦派寺院和藏傳佛教許多寺廟的佛堂裡。

這些不同民族、不同教派的歷史、宗教人物，就這樣永久地與藏傳佛教信徒們的生活密不可分了。他們成爲信徒心中的偶像和情感的寄託，照耀著他們的行爲和生活。

藏傳佛教特有神

除了以上那些善靜的智者、菩薩外、藏傳佛教中還有一些令人生畏的本尊和護法形象。這是顯、密結合的藏傳佛教特有的神的群體。

⊙怖畏金剛

在藏傳佛教佛殿中常佇立的怖畏金剛像，是尊具有九頭、二十一隻眼睛、三十四臂、十六腿的藍身神像。在藏傳佛教中，這位本尊是文殊的化身。

內地的觀音等菩薩多爲女身，這是因爲大慈大悲的菩薩一般爲柔弱的女性特別信奉的原因，所以適應這種社會心理需要而逐漸演化成了女性。而在藏傳佛教寺院裡，觀世音、文殊不但仍與印度佛教一樣，都是鬚眉男子，而且還化身爲護法神，有代表鎮懾的特殊象徵意義。護法神中有一部分是佛教傳入之前的苯教和原始宗教的神祇。它們曾在佛教傳入前被當作崇拜的對象，但在佛教傳入之後，佛教的傳播者爲消除當地信徒排斥情緒，明智地借用那些藏人所熟悉的原始宗教中的諸神，作爲佛教的護法神。使佛教在苯教神的「護法」下，在雪域迅速立足並滲入藏族人的心底。

爲宣揚佛教的教義，藏傳佛教不僅展示降魔除煞的神靈，而且還展示和反映這些神戰勝「魔鬼」、「惡煞」的過程，以此來解釋「人與人之間」、「人與自然之間」、「人與社會之間」各種「不合理」現象的根源，宣講解脫之道。告訴人們，那些佛殿之外的恐怖、猙獰者，最終是會被神所懾服。怖畏金剛就是這樣一個法力無邊的文殊化身。按佛經記載，它是釋迦牟尼佛在須彌山的再現。據說南方出現了極其凶暴的閻王，因而佛便顯現出凶惡的怖畏金剛的形象去鎮壓閻王。它有九頭，代表九類佛法。九頭上每個頭又有三睛，這是代表洞察三時的慧眼，意思是無所不見。頭髮上指，是向著佛地的意思。怖畏金剛有三十四臂，表示菩薩成佛除了身、口、意之外，還有三十四條修持法。左右三十四臂各持物件，每一對都有象徵性寓意。怖畏金剛還有十六條腿，鎮壓閻王十六面鐵城，代表十六種空性。腳下十六種動物，代表十六種超凡功能。腳踏八大天王，表示超出了世俗法則。怖畏金剛身佩五十顆鮮人頭，象徵梵文三十四個子音和十六個母音，子母音全數即一切密咒的基音都有了；遍體披人骨珠串，象徵一切善的功德都全了。佩帶人骨骷髏，一方面象徵世事無常，另一方面象徵戰勝惡魔和死亡。

怖畏金剛懷中還擁有一女身。女身名叫「若朗瑪」，也是藍身，頭佩五頭骨，三睛，頭髮下垂，表示女人服從之意。女身右手持月刀，是爲了割斷有情；左手持盛血的人骨碗，意呈獻樂空。右腿伸，是去鎭壓一切女明王；左腿高彎，象徵得到了快樂。怖畏金剛和若朗瑪二像皆爲裸體，表示遠離塵埃世界。男女擁抱的含意，是陰陽和合，樂空二法合一。怖畏金剛座下的蓮花，代表已出輪迴，有蓮花「出污泥而不染」的意境。蓮花上的紅日，象徵心有如太陽當空，遍知一切。背景有火焰，象徵智慧和能量像火一般的旺盛，能燒掉一切煩惱和愚妄。

⊙貢布

救主像也是藏傳佛教的一位重要護法神。救主，藏名「貢布」，它即是佛，又是菩薩，是慈悲觀音的武像。它有二手、四手、六手或四手四面等不同的形象。

在甘肅甘南藏族自治州境內拉卜楞寺時輪（金剛）學院供奉的六手貢布，爲藍身，披虎皮，呈忿怒狀，腳上無靴，表示已脫離了污垢世界。救主像也有五十顆濕頭，也圍人骨珠串，但兩肩向前掛黑長蛇，象徵征服龍王和藥叉等魔怪。脖項上圍著白蛇，六隻手腕又圍小黃蛇，兩腳腕也圍白蛇，腰以白蛇爲帶，這些都表示降伏八部龍王的意思。六腕、六肘、兩腿，各戴人骨鐲子，象徵佛的六種功能。頭也有三睛，表示能見三時之事。紅髮上指，紅髮上結以黑蛇，現威懾狀。兩腿踏在象頭天王的身上。象頭王曾經極其凶惡，此時在救主的制服下，也現出了服貼奉承的形狀。

⊙吉祥天女

藏傳佛教寺廟中還供奉一種女護法神，稱爲「吉祥天女」。天女又叫「騾子天王」，因爲騎著四隻眼的騾子（胯下左右各一眼），所以可以在天上、地上、地下三界遍處行走。她原來極其殘忍，後來被金剛手制服，而成爲佛教的護法。

吉祥天女藍身，無靴，面目極其恐怖。上身穿黑褐色衣，下身穿虎皮裙。被人骨珠飾，手持髏骨缽，屍杖，以毒蛇作腰帶，以日爲頭飾，以月爲腹飾，口銜活人。右耳以獅爲佩，意在聽經；左耳以蛇爲佩，爲忿怒多。像之背景爲大風，周圍爲火。

西藏拉薩一百五十公里處聖湖畔的吉祥天女像，與達賴喇嘛有特殊的關聯。每一世達賴於其一生都要膜拜聖湖一次，要從湖中的顯影中預兆他一生的事蹟以及涅槃時的情景。同時也要拜吉祥天女像一次，與像對話。面對吉祥天女如此恐怖的形象，如不預先有心理準備，便可致人於死命。據說達賴九世和十二世，就是這樣夭折了的。而十三世達賴拜廟時，因年已二十五歲，知道怎樣保護自己，所以能夠泰然處之，能夠長壽。

⊙法王、四面怙主、北天王、馬頭明王、載末爾、事業王

除怖畏金剛、救主、天女外，藏傳佛教供奉的護法還有——

以顯示鎮懾之法，而呈水牛頭模樣的閻羅「法王」；腳踏「作惡者」、具有四個頭的「四面怙主」（又稱四面觀音）。

右手持傘，左手握鼬鼠，口中吐寶的「北天王」。

降魔驅邪的有三個人頭、三個馬頭的「馬頭明王」。

守護土地財產的藏地特有之神——「載末爾」。

還有藏傳佛教特有的護法神「事業王」。事業王，白身，表示淨；身裸，背披虎皮邊白衣。戴寬緣方頂黃喇嘛帽，三頭、六手，騎綠鬃白獅，座托爲蓮花太陽。這個原爲霍

爾族所信奉的神，經由蓮花生大師命爲佛教的護法後，在桑耶寺安了身，被附體名叫「杰布」，即國王。他有妻子兒女，能附體預言吉凶。西元十七世紀五世達賴將它變成黃教的護法，居於得陽大藏寺，作爲政府的附體神。事業王的附體身，歷史上曾被中國封爲公爵，作爲達賴、班禪活佛轉世時卜算候選人之用。此「神卜」又稱「拉穆吹忠」，每當達賴、班禪等活佛圓寂後，俱由「拉穆吹忠」作法降神，俟神附伊體，指明「呼畢勒罕」所在。

⊙掌有特殊職能之神

此外，還有一些掌有特殊「職能」的神靈——如座落在西藏色拉寺彌勒佛面殿中的「根敦培」神像，是避火災彌勒佛，傳說曾七次開口說話；還有退敵光明天母、多聞子天王像、護門四天母、明王四大忿怒隨從、大紅司命主。

藏傳佛教寺院中的時輪學院所主奉的時輪金剛神；寺院醫學院中主奉藥師阿丘佛；還有綠度母，爲佛教度衆主的能量化身，藏語稱「卓瑪」，爲女身。這是藏傳佛教各派普遍信奉之神，共有二十一種不同形象，是藏傳佛教繪畫形象中最爲動人的形象。

還有以兵器作爲神靈名字的「金剛橛」。這名字雖不能簡單地譯爲戰神，但這個神與降妖伏魔有直接關係。這種神，通常是上部有人頭、手臂，下部是三棱形短劍的兵器。

藏傳佛教供奉的神靈，眞可謂包羅萬象。由他們組成了網絡狀嚴密、系統、形象的「佛的世界」。由他們「掌管」宇宙萬物，應該說是滴水不漏，天衣無縫了！

在藏傳佛教的佛與神中，還有一些由各教派根據自己不同的教義供奉的獨爲本教派信奉的佛與神。

如薩迦派寺院中供奉的喜金剛、瑜伽母和金剛持怙主；寧瑪派寺院的文武本尊、金剛橛、奉命八部，以及曼達拉瓦、意希錯甲兩位空行母……

站立在藏傳佛教寺院中的這些神靈，就是這樣以各自的形象和象徵，具體地解釋著和宣揚著各教派的教義、主張和修持方法，使信奉者如臨其境地感受神威和教理。

然而，藏傳佛教最爲精彩的是創造出了一批有血有肉的活佛，信徒視他們爲精神領袖，是活動於自己身邊的活的法體。他們把能夠朝見活佛，當作最大的榮幸；把接受活佛的摩頂，視爲至高無上的榮耀；甚至有些人把活佛加持過的吉祥結，畢生佩戴於身，以此作爲最大的幸福和安慰……

10 千姿百態的佛像造形藝術

供奉在藏傳佛教寺廟中的佛像、神像，其造形之美、雕塑技巧之高、校飾之莊嚴，達到了驚人的程度。

佛教以宣揚「衆生平等，衆善奉行」爲宗旨，所以在法像的雕塑上，自然是極盡嚴飾，盡力使其在信徒面前呈現既靜穆又和藹的形象。

「像法」儀式

佛像的塑造，不僅是一項藝術創造過程，對於藏傳佛教來說，更是一項莊嚴的修持內容和「像法」儀式。

按照佛教密宗的教義，灌頂修持時，必須爲佛造像。或塑或畫，極其莊嚴。「像法」儀式大致是這樣的：造像前，由寺院法臺在壇場舉行儀事，商討造像的工程事宜，審查材料的選擇，挑選最精良的技師。然後經過三密加持、四事供養、佛眞言裝藏、祕印開光等儀程，「直披行者之心，契入本尊之體」。

藏傳佛教格魯派的著名領袖宗喀巴，當年在色拉寺演講經法的同時，曾在色拉寺後山的一所修鍊室中修鍊。修鍊時每一坐關完成時，都塑製佛像和一些小泥像、小泥塔。這是藏傳佛教修持的內容之一。

拉薩哲蚌寺密宗殿主像是九頭、三十四臂的勝魔怖畏金剛像，就是大法王宗喀巴親手塑建的。宗喀巴當年與諸多神變比丘誦禱經文，在以泥塑製忿怒羅刹面時，每一撮泥丸要念十萬遍〈雅瑪熱雜咒〉。在塑造其他部位時，每撮泥丸也要唸咒萬遍。

哲蚌寺密宗殿佈畏金剛右側的宗喀巴像，據說也是宗喀巴大師本人親手塑製的。

拉薩色拉寺護法殿中供奉的一尊「佛世尊金剛怖畏勝魔全面全手像」，是在色拉寺的創建者、聞名遐邇的大慈法王釋迦益西親自關懷下，由夏魯交瓊瓦、列巴堅贊手製而成的。塑像時，每撮一撮泥土都念誦〈金剛怖畏心咒〉一遍，當塑製到佛的面龐時，每撮一次泥土念誦〈金剛怖畏咒〉一萬遍。如此莊重虔誠，難怪那尊佛像看去有如眞佛蒞位般地莊嚴。

而色拉寺且巴札倉內供奉的那尊馬頭明王之祕密陰陽二身像，它的塑製更爲神祕。馬頭明王殿的殿址本是一片葬屍林，該處有一叢刺梅樹，有一日且巴札倉的創始人看見一紅色烏鴉落於刺梅樹上，不久又隱入其中。他認爲該烏鴉是馬頭明王的化身，於是向刺梅樹上涂抹香泥，建成了那尊馬頭明王像，並修了座馬頭明王殿供奉之。色拉寺也因此得名，「色拉」，藏語，「刺梅樹」意思。

可見，藏傳佛教的「像法」過程，多麼的莊嚴和神祕。

眞言裝藏

在進行「像法」之時，有一個重要的過程，就是「眞言裝藏」，即將佛的舍利子和用物、佛經、眞言等具有特殊法徵的佛教信物，裝藏在佛身之中，使塑像本身更具莊嚴。

哲蚌寺密宗殿中由宗喀巴大師親手塑製的勝魔怖畏金剛像，據說，其口中，有以大如鷄卵的佛舍利子爲主的無數舍利子。特別是有文殊師利尊者的化身殊勝成就師熱譯師多吉查的僅缺一手指的遺體。此一遺體懸在空中，不與地面、牆壁、柱子相接。

色拉寺大雄寶殿內淨室裡的一尊高度超過二層樓的彌勒佛受用身像，其中裝的寶藏有佛舍利子；天竺、藏地衆多通人識士及宗喀巴大師師徒等人的頭髮、服飾、法身舍利子，及《大藏經》等物。如此多的法物充盈其中，再加五佛冠上的藍寶石、白海螺、琥珀、珊瑚、孔雀石等稀世珍寶的點綴，使佛像的造形和法力更趨圓滿。

座落在哲蚌寺舊彌勒殿中，一尊由宗喀巴大師親臨規畫、柳梧宗所建的無能勝佛九歲身量之受用身像，其佛體以金、銅質製造。像中裝藏有摩揭陀國大升量的佛舍利子；有法王宗喀巴大師的頭髮等聖物；頸部裝有護貝龍王在衛地卡納湖畔獻給活法王宗喀巴的奇異的三聯右旋白海螺；胸部裝有義成國王的王冠和各色玉石，裝有用空行母切娃崩的髮絲編織而成的金翅鳥紗；有印度著名佛教大師阿底峽的香熏虎皮墊；有來自金剛座的菩提樹巨大種子；有格薩爾王的三輪——弓、箭、矛，以及弓囊、箭袋；還有宗喀巴大師的全套法衣；純金粉書寫封面的五部梵文經典等。此尊佛像，可謂集生、死，涅槃善業、一切物品於一身了！

哲蚌寺尊者殿中，有一尊藏名爲「斯希吉敎瑪」的釋迦牟尼佛像，那尊像不僅佛體以五百兩白銀製成，而且其中裝藏有佛舍利子、頭髮、法衣、法冠等物。

而供奉在哲蚌寺沖熱殿中的第五世達賴喇嘛的香泥塑像，內藏有第七佛釋迦牟尼之舍利子。

在藏傳佛教像的雕塑中，極盡佛教僧人瞻禮之誠。僅就造像過程的莊嚴、虔誠，就足以使人們對其塑造的佛像望而景仰了。

然而僅僅是塑好的佛像，還不能充當信教僧俗的崇拜實體，還必須經過量度空軌、安置適當位置，再經活佛安神開光，才有崇拜價值，才眞正成爲可崇拜的實體。

安神開光儀式，一般都舉行盛大典禮，由活佛親自主持。那些以香泥、石塊、金屬等材料製作的佛像，經由活佛的開光安神、散花，便有了神韻、神威，一躍成爲「法力無邊」、供人膜拜的佛了。

哲蚌寺格桑殿中的千佛像（青銅質），是由第五世達賴喇嘛親自開光安神的。

而色拉寺中千手千眼白傘蓋佛母像和哲蚌寺舊彌勒殿中的大佛，都是由大法王宗喀巴親自開光安神的。相傳，大法王宗喀巴在爲哲蚌寺舊彌勒殿中的大佛開光時，頓時花雨繽紛，無數吉祥相、吉祥物自天而降，天空中仙樂悠揚，香氣瀰漫大地，大佛因此而聲望大作。膜拜者絡繹大絕，幾世紀來經久不衰。

佛像的造形藝術

藏傳佛教的佛像造形藝術，創造性地吸收了印度、尼泊爾、中原的藝術造形風格和技藝，形成了獨具雪域特色的造形藝術。藏傳佛教的佛像造形藝術，可謂天工化匠，極巧盡妍，各質皆備、大小不等，堪稱人間雕塑藝術的絕技。

在雪域，年代最早的佛像雕塑要算是布達拉宮中卻杰竹普里的松贊干布、文成公主、赤尊公主的塑像了。他們已被尊爲慈悲觀音和普度母的化身。

松贊干布的塑像雙目前視，炯炯有神，上唇兩撇八字鬍，下頜三縷短鬚，身著長衫，腰束管帶，瀟灑英武，顯出一代英主的氣概。文成公主居右，雙目平視，和藹慈祥，兩頰豐滿，端莊大方。赤尊公主居左，端坐凝視，眼略陷，鼻稍隆，有明顯尼泊爾人特徵。這組塑像線條圓渾，古樸生動，是吐蕃時期的藝術珍品。

永坐在拉薩甘丹寺大殿內的宗教改革家宗喀巴的塑像，雖處在暗淡的光線中，但借著不滅的佛燈，還是能領略到聖像的光彩。他慈祥的金臉，他那從黃袈裟中露出的圓滿的右臂以及雙手演出的手印動作，使站到他面前的人，容易生起肅敬之心和懺悔之意。

而密勒日巴大師，則由於他獨特傑出的佈教經歷，在藏傳佛教的許多寺院裡被塑造成了另一種形象：他眉清目秀身著袒右肩袈裟，右肩還斜背一條寬帶；右腳露在外面，坐在一雙老鼠上。

由藏傳佛教第一座寺院桑耶寺主供的釋迦牟尼佛像，在用料上，採用一塊哈布山的整塊巨石雕刻而成。像高三點九公尺，肩寬一點八公尺，那尊巨大而生動的石雕，顯示出早期佛雕藝術的水準。

保存在桑耶寺「烏孜」大殿迴廊內的千佛像，是雕刻在一塊四十至五十公分的長方形石板上的半浮雕作品。九百餘尊佛個個高捲髮髻，面孔方圓，身著袒右肩袈裟，結跏坐於仰蓮花座上。手勢有指地、論辯、施捨、轉法輪等多種。這些佛，在形象的塑造上雖算不上生動，卻反映了早期藏傳佛教藝術的樸拙。

桑耶寺石浮雕中有兩尊綠度母，顯得嫻淑端莊。那是藏傳佛教繪畫雕塑形象中最動人的形象之一。她爲女身，頭頂雲紋，有背光。頭戴五花寶冠，袒裸上身，下著裙子。飾有耳環、項鍊、瓔珞、臂釧、手鐲、腳釧；坐於蓮花座上，同時右腳踩一圓形蓮瓣，蓮座下有山，山間有護法神。

而同是桑耶寺大殿迴廊內的那些裸體法男像浮雕，則造像猙獰。他們裸露全身，雙手捧寶瓶，跣足站立在蓮花座上，顯出一副要除盡三界妖魔的氣概。

桑耶寺「烏孜」大殿東門左右兩旁各站立的一尊石獅子，被視爲護衛大殿的護法神。據藏文典籍《賢者喜晏》中記載：「烏孜」大殿下殿的護法神是交給空行母和獅子座的獅子擔任的。它們因擔此重任，所以才這般豪放、這般有力。石獅高一點二三公尺，長七六公分，形式古樸。嘴、鼻突出，額部後縮，雙目有神，背披螺髻，項繫寶鈴，長尾上捲，兩耳下垂，儼然一尊不可缺少的大殿護法神。

而同樣是大殿守護者的一對石雕大象，則形態溫和可愛，雕刻細膩，光滑如玉。大象頭頂、背部飾寶鈴、瓔珞，粗腰短腿。大象長鼻是由一整塊石料刻成的。

佛像雕塑原料

藏傳佛教的佛像雕塑原料種類繁多，金、銀、銅、玉、種種寶石、象牙、陶瓷、香木、香泥等，可謂各質皆備。

以金、銅製成的釋迦牟尼佛、宗喀巴佛像，在藏傳佛教各寺院都有供奉。

後藏札什倫布寺供奉的一尊彌勒佛銅像，高達二六點七公尺，用紫銅二十三萬餘斤，純金五百五十八斤，莊嚴肅穆。這尊佛像是藏傳佛教寺院最大的銅佛像。

色拉寺內一尊歡顏微笑的銀彌勒佛，全身以千兩白響銀製成。寺院裡還有以白響銀製成的七大隨佛弟子和避火彌勒佛，它們凝神沈思，似探究人生何來究竟。哲蚌寺沖熱殿中那尊以香泥塑造的達賴喇嘛五世塑像，其材料取自八處聖地之土、八座佛塔下之泥和金剛座的菩提木、白旃檀木、漢白玉、龍王泥、恆河銅、金沙等塑製而成。

哲蚌寺奈究殿中的佛祖及其弟子三衆，則是以菩提木製成，其餘的衆僧均以白旃檀雕刻。還有一些由信徒和民間匠人製作的大量的手工印佛，它們被供奉在寺院外或神山聖湖的山崖上，有的嘛尼堆上或崖洞中竟堆有整背兜這類手工印佛。民間造像雖不甚精美，卻是揉進了信徒和民間匠人自己的信念和虔誠的。

此外，在藏傳佛教寺廟中還有一類來自印緬僧人帶入西藏的極其珍貴的佛像。在大昭寺內就有數個殿堂供奉由貴族信徒以雄厚布施迎請的外域佛像。這批佛像中有吐蕃時代遠自印尼烏蔓等國輸入的名貴佛像——葛西夏旃檀像、蛇心旃檀像、哈日旃檀像、聖喀薩巴尼像，它們都有自己一段特殊的經歷。大昭寺導引參觀的喇嘛能逐一說出它們的經歷。或說它們是自然生成，或說從天外飛來，總之，是各有神妙、各有奇蹟。

⊙以酥油塑像

在藏傳佛教的佛像造形中，還且一種以酥油製作的佛像，這是藏傳佛教獨有的佛像造形藝術，相傳起源於吐蕃時代。在西元八二二年間，吐蕃與唐帝國在拉薩會盟，按慣例應以原始苯教飲血的形式會盟。然而參加會盟的吐蕃一方主持人國師缽闡布卻是僧人，按教規不殺生。聰明的國師於是命人用酥油製成一批牛、羊代替供品，這樣便順利地完成了會盟儀式。酥油雕塑藝術由此有了雛形。此後，黃教創始人宗喀巴在實行宗教改革時，親手給文成公主和尼泊爾公主帶進雪域的釋迦牟尼佛像獻上了蓮花形護法冠，向佛身上獻了披肩，還供了一朶酥油花及大量的供獻和酥油燈。宗教改革家宗喀巴大師，推動了酥油塑製藝術的發展。

酥油塑製的佛像，有別的質料不可比擬的細膩、柔圓、艷麗色澤，成爲佛像造形藝術中的佳品。

藏傳佛教精美的佛像造形藝術，來自於製作者無比的虔誠、高超的技藝和艱苦的勞動。筆者曾有幸親眼目睹了酥油雕塑過程。由於酥油在常溫下容易融化，而且爲保持新鮮不能放置過久，於是酥油雕塑祇能在嚴寒的氣候下完成，工作環境低溫寒冷，其艱苦令一般人難以想像。在低溫的條件下，塑製者要完成下列製作程序：先用木料或麥草製成粗坯，然後用備好的酥油捏成雛型。接著，把酥油與和好的豆麵團，放在水中使勁揉搓擦淨手上的油漬，最後，把新鮮酥油放在冷水中，反覆揉搓，拿出後，按需要摻合各種顏料，細心地堆塑雕琢……可見，進行佛像造形的僧侶藝術家和民間匠人們，是把全部的虔誠和才智都融入他們視爲神聖、至高無尙的佛像造形中去了。

一批來自域外的僧侶、匠人們，也把他們的虔誠和才智留在了這塊瀰漫著佛教氣氛的雪域上。曾爲塑造拉卜楞寺院彌勒佛殿未來佛像的尼泊爾匠人們，於西元十八世紀來到拉卜楞寺。他們不僅爲彌勒佛殿塑造了那尊高八公尺、闊額高鼻、方頤薄唇、略帶尼泊爾人形象的鎏金彌勒佛（也稱未來佛）大銅像，而且工程完成之後，其中一些人還永久留在中國的土地上。那些尼泊爾匠人的後裔，在今天拉卜楞寺附近居住下來並形成一個村落。他們與當地藏族同胞世代和睦相處，過著平靜的生活。

縱覽藏傳佛教的佛像造形，可謂千姿百態，栩栩如生。那些形態各異的佛像，都是歷代雕塑者辛勤勞動的結晶，反映著藏民族的審美理想和審美追求。它們不僅是藏傳佛教的精品，也是整個藏民族藝術寶庫的珍貴遺產和財富。

11 秀美的唐卡、堆繡和佛教壁畫

藏族的繪畫、雕刻、編織、書法等美術工藝，聞名遐邇，在世界美術工藝史上享有很高的地位。然而，到過雪域的人都會發現，所有那些裝點著藏族聚居區的精美作品，幾乎都是通過佛教思想來創造，並或多或少被作爲法物來使用的。可以說，在雪域高原上，沒有多少繪畫或工藝作品是非宗教意義的。

壁畫

壁畫，是藏傳佛教寺院不可缺少的內容。

從吐蕃時期起，當松贊干布和唐文成公主、尼泊爾赤尊公主初建大、小昭寺時，就在佛殿牆上畫下了佛、菩薩，曼陀羅、方格等圖案，用以弘揚佛法。

人們在極其虔誠地弘法的同時，把藏傳佛教壁畫的繪製技巧也推向了頂峰。藏傳佛教壁畫，就題材的廣泛、內容的豐富來說，稱得上是整個藏族歷史、宗教信仰、民俗等諸多方面形象的大百科全書。

⊙桑耶寺的「西藏史畫」

西藏第一座藏傳佛教寺院桑耶寺「烏孜」大殿內的圍牆中、屋廊道壁上，繪製著一卷恢宏的「西藏史畫」。這幅史畫從遠古傳說中的羅刹女與神猴成婚繁衍雪域最早的人類開始畫起，畫了雅礱部落的興起，自天上迎來了第一位吐蕃贊普；到佛教傳入，松贊干布統一西藏；以至於瓊結藏王墓示意圖；迎請尼泊爾赤尊公主和唐文成公主；大昭寺的興建；唐文城公主入藏及宴前認舅；桑耶寺的動工興建；蓮華生大士入藏；佛教在西藏的弘揚；贊普朗達瑪滅佛經過；阿底峽大師入藏；佛教在西藏「後弘期」的開始；薩迦王朝、噶瑪王朝、帕竹王朝的興衰；宗喀巴創立格魯派；一至九世達賴的業績等，整個畫面長達九十二公尺。這宏篇巨幅的「西藏史畫」，被譽爲西藏的「史記」。

像規模如此之大、容量如此豐富的史畫，在古今中外壁畫史上也屬罕見。

桑耶寺「烏孜」大殿內左右兩壁上，還彩繪著桑耶寺的建寺史。描述寺院的建寺史是藏傳佛教寺院壁畫創作必不可少的內容。這幅桑耶寺建寺史，詳盡地描述了這座西藏第一座藏傳佛教寺院的建築緣起，和有關寺名的由來傳說、建寺的過程。長幅畫面渲染了桑耶寺落成後，藏王赤松德贊親臨現場主持開光典禮的盛大歡慶場面。

開光之日，桑耶寺人山人海，男女老少盛裝打扮，載歌載舞。寺院圍牆上的所有佛塔之間都堆滿了裝有食品和酪糕的皮口袋，這是賜與參加娛樂活動者的食品。娛樂活動豐富多彩，有舞蹈、雜技、賽馬、長跑等。畫面上，一位名叫「俄帕拉」的人，在奔馳中能轉換騎乘七匹駱駝；有些人以疊羅漢的形式從齒木樹和樺樹的木樁上奔跑而過；還有魔術家在木柱頂端表演烈火燒身的技藝……一幅壁畫竟將西元八世紀時期藏族社會的民俗、民風，展示得洋洋灑灑、淋漓盡致。

⊙反映史實及人物傳記

反映歷史事件和人物傳記的壁畫，是各寺院佛教壁畫的重要內容。

繪製在拉薩布達拉宮牆壁上的《清順治皇帝接見第五世達賴圖》，記叙了藏族及中國歷史上的重大政治事件。在數以萬計的藏傳佛教壁畫中，布達拉宮的壁畫尤爲五彩繽紛、琳琅滿目。據五世達賴喇嘛所著自傳中說：「布達拉宮的壁畫係西元一六四八年開始，集中了全藏較好的畫家六十六位，經十餘年才完成。」其中最爲著名的有釋迦牟尼佛本生圖，佛、菩薩和密宗各派的壇城，本尊、明王、世界的形成，六道輪迴，以及固始汗與第巴桑結圖、五世達賴進京覲見圖、拉薩小昭寺賽寶圖、文成公主進藏圖、七世紀布達拉宮規模圖、五世達賴生平事蹟圖等。

日喀則德欽頗章宮中的《忽必烈與八思巴相會圖》、《大明使臣會見宗喀巴圖》、《十三世達賴入京圖》等，也都使我們看到了一些重大政治歷史事件的盛大場面。

而桑耶寺「烏孜」大殿內圍牆中屋廊道上的《宴前認舅圖》，則以許多細節生動地記述了一段藏、漢兩民族聯姻結親的歷史事件：唐金成公主進藏嫁給藏王赤德祖贊一年後，腹中妊有了太子。這使正宮王妃那朗心生嫉妒，她僞言聲稱自己也身懷有孕。當金成公主生出太子後，那朗王妃到金成公主身邊假裝親暱，竟用計謀將太子奪走，到處宣揚這太子是她生的。金城公主十分悲傷，諸大臣也都疑惑不解，於是將此事告訴了藏王赤德祖贊。太子年滿一歲時，藏王設周歲之筵慶祝，筵會上，藏王坐於中央金寶座上，那朗王妃坐於其右側，金成公主和唐朝使臣居於左側。這時，赤德祖贊用金杯盛滿酒，交到小王子手中，說道：「金杯盛此佳釀，我兒敬於舅舅手中，誰是你的生母，由你決定。」小太子舉步而行，那朗王妃親屬拿出衣物、花蔓等物向他呼喚，但太子未理會，卻越過他們把金杯遞到中原唐朝來的親友手中，說道：「我是中原唐皇的外甥。」

這段故事雖屬傳說並帶有明顯的誇張成分，但藏漢兩民族的親緣關係卻被表現得十分生動。由於藏傳佛教的教理內容深奧費解，所以宣揚它的藏族畫師們才充分發揮出各自奇特的想像，運用誇張、象徵、比喻等手法，將佛教教理、佛經中的善業、惡業、生死輪迴、因果報應等內容具體化、形象化，在五彩繽紛中躍然於人們眼前，成爲可看、可講、可效、可行的生動內容。

⊙描繪佛智慧

以描繪佛的廣闊智慧和善業爲主題的壁畫，是藏傳佛教寺廟繪畫的最主要內容。

關於釋迦牟尼一生經歷的連環壁畫，我們在藏傳佛教寺院中幾乎都能看到。在這些壁畫中，釋迦牟尼佛從乘象入胎、花園誕生，到比武伏大象、出宮遊四城、半夜逾牆出走、菩提樹下苦修得道、收徒說法，經歷十次磨難、最後示現涅槃像、衆徒分舍利……一生經歷，歷歷在目，看後令人心生景仰。

講述佛經故事的壁畫，最能吸引信徒。例如甘肅拉卜楞寺院有一幅五彩的《善友本生圖》，這幅圖畫總是吸引著大批信奉者在它面前久久地停留、瞻仰。

它講述的是一段美麗的故事：夏日，菩提樹結出了甘美的果子，但樹太高，樹下玩耍的生靈們誰也夠不著。於是大家決定將每個人的力量聚集起來，大象讓靈巧的猴子爬上自己的脊背，猴子又讓體輕的白兔站在自己的肩上，白兔又托起了小鳥，終於小鳥尖尖的嘴摘取到了一顆又一顆果實，使樹下的每一位都得到了應得的一份。

《善友本生圖》所反映的思想，深深地吸引著信徒們，許多信徒都以能用額頭虔誠地觸碰一下這幅吉祥的畫面而感到榮幸和寬慰。據拉卜楞寺的工作人員講，這幅《善友本生圖》，由於僧俗群眾的參拜，已破損了多次。破損了他們就修復好，修好了又因參拜者太多而破損，這樣反覆破損、修復，至今已不知道修復多少次了。

藏傳佛教壁畫繪製的尺度和色調，與佛學有關繪畫的典籍敘述的原則相一致。《佛畫三百幅》、《造像量度經》等繪畫論著是繪製佛畫的重要理論指導。藏傳佛教所有的佛教繪畫和雕刻品的設計比例，幾乎都是依據繪畫典籍規定的度量比例完成的。一些從事繪畫、堆繡的僧侶、藝人們，也許並無高深的繪畫知識和專門訓練，但根據《造像量度經》等典籍的指導，也能完成栩栩如生的繪畫作品。在青海省同仁縣，有個著名的藏族畫家之鄉五屯鄉，那裡的藏族民間畫家們能夠熟練地掌握佛畫量度比例，純熟地繪製出一些顯宗、密宗各種儀態的佛像和其他繪畫藝術品，其技藝令人叫絕。

作爲藏傳佛教的繪畫、雕刻和其他藝術品，比起佛教發祥地印度來說，又有了很大的發展。

⊙藝術表現

藏民族是個具有高超形象思惟能力的民族，在藝術創造方面卓越的創造、表現力以及高度的藝術審美觀，不僅反映在他們的衣、食、住、行各方面，而且在宗教藝術方面更得到了集中的表現。

西藏山南桑耶寺《修建大昭寺》壁畫中的一幅《文成公主堪輿圖》，就反映出了藏民族在佛像繪畫中的獨特表現力。畫面正中，文成公主挽高髻，著長衫，單膝跪地，右手指著面前的堪輿圖表，雙目凝神注視。公主爲藏族事業專心、致志、忠貞盡瘁的美好形象已顯現眼前了。然而畫師這時在她的上方還要再現遠山浮雲，前方又添兩朶含苞待放的蓮花，這就更點染出了高原的景色，更渲染了文成公主是度母化身的內涵。

藏傳佛教壁畫，一般都充分運用造形對比，使抽象的形體與具體的形體相結合，使塑造的形象既符合佛教教義，又符合藏民族的審美要求。

藏傳佛教壁畫講究同佛殿環境諧調統一的藝術效果。各寺院、各佛殿的壁畫迥然不同。但就壁畫的造形、勾勒、敷色的删繁就簡、強調整體效果的處理手法上看，卻都達到了很好的襯托出殿內主佛、實物的效果。

藏傳佛教壁畫喜歡用誇張、變形的藝術手法塑造形象。所有密宗神祇都是變形處理的。一些地方性的護法神則畫面得醜中帶憨、手拙腳笨、頗爲可愛傳神。壁畫上各種動物形象也都是誇張、變形了的。有些景致極盡渲染之能事，繪形繪色，達到了宣揚佛教教義震撼人心的效果。藏教佛教壁畫表現手法十分活潑，除了有明確規定的佛、護法神、明王像必須按造像量度比例外，其他藝術形象各有變化。壁畫的底色和勾勒用色視內容隨機應變，或深底淺線，或淺底深線；勾勒線描的用筆，有的工整細膩，有的簡略豪放。描法有蚯蚓描、鐵線描、蘭葉描等多種。用色也有乾筆皴擦、濕筆渲染多樣，頗爲隨意，使畫面富於裝飾又不呆板，符合藏族僧俗對穩定感、整體感、生動感特殊的審美要求。

在藏傳佛教繪畫領域中，還有一些工藝品唐卡畫和堆繡等，這些繪畫品種是爲藏民族所獨有的。

堆繡，是一種別具風格的畫種。它是用各類色彩的綢緞、羊毛、棉花等材料，在布幔上堆砌、刺繡而成，畫面有佛像、人物、山水、花鳥等。採用技法有平堆和高堆兩種，給人以立體感。堆繡以甘、青藏區最爲流行。拉卜楞寺和塔爾寺所藏堆繡，堪稱藏族堆繡作品中的精品。

唐卡

唐卡，是用紙、布、羊皮或絲綢作底，用彩綢鑲邊裝裱而成的卷軸畫。唐卡不論在寺院還是在民間，都是藏族人民生活中佔有一定地位的藝術品。

唐卡最早出現的年代，是在西元七世紀上半葉時。但眞正開始並大量採用這一形式，大約在明朝。唐卡畫的內容，包羅萬象，有佛像、人物、說法圖、佛經故事，社會歷史、生活習俗、天文曆算、藏醫藏藥、人體解剖圖等等。

關於描述佛的廣闊智慧的《如意藤》，即「佛本生記」連環畫唐卡，是藏傳佛教唐卡中最具魅力的畫卷。繪製這樣的畫卷是需要經過周密構思的。全幅《如意藤》繪畫，需要在一百個布塊上繪製，需要在保持其背景、形象、鳥和其他動物協調配合中，表達佛祖廣博智慧的主題。唐卡製作難度之大，用意之誠，是可想而知了。

藏傳佛教的唐卡繪畫風格各異，有的玲瓏剔透；有的雄渾有力；有的雍容華貴，有的色彩絢麗；有的細膩別致，有的裝飾味極濃……

大的唐卡，長達數十公尺。藏語俗稱「桂古」，上面刺繡錦緞剪貼的各種佛像。藏傳佛教的許多大寺院都珍藏著這種巨幅唐卡，當寺院舉行祈禱大法會或宗教節日時拿出來展示。布達拉宮珍藏的兩幅巨像，長約五、六十公尺，寬約三十公尺。每年曬展一次，需幾十名僧人抬出舖開展出。規模之大，氣勢之磅礴，令每位善男信女的心靈振顫不已，無不虔誠頂禮膜拜。

小的唐卡，僅有尺許或數尺，平時掛起來或卷而藏之。

唐卡的構圖也以《繪畫度量經》為準則，構圖必須嚴謹、均衡、豐滿、以虛濟實，達到活潑多變，優美多姿的藝術效果。

唐卡底料分為布面、絹面和紙面幾種。除彩繪外，還有刺繡、織綿、緙絲、提花、貼花和寶石綴製等製作工藝。彩繪的顏料以金粉、銀粉、朱砂、雄黃等礦物顏料為主，也有用植物顏料繪製的。

布達拉宮藏品中的清代紙面唐卡《吉祥天母像》，是在黑紙上用朱砂描繪畫製成的，製作獨特，極其珍貴。

唐卡畫的形狀，一般為豎長方形。中央的畫面稱為「美龍」，是唐卡畫的核心部分。畫面四周多用彩緞拼成，其黃、紅畫框稱爲彩虹，是精靈之氣的象徵。兩端加硬木軸心，底邊軸心的兩頭裝有軸柄。爲了保護唐卡畫面，通常製有絲綢幔子覆蓋其上，觀賞時才輕輕揭開。

唐卡畫的藝術價值、經濟價值極高。然而比藝術價值和經濟價值更貴重的，卻是無法用世俗尺度作衡量的宗教價值。

在今天青海省民和縣瑪沁旁拉雪山腳下的喀的喀寺中，保存著一幅極特殊的、由宗喀巴大師親手繪製的唐卡自畫像（據說，在青海省塔爾寺大經堂的二樓內，也保存著一幅像這樣的宗喀巴大師的自畫像）。

這幅唐卡像的繪製顏料，是宗喀巴大師以自己的血摻和著其他顏料繪製而成的。據說，宗喀巴大師在西藏留學時，非常思念在千里之外的母親。母親曾寄白髮一束給兒子，希望他回家鄉一晤。宗喀巴接到母親蒼白的頭髮後感慨萬端，爲安慰母親，他以自己的鮮血摻和著其他顏料繪製了一幅唐卡自畫像，託人帶給母親。後來那幀充滿人間之情的繪畫就這樣保留了下來。

一幅唐卡，揉進了如此牽動人間情感的故事，使每位瞻禮它的人，都不免怦然心動！藏傳佛教的壁畫、唐卡和堆繡藝術，就是這樣借自己豐富而富有人情味的繪畫語言，將自己的理想、教義委婉動人地表達出來，因此它會令那麼多的人爲之動情，產生共鳴。

藏傳佛教的壁畫、唐卡、堆繡藝術，是藏民族美術工藝史上的瑰寶。它是藏族古老的繪畫藝術與佛教繪畫藝術相結合、相取捨、相補充而發展起來的。這種本民族藝術與外來藝術融合的結果，使雪域藏地的繪畫和工藝美術形成了自己鮮明的特色，在世界美術史上，展示著自己的丰姿，散發著異香。

12 永世旋轉的嘛尼經輪

信仰宗教的人，都是通過祈禱，實現自己信仰的。

在信徒的心中，既然冥冥存在著一個無所不知、無所不能的眞神，那麼，作為與神相比顯得卑微、弱小的個體，在遇到困難或有所祈求時，自然而然地會立即向全能的神申訴、請求賜予。這就產生了祈禱。

藏傳佛教的祈禱

各種宗教祈禱的方法，各不相同。然而在世上各類宗教的祈禱儀式中最為奇特的，也許要數藏傳佛教的祈禱了。

藏傳佛教的祈禱，既有口念咒語（眞言），又有五體投地的叩拜；既有轉廓拉、煨燊等獨特的形式，又有借助自然力轉動的神祕經輪……

⊙誦念六字眞言

在雪域，人們會發現一個最爲引人注目的現象，那就是：刻有六字明的經文，隨處可見；誦頌六字眞言的聲音，充耳可聞。

那被一代又一代藏族人畢生書寫和誦念的六字經文，就是最著名的藏傳佛教祈禱語——六字眞言（或稱「六字箴言」）。六字眞言的譯音爲「唵嘛尼叭咪吽」。唵，佛部心；嘛尼，寶部心；叭咪，蓮花部心；吽，金剛部心；合四部心而成清淨不染，如蓮花之事業。通俗譯意爲「如意寶、蓮花」（也有譯爲「法、報、應三身，如意寶珠，蓮花成就」、「噢！蓮花上之寶珠！」）。如意寶，代表菩提心；蓮花，代表衆生純潔的愛心。這六個字，概括了大乘佛法的全部價值觀念和奮鬥目標。

也許正因爲它融生生死死、苦辣酸甜的人生、理想和願望於簡單而婉轉的字母字音中，因而生息在雪域上的居民才生生不息地誦念，永不覺枯燥，永不感乏味。千餘年來，六字眞言在雪域被最廣泛地持誦。

誦念六字眞言，被信徒作爲完滿功德的途徑。每日晨起，必誦念三、五百至數千遍。白日的誦念更是不分工作還是閒暇，不論跋涉在外還是在家。他們用簡短的眞言，祈求健康長壽，或祛病避災，或驅逐煩惱、淨化心靈。不少人在六字眞言的誦頌中降生，又在六字眞言的誦頌中往生……六字眞言幾乎伴隨著廣大僧俗的悠悠人生。這句簡短的眞言，有如奇蹟般地越出一間間帳房，越出一個個寬厚的胸膛，匯成了一個民族的和聲，在雪域、在藏民族的歷史中低迴著。

⊙手搖嘛尼

在許多藏傳佛教信徒的手中，有一種刻有六字眞言的嘛尼手輪，在永世不停地旋轉著。

按照佛教大乘教義的說法：「若信徒能遍讀某部經典至若干遍時，即可免除罪愆、獲得超度。」因此，爲了早日獲得超度，藏傳佛教喇嘛僧人的祈禱，除了對話式的口誦之外，還產生了一些借助外力以助長祈禱效力的奇特祈禱方法。

手搖嘛尼就是一種借助外力的祈禱形式。嘛尼輪必須向右旋轉，這是佛教的規定。許多信徒就是在嘛尼手輪的不停旋轉中，走完自己一生的。手嘛尼一般分金、銅、銀皮製數種，有大中小三種。小者高僅二寸，圓徑三寸半。圓輪中有軸可轉動，輪旁有耳，手嘛尼軸樞多是以蚌殼作成，直到磨損壞才認爲是功德圓滿。

手嘛尼對於信徒來說，可算是最寶貴的財富。他們不論貧富，都在嘛尼手輪上極盡裝飾，有些在其上鑲嵌有珊瑚、寶石，愛惜倍至。

⊙轉嘛尼輪

在藏傳佛教寺院周圍都裝置著一批可依次轉動的經輪，少則數十，多則千百，這就是嘛尼輪。嘛尼輪外一般用布、綢緞、牛羊皮包裹，也有用木料、銅製成。其表記有六字眞言，其中貯滿了經典。依藏傳佛教的教律，凡轉動嘛尼輪一回，等於將嘛尼輪內所藏經文誦讀了一遍，於是想早日超度、功德圓滿的願望，促使著那些虔誠的教徒不論烈日當空，還是風雪瀰漫都一絲不苟地轉動經輪，虔誠祈禱著。

有的在數個經輪中設有作爲聯絡的巨大輪子，此巨大經輪是一人之力所不能轉動的。大經輪上裝有一百零八盞佛燈，輪內裝有香料和眞言。若合力將大經輪轉動，則被認爲可積聚功德。

⊙風力、水力祈禱經輪

在藏傳佛教的祈禱方式中，有一種借助於風力、水力而不停轉動的祈禱經輪，一般安置在溪流邊或山口。在大自然之力的推動下，經輪日夜不間歇地旋轉，眞言和經文也隨之在自然萬物間旋轉。旋轉中，因果之道、佛力便顯得無處不有、無處不在了。

⊙經幡

將書寫著經文的經幡，高挑於屋頂之上或懸掛在屋簷、人行道或帳篷左右，這是藏傳佛教利用經幡進行的一種修法。白雲、藍天之下，風吹動著印有經咒的經幡獵獵飄動。每一次擺動，都表示向天地傳達一遍經文。經幡年年更新，表達著人們對佛的信奉永遠虔誠、永遠精進。

⊙轉廓拉

圍繞寺院或神山聖湖繞行一周或數周，這是藏傳佛教稱爲「轉廓拉」的轉經儀式。這種儀式很令人感動。信徒們認爲，神山聖湖養育了他們，因此他們常懷著一種感念之情，認爲能繞這些地方一周，其功德如同禮佛敬佛，於是他們就不避風險、不知疲倦地轉廓拉。通常繞神山聖湖一周，需數日或數月。人們帶上乾糧和飲水，含辛茹苦地跋涉和頂禮，可以說是用身體等量著聖地的土地。手掌淌著血，膝蓋淌著血，他們仍一步一步爲實踐自己的信仰而跋涉著。有些寺院已被拆除了，但轉廓拉的信徒們仍憑記憶中的舊址走轉著。

⊙嘛尼堆

在雪域高原，不論是關津隘口，或是神聖之地，都能看到一些刻有經文的石堆，這是嘛尼堆。嘛尼堆名爲「多崩」，爲十萬經石的意思。信徒們每過嘛尼堆必丟一顆石子，代表誦念了一遍經文，嘛尼堆年復一年地增高，有的已形成小山，有的座座相連形成一堵神聖的牆。那牆被認爲是人世與淨土的界限。

⊙煨燊

用松柏枝焚起靄靄煙霧，這是藏傳佛教的一種祈禱形式。這種祈禱形式，藏族人稱作「煨燊」。煨燊是告於天地諸神的儀式，以煙霧把天和地連在一起。從煨燊的儀式中，我們頗能發現人們冥冥之中的信仰世界，其實也是依據人間的生活經驗來構成的。據說，在煨燊過程中燃燒松柏所產生的香氣，不僅讓凡人有清香、舒適感；對山神的殿堂也有芳香作用，山神聞到也會高興快樂的。因此信徒們以這種香味作爲敬天、地諸神的一項供品，希望神會因愉快而降福給敬奉它的人們。

⊙叩拜

五體投地的叩拜，是藏傳佛教徒對佛的頂禮方式。頂禮時，雙手合掌高舉，觸額部、口部和心部各一次，然後雙膝跪地，全身俯伏，兩手前伸，額觸地面。合掌，代表領受了佛的旨意和教誨；觸額、觸口、觸心窩，代表心、口、意都與佛相融會、與佛合爲一體了。頂禮時，心發虔誠，口訴祈求。

頂禮的形式也很多。有的在經堂佛殿佛像前磕幾百、幾千、幾萬次，俗稱磕「長頭」，在重複無窮的動作中，體驗和達到佛與身、心、口合爲一體的最終願望。有的在寺院周圍（或神山聖湖）圍繞右轉磕頭，每磕一次，齊手指尖處畫一條橫線，下一次腳尖齊線，再磕再畫，如此繼續下去。如果寺院周長爲三千公尺的話，那麼，成人磕一圈約需一千七百多次。信徒有磕一圈的，有磕數圈的，視個人的意願或活佛的卜算而定。這種頂禮法，俗稱「等身禮」。還有一種頂禮法，為頭朝寺院，每磕一次，移動距離等於身體的寬度，這樣磕下去，繞周長三千公尺的寺院一周，約需六千多次，叩拜者手掌和膝蓋往往因磨擦而淌出鮮血。

叩長頭或等身禮，是藏傳佛教信徒最為虔誠的頂禮方式。頂禮者的眞誠，各大寺院經堂地板上磨損凹陷的痕跡可以為之作證。

⊙酒前彈指祈禱

這是類似於基督教信徒餐前頂禮的儀式。也許是青藏高原寒冷潮濕的緣故，生息在這裡的藏族人民的生活，總以甘醇的美酒相伴。然而在痛飲之前，必以右手無名（明）指蘸少許酒汁，向空中連彈三下，代表著向佛、法、僧三寶致意。

⊙佛前點燈

這本是一切佛教所共有的供養儀式，但藏傳佛教的佛前點燈與漢地佛教、南洋佛教又有所不同。藏傳佛教信徒點燃的不是蠟燭，而是從牛奶中提煉出來的酥油。點燈用的燈盞一般是銅製的，也有黃金和白銀製的，大小規格不一，俗稱「酥油燈」。佛教信徒們相信「在佛前點燈越多，人死後在陰間就能走光明路」，於是富豪人家向寺院捐巨資鑄造金燈、銀燈，用大量的酥油點燃；既使普通信徒也都要帶酥油去寺院，使佛殿供奉的佛像瑩瑩綽綽、燈光終年不息。

佛前點燈也是信徒藉以修行的方式之一。頂禮時，先議定頂禮的佛。然後在佛前酥油燈前用一張狹長紅紙條寫上自己的名字、籍貫、性別，把它作爲燈蕊，插入火中，再將自備的酥油，添滿燒起，並跪在佛前行等身禮。

論虔誠，也許沒有任何一個民族比得上藏民族。藏族僧俗信徒們寧願挨餓、受窮，也要把積攢的酥油先點成佛前的長明燈。那不斷的香火、不滅的佛燈，傾注的是藏傳佛教信徒的眞誠！

⊙風鈴祈禱

在藏傳佛教的禮佛儀式中，最耐人尋味的是掛在寺院簷下、隨風作響的風鈴了。那是一種法音的象徵。當微風吹拂，風鈴發出叮噹悅耳的聲響時，告知人們的是佛法隨時的存在。當夜闌人靜之時，人們靜臥在遼闊雪域的胸膛上，聞著空氣中飄散的煨燥留下的淡淡苦澀味，聽著神妙的風鈴聲響，定會覺悟人生的變幻無常，會對世間生出種種神祕的想像。這也許就是寺院風鈴不停歡唱的神妙效應吧！

⊙衆人祈禱

在個人的祈禱之外，藏傳佛教還有規模較大的衆人祈禱形式。

衆人祈禱，多以法會的形式進行的。逢到那時，以寺院爲中心，遠近的信徒攜帶帳篷和生活用具，在寺院附近的草灘上、空地上駐紮下來，依照大會規定的日程參加祈禱和參拜活動。到那時，個人的祈禱融入整體的祈禱之中……祈禱之聲由小變大、緩緩升高，響越草原，響越雪域，震撼心靈，震撼天地。

13 嚴謹的寺院禮儀

佛教爲舉行各種法事而擬定了種種行法、規範和儀制。從廣義上講，由三皈五戒到三壇大戒，由簡單的誦念，到各種儀軌，都是有嚴格規範的程序和儀制。

作爲佛教重要流派的藏傳佛教，在禮儀上，除有與其他佛教支派相同的地方外，它在禮懺供養各軌則方面，還有其特殊之處。

寺院以寺主爲尊。作爲一寺之主的活佛，在衣、食、起居、迎送等方面，都有其嚴謹規範的禮儀。

活佛按佛位高低，穿著特製的袈裟和佩掛。

⊙活佛的府邸：「囊欠」

活佛的府邸，藏語稱「囊欠」、「喇讓」。囊欠依活佛佛位高低規定有所不同。寺主大活佛的囊欠規模為最大，一般分上、中、下院。最高位的活佛如達賴、班禪的府邸稱「頗章」（宮）。其他活佛按其佛位高低、信徒多少、經濟狀況，囊欠也有大小差異。

以甘肅拉卜楞寺為例，該寺院主大活佛嘉木樣大師的囊欠，分為上院「德容宮」；中院「圖丹頗章」；下院「德容修」。因規模宏大，為區別於寺內其他活佛的囊欠，故俗稱「大囊」。

位於拉卜楞寺釋迦牟尼佛殿右側的「德容宮」，正殿設有嘉木樣大師的九龍金座，座高一點二公尺，一點五公尺見方。座左右有柱，上面懸掛四條金龍。座下有八隻銅獅，左側設紫銅五階踏步，供活佛上下之用。金座係銅質，四周有九條金龍，座上嵌有銀質花卉、龍、獅等。座上陳列法衣、法器。舉行盛大法會時，嘉木樣大師在這裡講經說法，摩頂受禮。

德容宮內懸掛各種式樣的大小彩燈，精巧玲瓏。四周懸掛彩色繡像多幅，供有鎏金銅佛二百餘尊。

德容宮正殿院左側爲二層樓房，樓上是嘉木樣大師的夏季住房。右院正宮爲嘉木樣大師的冬季住房。室內裝飾有檀木雕刻的屛風，屛風上嵌有十幅彩繡西湖十景圖和堆繡人物畫、唐玄奘取經彩繪圖等。還置有檀木、花梨木和紅木雕刻的明式坐椅多對。除嘉木樣大活佛的大囊外，較大的囊欠在拉卜楞寺還有十八個，爲該寺其他活佛的府邸。

按寺院禮規，嘉木樣大活佛和四大色赤囊欠的牆可塗黃色，堪布以下的呼圖克圖祇能塗紅顏色。堪布以上活佛可修樓房，大門允許駕彩，房屋允許油漆彩繪；而其他活佛和普通僧侶的房屋則不能彩畫，違者將受處罰。

嘉木樣大活佛府侍從五十餘人；色赤府限制在十四至十五人左右；堪布府使用八至九人；任過法臺的佛邸限制在六人左右；側席活佛的府邸祇能用僧俗傭人四至五名。

活佛外出迎送賓客，有一套專門的禮儀。活佛有專門的儀仗隊前導，馬隊護駕隨行，關於儀仗隊和騎乘的禮制，均依活佛的身分有嚴格的區別。活佛的馬隊由僧俗官員和專門訓練的強壯僧人騎手和精良的馬匹組成；活佛外出時可乘轎，轎子的顏色有嚴格的規定。寺主大活佛可乘黃緞八抬轎，黃轎是元朝以來各朝皇帝賜的，非欽封呼圖克圖和國師不能乘坐。其他活佛則祇在寺外乘轎。今天，隨著現代科學技術的發達，活佛外出時，不少也以車代馬，有自己的專用轎車和司機，但出行的禮俗和儀程則是不變的。

活佛在迎送時，配以迎送曲的法樂伴奏。途中，當信徒們看到佛轎到來時，遠遠地下馬脫帽，恭立於道旁迎駕。

當活佛在寺院靜修時，僧衆均脫帽，彎腰，托袖跪禮。凡活佛參加的佛事活動，在禮儀上都有特別周到的規定。

⊙活佛年度活動

作爲寺主活佛，他的常年活動大都已相沿成爲一種制度。除有特殊情況外，幾乎年年如此，絕少變動。禮儀也成爲固定的，例如藏傳佛教格魯派最高活佛達賴，他的常年活動及其禮儀大致如下：

每年藏曆正月初一，舉行新年團拜。初一日，歷世達賴按例在布達拉宮舉行二、三萬僧衆的慶祝大會，藏語稱作「噶卓」。在此會上，駐藏大臣向達賴獻哈達賀年，達賴也向駐藏大臣還贈哈達致賀。然後攝政、噶倫、三大寺僧官、佛師、僧俗官員、札什倫布寺和薩迦的代表，一一向達賴獻哈達，並送年禮；達賴給每個人摩頂降福。會上，有舞童舞蹈。舞畢，由三大寺挑選精通經典、口才敏捷的僧人二名，在會上舉行辯論。最後一種叫「卡賽」的用麵粉製成的油炸果，衆僧搶卡賽。慶祝噶卓在熱鬧的氣氛中結束。

正月初二，布達拉宮又要舉行一個小型噶卓，此次噶卓是由每年新任僧俗官員所舉辦的，名曰「三加」。按噶廈舊例，新任命的官員，都在年底確定並宣佈。在新年會上向達賴獻哈達，並就職。

正月初三日，達賴照例在布達拉宮吉祥天母神像前打卦問卜，占卜本年的吉凶禍福。打卜內容也有一定的程式，一問大皇帝本年是否平安？二問達賴、班禪本年是否一切平安？三問噶廈的設施是否順利？四問全藏僧俗本年是否平安？

正月初四日拉薩開始舉行一年一度盛大的正月祈願法會（俗稱傳大召）。達賴在親政以後應邀參加此法會，並於正月十五日親自在大昭寺松曲會上，向三大寺與會僧衆講經說法，在十五日晚參加酥油燈會觀燈。在正月法會期間，達賴喇嘛一般在正月初五、初六下布達拉山，移住大昭寺內，二十五日起錫返宮，照例先在大小昭寺禮佛，然後返回布達拉宮，已爲定例。

藏曆三月初七日，達賴要集合布達拉宮南木甲札倉的全體喇嘛念經，裝聚寶瓶（寶物爲谷物、鍛子布條、五金、珊瑚等），念經加持後，派人將寶瓶送到全藏各宗、各奚卡（莊園）

去，埋在田野中，以此「保養地氣」，使一年的莊稼豐收。此祈福儀典，班禪在札什倫布寺每年也照樣舉行一次。

三月初八日，是換服節，達賴要在這一日換夏季服裝，全藏喇嘛也一律換夏裝。爲慶祝達賴換服，噶廈官員、三大寺要向達賴獻哈達，表示祝賀。

三月十八日，達賴每年從布達拉宮移居夏宮羅布林卡。這一日，噶廈的官員和警衛代本（領兵人），在沿途列隊歡送。達賴到達羅布林卡後，大家又向達賴獻哈達祝賀。照例，駐藏大臣在次日要去看望達賴，彼此交換哈達。

六月十五日到七月三十日，是黃教夏安居日（即爲防止傷害生靈、不外出），在此期間，達賴亦安居寺內不外出，並特派雅達一人，四出巡視，如有違者進行重罰。七月三十日期滿，達賴親自下令解除禁令。

八月一日起，達賴在羅布林卡舉行沐浴禮，一共七天。三大寺和噶廈官員向達賴獻哈達致賀。

九月底或十月初，達賴從羅布林卡返回布達拉宮，和去時一樣，噶廈全體官員、三大寺、警衛代本，排隊歡迎。第二天駐藏大臣要去布達拉宮與達賴互換哈達。

十月十五日，這一天是冬季換服節，從這天起達賴要換著冬衣。貴族、喇嘛亦在此日換冬服。爲慶祝換冬服，三大寺、噶廈全體官員又要去給達賴獻哈達致賀。

十一月二十九日到十二月二十八日，爲達賴每年閉關靜坐期間。在此期間，達賴靜修不見任何外人，所有噶廈呈示公文，一律由大卓尼傳達。

除此之外，達賴每年參加多次宗教活動，僧俗均以最尊貴禮節向達賴致敬。同時，色拉寺和哲蚌寺每月派人向達賴獻哈達一次，報告寺內情況，並請安問候。

總之，活佛所參加的佛事活動，在規矩、禮儀上，非同一般，禮儀要求極爲嚴格。

在藏傳佛教寺院中，既使對一般僧尼的舉止、禮節也建立了嚴格的崇禮規範。比如，在薩迦派的寺院中，就有「十崇禮」的規定。如對於抄寫經典的「寫法」；敬禮時的「禮法」；向人講述時的「施法」；聽取旁人講時的「聞法」；誦讀經典時的「讀法」；習經遵行時的「學法」；宣講時的「弘法」；背誦時的「背法」；想問題時的「思法」；禪定時的「觀法」等等，都有詳細、規範的標準，僧衆必須遵行。同時在平日或重大禮賓活動中，也都有一定的規範儀制。

⊙獻哈達

這是藏傳佛教寺院乃至整個藏民族的一種普遍而又最崇敬的禮節。哈達，屬於一種禮敬法器。對上尊者必以獻哈達表達敬意。獻哈達時，獻者必須手捧哈達，將雙疊楞邊對著客人。向大活佛獻哈達，必須彎腰、低頭至九十度，雙手捧哈達過頭頂，獻於活佛座前；對長輩或一般活佛獻哈達和給大活佛獻哈達相似，衹是腰不必彎成九十度；對平輩，衹要將哈達送到對方手中或手腕上就可以；對小輩或下屬，可以將哈達搭在肩上。獻哈達時，對方可奉還一哈達，也可以將原哈達回敬。

⊙謁見禮儀

藏傳佛教信徒在見上尊者時，則以右手自額上外指而誦六字眞言三度。若謁見達賴、班禪喇嘛，則須脫帽，合掌，彎腰，托袖跪拜。頂禮三度乃垂手、聚足、屏息、鞠躬，趨至大活佛前接受其摩頂。此禮儀也稱「受賀摩頂」。

⊙佛殿禮佛

這是寺院最主要、最經常舉行的佛教儀式。佛殿（堂），是禮拜必不可少的場所。寺院內部有無數座佛堂、佛殿。一般信徒在家中也都設有佛堂或佛龕，用作供奉每日禮拜之用。寺院大佛堂內，飾以奇異色彩，壁上有各種圖畫，樑上繪蓮花等花卉，玄關前常畫有轉法輪，佛壇上一般都供有三寶，即佛、法、僧。每當禮佛之際，佛壇中心的佛像代表佛「三業」中的身；像左側的書籍、經典，代表法；右側的寶塔代表教旨。

禮拜時，每日模造各種物體，用以供養佛前。供物一般有：清水、鮮花、米粒、炷香、酥油供燈、水果等。清水，象徵身與語的清淨；鮮花和米粒，象徵美好；炷香，象徵無所不入的佛法；酥油供燈燃著的燈蕊，象徵著人的覺悟；滴入的香水，象徵著虔誠；水果，表示謝意……其中的一些模造品，大都以麥粉或米粉捏成。

當喇嘛上供時，必行鄭重儀式，念祈禱經。其堂內坐次，井然有序。衆僧按其身分、年齡依次坐於佛堂內兩排低而長的卡墊上。在大活佛不參加的供奉儀式上，由領讀者（藏語「翁則」）帶領誦經。供奉儀式上，還有維護僧律和秩序的「勸善」（藏語「格貴」）；有呈獻供品的「伺供」（藏語「確堯」），有獻茶獻飯的役使僧等，各司其職，有條不紊。

⊙大誦經儀典

大規模集體誦經儀典，一般在能容納千人的大經堂內舉行。宏偉的經堂，兩面排列十幾面鼓和銅鈸，在念經時配以鼓樂、法器，極其莊重、威嚴。

在集體誦經儀典上，寺院數千名喇嘛盤腿坐在卡墊上，經堂前方香燭閃耀。經堂前方正中的兩個位置上，居前座的是寺院法臺或寺院眾學院的堪布（相當於總院長）；居後位而座位更高者，便是寺院的寺主大活佛了。

大誦經儀典後，數千僧人享用信徒供養的茶飯。

⊙降神儀軌

藏傳佛教各大寺院均供有護法神。護法神係藏傳佛教最神通之神，被認爲能附著於人身，示人休咎。有些大寺院因而也有法神喇嘛之稱。法神喇嘛，是指法神示現時所附身的喇嘛。作爲法神喇嘛者，必是心地光明者，否則將無神驗。法神儀式均在法神室舉行。法神室內佈置極莊嚴，室中築一玻璃龕，內供法神像，法神面目凶惡猙獰，表示懾服三界之魔怪。龕前設一長方凳，上供法神衣冠。冠爲金、銀製成，重量達三十市斤左右。法衣爲綢料，式樣如同內地漢族的古袍。

當法神喇嘛入室時，即著法神服，端坐凳上，隨從一人，捧冠立於凳側。這時，兩旁喇嘛數十名各擊鼓吹號，大喇嘛則合掌虔誠誦咒。少頃，法神喇嘛忽張眼立起，眈眈左右而視，其狀極可怖，此時便被認爲本身已失知覺而法神已附身了。這時，捧冠者便將重約三十市斤的法冠，加於其頭上，而另一喇嘛則用繩緊勒其頸。法神漸漸坐下，頭向左右搖擺，口鼻喘息不止，少頃即端坐不動，操藏語訓導衆喇嘛。至此，凡有疑難事卜卦的，有問必應聲答覆（或寫在紙上）。問畢，法神乃左手執鈴，右手執杵，口念經咒並拋撒麥米。一切完畢之後，法神喇嘛置鈴放杵，身體向後而倒，法神即於此時也就離身而去。降神儀式，寺院每月差不多舉行一、二次，據稱無不應驗，因而信奉者相當多。

⊙密宗祭壇

供奉壇場是藏傳密宗加持的項目之一。奉獻壇場是信徒神聖的義務。壇場，又稱壇城，藏語稱「吉科爾」，是以不同顏色設計繪製的神秘圖案「曼陀羅」，是佛教理想之壇城，代表佛的宮殿。壇城種類有數千種之多，常見的有：怖畏金剛、集密、聖樂、馬頭明王、喜金剛、三十七尊遍照佛、十一首觀音等的壇城。

各類壇城形狀大致相似，顏色各異。一般外城爲圓形，最外層爲光焰、火焰，光焰、火焰外爲生物界，包括人類和各種動植物。火焰之內爲金剛杵，表示鎮壓一切邪惡。內城一般爲方形城，四面有門，門口有梯，城樓矗立，內有侍衛，中心爲殿堂，內居金剛。殿堂頂層爲圓形，內有小殿，小殿內居金剛之諸種主佛。壇城有木製的、金屬材料製的，有立體的、彩繪的，也有細砂製造的。

壇城的主要用途，在於觀修、灌頂。同時當信徒犯有違犯誓約的義務時，有時要在壇場作淨化靈魂的儀軌。

而一般密宗修持的祭壇，比較簡單。祇有高低二佛案。低案上供水、米、花、燈、樂器、食品等供物；高案上則供經典、金缸水缽、金屬製成的鏡、鐃、鈸、法螺貝等，還有人大腿骨製成的角號、人腦殼缽、喇叭和大鼓等物，其他還有用人頭蓋骨製成的小鼓，祭祀時用手搖之。密宗中有衆多護法神，寺院中每天要念護法神的儀軌，而所有儀軌中，均有求請上師、諸神、菩薩、本尊加持的偈頌。

⊙火壇儀式

藏名「永賽」。這是一種燃燒火壇以對天地諸佛、菩薩的供養儀式，其意義在於祈求人間的幸福。此項儀軌與漢地佛教的盂蘭盆會、施孤、放焰口的意義差不多。藏曆二月十五日，有些寺院（比如甘丹寺），要設十多處火壇，同時分區舉行儀式。火壇下先用五彩細紗，砌成圓、方、半月形等壇城形狀，然後奉上壇堆以火柴等引火之物，備為焚化。每壇前有一壇主，以高僧擔任，高僧坐於錦墊上，周圍喇嘛則高誦經咒，一時許，火即熊熊燃之，主壇喇嘛按火壇種類規定，投小木棒、吉祥草、豌豆、大麥、鮮花等於火壇，澆上酥油汁……

⊙祭祀禮儀

藏傳佛教每年的正月、二月為大祭。正月元日跳舞祭，二日飛繩祭，三日翻杆祭（以上祭禮均在達賴宮中進行）；六日至二十一日大施祭（在布達拉宮和各大寺院進行），喇嘛誦經受布施；十五日燈祭，懸燈以卜歲；十八日驅魅祭；二十日觀兵祭，觀兵畢，喇嘛演送崇武；二十五日賽馬祭；二十九日或三十日驅魔祭；二月十七日舞踏祭，祭時僧人演祕密術戰，極為神妙。每當祭月，信教僧俗均虔誠誦念眞言，身佩護佛、經卷、念珠、護符等，手持嘛尼輪旋轉不息。

⊙軍旅禮儀

從前，當藏軍或藏胞在行軍前，必集喇嘛誦經行法，以期禳解。軍人病或傷亡，則喇嘛為之行法祈禱。戰時，喇嘛和後備兵皆高聲誦念六字眞言，以助戰士之神威。

⊙灌頂傳法儀軌

這是藏傳密宗傳授密法的隆重儀式。灌頂傳法時，有傳法灌頂資格的活佛或上師手持「本巴」，即一種秘密水壺（俗稱灌頂壺），將聖水灑於受法者頭頂。這一舉動含有授予力量的意義。這一儀規被認爲是把一種神力注入對方的心裡，並永遠停留，發揮效力。

灌頂儀式有多種。分爲分散舉行和同時舉行幾種形式。然而無論是採用何種形式，一般都應完成四個段位的傳承：

一爲法器傳力。它的功能在於淨化或者消除修持者在修持中的心理障礙。據說此段傳承能使修持者看見神的形象。

二爲祕密傳力。它的功能是淨化語言，加強語言表達的神通力，據說此傳承能使神咒被有效地使用，並具有某種成果。

三爲傳授神智之力。它的功能是淨化意志，這種傳承中便可開始特殊的修持。

四爲最高層次的傳力。這一層次的傳承，將達到認識力的昇華，直至到達瑜伽和具有深層內容的祕密成果。

灌頂儀軌神祕、肅穆。接受灌頂者必須努力全心全意地深入到上師傳授的一切認識境界中去。灌頂傳法儀式後，接受灌頂者便進入密宗加行道的修持階段了。

⊙活佛坐床典禮

活佛坐床典禮是藏傳佛教寺院中最重大的宗教儀式。活佛的坐床，對於寺院和整個教區的信徒來說都是重大事件。

活佛坐床典禮理所當然選擇在良辰吉日。大典那天，寺院以及教區、屬寺都清掃得乾乾淨淨。教區民眾的屋頂上插掛起傘蓋、經幡、五彩旗幟。家家預備了煨燊祈願的香料柏枝，僧俗二眾一律穿戴一新，簇擁在寺院門前的路旁。

當坐床典禮開始後，鼓聲、鈸聲、號角聲……合成一片。

在坐床典禮上，活佛轉世靈童首先向佛祖釋迦牟尼佛像獻哈達，向藏族先祖松贊干布和宗喀巴等各教派傳承祖師獻哈達。若是達賴大活佛靈童坐床，按照舊例，達賴穿黃色燻了香的法衣，乘坐黃色大轎從臨時宿營地向拉薩前進。儀仗隊、鼓樂隊、攝政、三大寺法臺、各大呼圖克圖、噶倫等護衛在達賴轎子左右，行列達數里之長。

達賴進入拉薩後，須先到大昭寺大殿向釋迦牟尼佛像獻哈達。在中共統治之前，這一天由噶廈出資，在大昭寺各佛像前獻一千盞燈和一千個糌粑做的供品。達賴在大殿禮佛圓滿，登上大殿的第二層樓，向西藏先賢的松贊干布、文成公主、蓮華生祖師、白郎木女神的塑像獻哈達，並念《成就四業經》。念畢下樓，直赴布達拉宮。

在布達拉宮的日光殿上，達賴與駐藏大臣見面，彼此交換哈達，並向駐藏大臣贈送佛像、禮品等。接著即在日光殿上舉行坐床慶祝大會。

不論大、小活佛的坐床典禮，均舉行盛大的慶祝大會，演藏戲、表演精彩節目。此時，教區內無數藏族男女載歌載舞，祝禱吉祥。有些地方還舉行盛大的賽馬和射箭比賽。

各界都舉行噶卓活動，向轉世活佛獻禮、頌贊辭。教區內的大、小寺院，也都爲活佛坐床舉行乘布大會，念經祈禱……

活佛坐床後，按照舊例，正式啓用前輩活佛的大印，並開始學習佛學經典，直到學業合格圓滿，到一定年齡即可正式主持教務。

⊙活佛受戒典禮

活佛、僧人七歲應受沙彌戒，二十歲左右受比丘戒，尼僧則要受沙彌尼戒。活佛受沙彌戒、比丘戒，都要舉行受戒大典。若是達賴、班禪活佛受戒，大典則莊嚴隆重。

達賴喇嘛受沙彌戒在拉薩大昭寺舉行，受戒時，必須由攝政活佛命人將貯藏於大昭寺的《顯宗龍喜立邦經》請出來，放在大昭寺殿前，由達賴向該經磕頭，並獻一條五彩大哈達。獻禮畢，攝政活佛則翻開經文，根據經上所列舉的不偷盜、不殺生、不妄語、不淫等三十六條沙彌戒律，一條條向達賴作宣講。講畢，達賴向該經宣誓，大意為「遵守經上規定的一切律條，為衆生之事，身體力行」。宣誓畢，向主持的攝政活佛獻受戒酬禮。

一般活佛受戒，則由寺院大法臺或經師主持，程序禮儀與上大致相仿。

活佛受比丘戒的典禮更為隆重。當達賴喇嘛或班禪喇嘛受比丘戒時，須由他們互相傳授，如果對方尚是童年，在學歷上尚不夠格，那麼便改由拉薩三大寺的高僧或佛師代為傳授。受比丘戒儀式與沙彌戒儀式大體相同，但受比丘戒必須經由十位高僧組成的僧伽組施行授戒儀式。達賴喇嘛的受戒儀典，仍是在大昭寺釋迦牟尼佛像前舉行。受戒前，先在佛前和經典、靈塔前一律上酥油燈和供品。這時，在布達拉宮南木甲札倉的念經喇嘛就開始念預備經。五日後，達賴和傳授戒律的班禪（或佛師）再次前往釋迦牟尼佛像前，由班禪或佛師傳授戒律。傳授時，同時在場的還有補充講解和詢問是否明白戒義的高僧。有十一名念經喇嘛陪同誦經。比丘戒律有二百五十三條。受戒畢，達賴和傳授戒律的班禪等一同赴欽冒殿，由拉薩三大寺法臺及全體僧俗官員依次向達賴獻哈達表示祝賀。

除此之外，寺院活佛、喇嘛爲信徒修福、薦亡……所作的各種法事，也都是有一定的規範儀制的。

14 充滿象徵意義的法器、法樂、法舞

清晨，當陽光照耀著寺院的金頂時，人們會聽到從寺院傳出的喇嘛誦經聲和伴隨誦經聲而起的鼓樂聲、螺號聲……經與樂的合聲，給人一種神祕感和宗教的威嚴感。

藏傳佛教之所以充滿五光十色的神祕感，是與它衆多的象徵、法事、法器分不開的。

法器

藏傳佛教的法器，其式樣基本上是悉仿印度佛教法器，但也加進了具有自己特點的內容。藏傳佛教的法器大致分爲六類。

⊙禮敬法器

1. 袈裟

凡佛教的僧侶都著袈裟。然而藏傳佛教喇嘛僧人穿著袈裟，與其他佛教支派的袈裟略有不同。藏傳佛教的袈裟為長條狀，裹於上身，袒露右肩，下部穿僧裙。在特定的場合有時上身加披黃色法衣。帶上繫有壇筆筒及漱口水瓶等。腳著長靴，長靴一般用牛皮或硬赤色獸皮、褐布製成，禮靴有錦鍛做的，長達膝蓋。由於藏傳佛教分為寧瑪、薩迦、噶當、噶舉、格魯等不同教派，所以藏傳佛教的袈裟、僧裙，又因教派的不同而有所差異。

寧瑪派僧人，身著紫紅色的袈裟、僧裙；戴紅色僧帽，稱「萬西」，形似蓮花狀。紅教在家居士則穿白色衣裙。

薩迦派僧人的衣、裙、靴、帽的樣式、顏色與紅教沒有什麼區別。

噶舉派僧人，出家受沙彌戒、比丘戒的也穿紅色衣裙，在家受居士戒的穿鑲紅、綠邊的白色僧裙和袈裟。

格魯派僧人，一般穿暗紅色袈裟，修持突出的可穿黃色袈裟。頭戴黃色的桃狀帽和蓮狀帽。活佛一般著特製的袈裟、禮服。

2. 念珠

念珠是由不同原料串成的，有菩提子、金剛子、蓮子、水晶、珍珠、珊瑚、琥珀、象牙、瑪瑙、玻璃、海螺、桃核、檀木、柳木、龍柏、人頭骨等等。不同的念珠，用於作不同法事。如：修觀音菩薩法門，則用貝殼製成的白念珠；修降服魔鬼的護法神法，則用人之頭蓋骨所製的念珠。

念珠不論是用何種材料製成，珠數均爲一百零八顆。作爲修持念咒時計算數字之用。一百零八粒當作一百計。

3. 哈達

是用長方形絹布製成的禮敬法器。哈達長短不一樣，一般爲二至四尺，也有一丈多長的。大都爲白色，係純潔之意；也有藍色和黃色的。哈達的質料也有多種，但人們不計較質料的優劣，祇要能表達對上尊者的敬意即可。這種禮敬法器如今已被沿用到民間，作爲藏民族在禮賓交往中的一種表示敬意的吉祥之物了。

⊙稱贊法器

在慶典、宗教節日、活佛坐床、開光儀典等重大喜慶法事活動中用。
鐘：大小各式。
鐸：有金舌、木舌兩種。
鼓：有大鼓、腰鼓、羯鼓等不同種類。
鈴：大小各異。
鐃鈸：大爲鐃，小爲鈸。
箏箂：花、白兩種海螺。
骨號：人骨爲之。
波郎鼓。
銅號：大小各異。
嗩吶。
九鈴鑼。

⊙供養用法器

專爲供養之用。

供養器：瓶、盆、盤、鉢、杯、碗等。

幢：用羽毛、寶石、絹絲製成的諸種幢，式樣如旗節。

幡：式樣如船上的風旗，長短大小各異。

華蓋：式樣種種。

瓔珞：用種種寶物做成，戴在頭上的爲瓔，戴在身上的爲珞。

花鬘：長、圓兩形，各種類型，以花寶做成。

花籠：用金絲、銀絲、竹絲、木絲等作成，用以盛花，形狀式樣種種。

⊙持驗法器

在修持作法時用。

顱骨鉢。

曼陀羅：壇場。有方、圓、三角三種形式，隨作法內容不同而各有不同。

跋折羅：即金剛杵。有一股、三股、五股、九股等，質地有金、銀、銅、鐵、香木之別。象徵方便與慈悲。

杵鈴：也有一股、三股、五股之別。象徵方便與慈悲應與之相結合的智慧。

者吉羅：是一種輪子，其形式種類甚多。

本巴：灌頂壺，灌頂時用。這是一種秘密水壺，有有嘴、無嘴兩種，有大小各種規格，質地有金、銀、銅等。

⊙護摩法器

此類法器專門用以避邪、護身、鎮宅、增福。

熛爐：方、圓幾種，隨法而用。

護身佛：金、銀、銅製成，貯於金、銀、銅製作的佛龕形、法輪形盒中。或頂諸於首，或佩帶於胸。

秘密符印：有方、圓、三角三種式樣。有護身、護家、護部落、鎮宅、驅邪、除災、增福等不同種符印。

⊙祈禱法器

作祈禱之用。

手嘛尼輪：手搖的嘛尼經輪。

祈禱輪：即嘛尼輪，置於寺院周圍，上鐫六字眞言，中滿貯禱告片。
祈禱壁：金、木板鐫六字眞言，掛之壁上。
祈禱幡：經幡。
祈禱石：刻六字眞言的石子，置於山麓或途中。

法樂

在藏傳佛教的宗教儀式和法事活動中，除了必不可少的法器外，還要配以法樂，以渲染宗教氣氛，增強弘揚佛法的效果。

純粹的宗教音樂，包括法器樂、誦經詠唱調和「嘛尼」調幾種。

誦經詠唱調，是誦經時根據不同內容、不同形式所轉換不同的音調。純粹的宗教音樂，由於內容特殊，祇能按照宗教規範進行，而顯得有些固定。

⊙佛殿樂

「道得兒」即佛殿樂，比起純粹的宗教音樂，顯得活潑、典雅了許多。

佛殿樂是一種古老的藝術形式。隨著歷史的演變，逐漸形成了嚴格的、程式化的佛殿曲目，具有專門的樂隊和訓練有素的專職演奏員。

這種音樂之所以被稱爲佛殿樂，是因爲它是爲配合寺院內禮儀活動而產生，又僅限於爲寺院活佛起居、迎送、在佛殿舉行盛大佛事活動時演奏。它的旋律優美舒緩、典雅肅穆，具有濃郁的宗教風格。那些形制各異、音色不同的演奏配合宗教儀典，既渲染慶典氣氛，又給人以美的享受。

藏傳佛教的各寺院，都有自己的佛殿樂。

拿甘肅省甘南藏族自治州境內的拉卜楞寺來說，它不僅有自己獨特優雅的佛殿樂，而且有一支訓練有素、歷史悠久的專職樂隊。

拉卜楞寺院的佛殿樂，誕生於該寺初創的西元十八世紀初期。當時，該寺的寺主一世嘉木樣大活佛，應青海和碩特前首旗河南蒙古親王察罕丹津之請，從西藏東部返甘肅原籍時，途中連日的奔波勞頓使隨從感到疲憊不堪，隨從們生出了借演奏來消除旅途艱辛的想法，於是將這想法稟呈嘉木樣大活佛。活佛沈思片刻，覺得連日行程確實使人乏馬困，如能借奏樂調劑一下單調的旅途生活自然好，便說道：「按佛規是不應奏樂的，然而現在奏樂既給我們帶來精神上的享受，又能消除連日行程之勞頓，你們奏樂好了。」於是，隨員們煨燊祈禱，叩謝活佛慈悲之恩。此後旅途中每到宿營處，隨員們便奏樂自娛。這規程從那時起就相沿成習，做爲拉卜楞寺院的規矩保留下來了。

活佛在寺院內進行的重大佛事活動，都有典雅的佛殿樂相伴隨。祭祀朝拜、册尊曲禮、開光大典、受賀摩頂等儀式，都有不同的樂曲演奏把氣氛推向高峰。

活佛在寺院的起居、迎送，更是離不開佛殿樂的伴隨。

清晨，傳統的宗教曲《黎明晨曲》和著陽光，緩緩升起。

入夜，《臥宿曲》縹縹緲緲，將喧囂的塵世，帶入濃重的宗教氛圍中。

拉卜楞寺院佛殿樂的傳統宗教曲有五十餘首曲調。很可惜有一些很有價值的曲目已經失傳，有的已被淘汰，繼承下來的已寥寥無幾。目前常演奏的佛殿樂曲譜有：《姜懷龍索》、《萬年歡》、《五臺山》、《李卡麻爾》、《喇嘛達眞》、《智布欽加居》、《仁欽恰爾帕》、《堆彭》、《巴華爾》、《投金千寶》等。

佛殿音樂大都是在吸收豐富民間音樂和漢地佛教、其他民族藝術的基礎上發展起來的。

有一首動聽的佛殿樂曲《桑達格勞》，是拉卜楞寺第四世嘉木樣大活佛親自創作的。這位風度高逸、雅好音樂的大活佛還先後創作了《阿瑪來》、《瑪霞》、《米拉格爾達》等一批優美的佛殿曲。這些樂曲節奏穩定、優美動聽，易記上口，同時又合乎藏族民間歌曲的塡詞即興發揮的特點，所以深受寺內外僧俗人民的喜愛，至今廣爲流傳，盛唱不衰。

佛殿樂除揉進一些藏族民間歌曲、樂曲的風格外，還直接吸收了其他民族的音樂素材和內容。寺院中的傳統曲目《萬年歡》，就是來自其他民族的宮庭音樂。據史料《承德避暑山莊淸代宮廷・寺廟音樂》一書的記載，淸咸豐十一年，皇帝在避暑山莊時，爲他伺候吹打的樂曲中就有《萬年歡》。而佛殿樂中的另一曲目《日吾澤阿》，則是來自五臺山寺廟的曲目，漢語譯爲《五臺山》。

據說，拉卜楞寺第四世嘉木樣活佛四十三歲時（西元一八九七年），在北京朝雍和宮，謁見光緒皇帝，並順路去山西朝五臺山。在五臺山受到隆重的接待，樂隊伴隨佛事禮儀的進行演奏出的樂曲典雅、舒緩，使他備受感染和啓發。於是，他帶回了一些樂譜。返寺後，他對原有的拉卜楞寺法樂隊進行了調整和嚴格訓練，親自指導演奏，使寺院樂隊發展很快，並創立了本寺院特殊的藏族樂譜——工尺譜。

藏文工尺譜，稱爲藏譜。常見的工尺譜，將簡譜一二三四五六七（小字一組）記爲上、尺、工、凡、六、五、乙。藏譜譯音爲來、四、乙、祥（上）、切（尺）、工、凡。這與流行在山西臺山一帶的工尺譜合、四、乙、上、尺、工、凡在讀音上基本一致。後來，因爲對音樂符號的標記欠完整，加之在排練演奏時一般口授曲譜，則不免會因人而產生變異。所以，現在演奏的曲子不完全同於原譜，已成了藏化了的音。

⊙佛殿樂演奏樂器

佛殿樂的最初演奏，僅以嗩吶爲主，後來建立了具有多種樂器的法樂隊。樂器的種類也有增加和調整。佛殿樂隊的樂器一般分爲：

1. 吹管樂器

甲嶺：嗩吶。

柴嶺：橫笛。

雄嶺：豎簫。

崗嶺：人腿骨笛、鷹骨笛、雁骨笛。

雜嶺：泥塤、陶塤。

筒：螺號、法螺。

筒欽：長號、大號。

2. 彈撥樂器

畢旺：琵琶。

畢旺居吉巴：單弦琵琶或琴。

畢旺居松：三弦琵琶或琴。

畢旺居芒：多弦琵琶或琴。

札木年：弦子。

竹質口簧。

3. 拉弦樂器

牛角琴。

札尼：牛角胡。

銅胡。

根卡。

4. 打擊樂器

札額：腰鼓。

桑額：銅鼓。

九鈴鑼。

鈸、鐃、鈴、止爾布（小鈴鐸、搖鈴）。

札如：小鼓、手搖鼓。

串鈴、盤鈴。

達瑪如：撥浪鼓。

達瑪：碗形鼓。

由於藏族樂譜的發明和樂隊樂器種類的增加和調整，使佛殿樂的演奏技巧逐漸完善、成熟和動聽。

過去那種單一的齊奏形式，開始由分工的演奏形式所取代。在樂隊中，以管子作爲樂隊的骨幹樂器，因爲它最適合擔任主旋律的演奏，它忠於原曲，不加花點；笙吹出含有和聲因素的音符，使樂曲充實豐滿；笛子加進較多的連貫性花音，使樂曲顯得活潑、明快；雲鑼則強調骨幹音和強拍音；樂鼓和小鈸一拍一音地配合著全曲……

這種演奏形式，每件樂器都可獨立表現，又能發揮音色的長處，使整個演奏顯得豐滿而渾厚，聽起來相當和諧和整齊。

目前，藏傳佛教各寺院的樂隊編制，大體與清朝宮廷的「中和清樂」編制相仿。各寺院樂隊的演奏員，大多是屬職業性的。演奏者都是由寺院統一挑選出的聰明、機智的青年僧侶，以師帶徒的方法學習音樂知識和樂曲演奏。學成者，就職擔任演奏員。而一些資深的演奏員則逐漸退居，繼續修善……

總之，從各民族文化交流過程中形成和發展的藏傳佛教佛殿樂，不僅是藏民族珍貴的文化遺產，而且爲研究藏傳佛教內涵、研究各民族文化交流史也都提供了寶貴資料。

法舞

在藏傳佛教作法或舉行盛大法會時，時常伴以法舞的表演。那種戴著法神面具、隨鼓、鈸、莽號等法器的抑揚而進退疾徐有序的舞蹈，常能將法事活動的氣氛推向高潮，吸引大批信徒爭相觀看，從而達到最廣泛地弘揚佛法的效果。應該說，法舞是一種形象地弘法演示形式，是法事活動不可缺少的重要內容之一。

法舞，藏語稱「欽木」，指舞者戴上具有佛教象徵意義的面具，在法器的節拍下直接演示佛教教義的舞蹈。這種法舞也稱爲佛教的「跳神」。

法舞的歷史相當悠久。據記載，在西元八世紀中葉，吐蕃贊普赤松德贊時期，在西藏山南扎囊落成了藏傳佛教第一座寺院桑耶寺。當時寂護大師和蓮華生大師根據佛祖釋迦牟尼所弘揚的密宗四部中的《瑜伽部》和《無上瑜伽部》中有關金剛舞一節，組織跳神舞會，驅鬼酬神，爲寺院舉行開光典禮。在蓮華生傳記中又記載，譯經師在桑耶寺譯經完畢，由高僧手持譯經，繞大佛殿三周，排列成行，戴上假面具，擊鼓跳舞，爲所譯經典開光。到了藏傳佛教後弘期，位於阿里的古格王朝領袖意希奧、鄰曲沃二人修建起了土定寺廟，並從印度梵文中翻譯了許多佛教密宗經典。大譯師仁欽桑波按照續部精神，發展了金剛舞，從此沿襲下來，成爲藏傳佛教各寺院普遍保留的弘法形式。

在雪域，流行於各地的法舞形式，各有差異。一般舊法舞均源於印度，新法舞則各有發揮，在各地區、各寺院分別形成了各自的傳統。在各寺院的法舞中，札什倫布寺的法舞很有特色，堪稱一枝獨秀。相傳，四世班禪在一次夢中曾暢遊佛教理想王國香格里拉（淨土。二十世紀七、八十年代的人們突然對此萬分青睞，以此名爲世界許多最高級飯店命名），他在這片淨土中，看到了一種舞蹈，非常傳神，於是就在札什倫布寺創造了一種法舞程式。後來許多寺院都以這種程式去教授、訓練和演示新法舞。

⊙法舞的護法面具

藏傳佛教的法舞，在歷史發展過程中已逐漸地程式化了。出場者所戴的護法面具角色，一般有：

鹿：雌、雄鹿；

獅：白身綠毛獅子等；

載末爾（土地護法神）：紅臉面具，身披鎧甲，頭盔戴五根頭骨，外繪三睛，左手執旗，右手執矛，鎧甲外披人骨念珠；前胸繫圓鏡，內有心咒字紋。

法王：綠面水牛頭面具，佩五頭骨，一手持人骨捧，一手持繩，繩子一端爲鉤，一端爲金剛，靴上有口及眼。

法王妃：綠頭無角面具。一手執叉，一手執頭骨碗，盛血，靴上有口及眼。

財神北天王：紅臉面具。右手持傘，轉動即落寶，左手執鼬鼠，口中吐寶。

「黑帽子」者：紅教僧（藏語「下那禾」），黑帽平面作六角圖案，各角繪頭骨，頂彩綢，中有黑絨球，球上有頭骨，骨上有金剛，金剛上繪金雲，雲下六輪觸及帽頂平面。黑布蓋嘴，面塗三條黑線，表情忿怒。服裝大袍外，披人骨念珠。右手執金華柄的三棱刺，左手執骨碗盛血。

死神閻王：有角。

查事鬼：形如骨架，頭無角，身著戰袍。

阿雜日：侍從者。藏螺紋頂鬼臉面具，面下有彩鬚，右臂繫紅帶，執黑白相間棒。

護法載末爾侍從阿朶日：綠旗袍，臉呈草綠色，頂光紋，左手執腿骨。

土地神：戴黃色面具，白頂、白鬚，腰纏繩，繩結圈，圈相蛇，意爲土地爲龍，手持旗。

獵人：紅臉面具，白鬚髮，翻穿羊皮衣，掛念珠，腰佩寶劍。

童子：黃臉面具。

武士：有黃臉、紅臉、藍臉、綠臉各種，帽上有三睛，配五頭骨，手持刀、繩。

勇士：有黃牛頭，紅牛頭等各種，頭上均有五頭骨。

妃：有黃妃、紅妃各種，頭有無頂頭骨。

閻王侍從：菜綠鹿頭面具，不佩頭骨，但有圓飾。

犬、虎、犛牛等。

在法舞表演中，獅知鹿的形象頻頻出現。這是有其含意的。獅子，在人們眼裡是猛獸，但牠被引入法舞中，是代表釋迦佛的寶座而出現的，象徵著凶猛的野獸也能被佛馴化，並成爲佛的護法，可見佛法無邊，威力無窮。鹿，在民間是作爲欲望強烈的動物，然而在佛教教義的感化下，牠們卻放棄了動物低級的欲念，昇華爲高尚的靈魂了，牠們常伴在佛的身旁，皈依了佛門，也成爲了佛的忠實護法。按此理推而廣之，即：鹿、獅子這樣凶惡、欲望強烈的野獸，尚且能在佛的感化下棄惡從善、立地成佛，那麼人類豈有不放棄惡念、劣行之理？藏傳佛教的法舞表演正是通過這種形象化、藝術化的演示，使信徒們在藝術的感染中，加深對教義的理解。

⊙法舞的題材

法舞表現的題材，內容不外乎以勸善、正法、禳災驅邪爲主題。在不同的法會上，演示不同的法舞，非常嚴格。例如，在祈願大法會上，演示莊重、嚴肅的法舞。許多寺院在祈願大法會上舉行「恰木欽」（意爲法舞或大跳）。此法舞參加者一般在三十人左右，樂隊二十人。舞時，頭戴面具，主角爲死神的法王（係文殊化身）及其妃，還有飾作骨頭架子的查事鬼、戴角的鹿、犛牛等使者。場心佈置繪人形符，代表惡魔。在樂隊伴奏下，舞者作出各種動作，或潑血，或用種種手結契印及武器向人形符作刺擊狀，表示鎮壓閻王的凶暴。最後由寺院大法臺率領舞者與僧衆，將一種以糌粑捏成的祭品「多日瑪」，送至寺郊焚盡，法舞會即告結束。「恰木欽」最初興起於日喀則札什倫布寺，後來被藏區的許多寺院效仿，成爲祈願大法會的傳統表演項目。

在禳災法會上，以跳禳災法舞爲主。禳災法舞主角爲護法土地「載末爾」、法王與明妃、護法財神「北天王」、十五名戴「黑帽」者等，配角爲侍從、勇士、武士等。每一角色出場都以爐、香、樂器等迎送。諸法王輪番出場旋轉舞動，象徵著神的威力與靈通。最後一幕，十五名戴「黑帽」者群舞成圈，圈內兩對持壺者將「金酒」和青稞，拋撒在場上，象徵禳災之日給神以吃喝，以保佑佛法。法舞在十五名戴黑帽者以三棱刺向人皮彩繪作刺擊狀，並割人皮黑包袱之肉分於侍僧骨碗中而結束。散場後，法舞中的角色——北天王、法王與妃、載末爾、黑帽者、荷槍武士等，還將祭品抬出寺外焚毀，才算諸災已禳、諸惡已除。

而在一般的辯經總法會上，則演示勸善爲內容的法舞。這種法舞在內容上比較完整的當屬《密勒日巴勸善》等。《密勒日巴勸善》的大意，是敘述藏傳佛教噶舉派高僧密勒日巴收伏鹿、犬，和暴戾的獵人貢保多吉的經過。

全舞共五節。開場是阿朵日舞蹈以及阿朵日手執繡球彩帶逗引獅子翩翩起舞，意爲給聖者獻花。隨後二名土地神出場向全場拋撒青稞，意爲進食前必先敬神。此後，身背經匣的僧人出場爲密勒日巴念經。再後，二名阿朵日再向場心擲乾果和鮮花（此物若被觀衆搶拾到，被視爲吉祥），這時，密勒日巴才出場。在土地神的引導下出現，他身背經籍，手持錫杖，繞場一周坐在場中的椅子上。當密勒日巴坐定後，他先施法教將兩名跳舞的童子調伏。這時，翻穿皮衣的獵人貢保多吉出場，追尋鹿、犬。當追到密勒日巴跟前時，密勒日巴已用法力將鹿和犬保護在膝下，貢保多吉射之，法神趁機施法將箭拋向空中。貢保多吉對密勒日巴的神法大爲驚異。此時，密勒日巴勸獵人不可殺生，貢保多吉辯論失敗，終於放棄了偏見和殺生職業，從此皈依佛教，從一個愚昧、殘忍的人變爲弘揚佛法的佛教弟子。

此外，在時輪金剛法舞會上，演示爲使時輪金剛喜悅的供養法舞，舞者十六名，由僧人飾作頭戴五蓮花瓣之少女（雲娜）。此法舞規模雖不大，卻允許信徒觀賞。

在法舞的形式中，曾有許多藏傳佛教的活佛和高僧親自創作，爲法舞的發展、定型作出了貢獻。比如，在前面已提到四世班禪創造了以札什倫布寺法舞爲代表的新法舞，被後來許多寺院效仿。再如《密勒日巴勸善》法舞，據說是拉卜楞寺貢唐倉活佛所編撰，拉卜楞寺每年照例表演，其他各寺院還不多見。

此外，拉薩每年臘月二十九日舉行的布達拉宮跳神大會上演出的一段有趣法舞。當衆神、鬼卒跳舞並手持糌粑口袋，不停地把糌粑抓給骷髏向空中拋灑之後，隨即一名白髮老人扶杖出場，這時場中又鋪了一張布單，這老人在布單上臥倒，戰戰競競，屢臥屢起，顯得十分衰老無力。此時忽從場外跑入一群小孩，紛紛在老人懷中取乾果，老人顯得十分慈祥。小孩散盡後，老人身後忽然放上一張虎皮，表示一隻猛虎已跳到他身旁。這老人立即站起，抱著虎皮扭打，精神抖擻與前面老態龍鍾的樣子判若兩人。結果老虎終於被打死。據說，這段精彩的表演，是十三世達賴加入的。他入京覲見清帝時，路過五臺山曾親眼看見這樣的事實。他很佩服這位老人，認爲是菩薩化身來感化他的，於是特意把這故事加入跳神節目，作爲紀念並教化信徒。

從法舞的創作和內容編排中，我們已十分清晰地看出了創作者的良苦用心了。

由於法舞具有弘揚佛法的明確目的，因而對於扮演者的要求便十分嚴格。據稱，一切表演者，死後均可住進佛教理想王國「香格里拉」。因而表演者必是個人道德修持好、對佛教虔誠信奉不二，並且口才流利、聲音宏亮的僧人。選中者先練習一年，確認合格後才能被正式吸收進法舞班中，按師徒傳承的嚴格程序訓練若干年。有些內容的法舞，要求由具有十年以上經驗的表演者戴護法面具演出，因而在各寺院均保留一批富有經驗的表演者，他們的功德爲人稱道。

爲了正規化地培養、訓練法舞表演者，許多寺院都設有專業化的「欶巴札倉」（法舞學院）。比如在青海塔爾寺和甘肅省甘南藏族自治州卓尼縣境內的禪定寺，就設有專習法舞的「欶巴札倉」。在此學院修習的僧人，平時念經學法，臨近法會時集中排練，由教師指導。禪定寺歉巴札倉傳授的法舞與許多寺院有別，其舊法舞源於印度，新法舞出自於西藏札什倫布寺。而在大多數沒有設歉巴札倉的寺院，法舞學員的訓練一般由「喜金剛學院」等負責培養，在訓練、傳授上均有嚴格的程序。

不難看出，藏傳佛教信奉者傾注大量心血弘揚佛法的信念。他們重視並發展、豐富了法舞這一弘揚佛教的演示形式，試圖通過看得見的驅魔鎮邪的動作，現身說法，抑惡勸善，使愚昧、殘忍的靈魂昇華到智慧、善良的境界；使蒼茫的雪域高原最終成爲佛教淨土。

15 浩瀚的經卷、典籍

藏傳佛的經卷、典籍，卷帙浩繁，內容涵量極大，是中華文化庫乃至世界文化庫中的寶貴財富。

藏傳佛教通過思辨、修行、邏輯演繹、象徵、法事活動等方法來闡述教義，注重講經弘法，著書立說。形成了一整套理論體系，博大精深。

人們通稱的「佛經」，是釋迦牟尼佛入滅後，經他的弟子們六次結集，記誦出來的，統稱「大藏經」。大藏經分爲經（佛一生的言教）、律（佛所制的僧團戒律）、論（關於教理的解釋和研究的論著）三藏。

佛經的翻譯

最早的三藏經典，分巴利文三藏和梵文三藏兩種。巴利文是古代印度俗語，梵文是古代印度雅語。漢傳佛經，從梵文翻譯的居多，也有從巴利文翻譯的；藏傳佛教則絕大部分是從梵文翻譯的，也有很少一部分是從漢文翻譯的。

對於佛教著作的翻譯、注釋、整理工作，從吐蕃時期開始就在藏傳佛教的僧人中進行著。吐蕃時期（前弘期），已有不少的佛教經典被譯成了藏文，到了後弘期，對於佛教經典的翻譯整理不論在規模上和數量上都超過了前弘期。

在後弘期，最負盛名的譯師是仁欽桑布，在他之後，有卓、瑪、桂、俄四大師的說法之外，還有年、熱、嘉、綽浦等人，他們都對佛經的翻譯有傑出貢獻。

隨著佛經翻譯數量的逐步增多，就有了對所有譯出來的佛教典籍分類整理和編排目錄的必要。於是，編纂藏文《大藏經總目錄》的任務被提上日程。西元十三世紀晚期，一位名叫迥丹惹遲的噶當派教典派僧人，曾把噶當派的納塘寺搜集保存的大量藏譯佛經，編訂為正藏《甘珠爾》、副藏《丹珠爾》。「甘」的意思是「言教」，「珠爾」是翻譯；「丹」的意思是「論者」。這就是在佛教歷史上具有重要地位的藏文《大藏經》最早的編纂本。

十四世紀前半葉，噶舉派中蔡巴噶舉僧人、著名學者貢噶多吉，和綽普噶舉派僧人，著名佛學家布敦・仁欽竹合作編定了《丹珠爾》；布敦又據納塘寫本《丹珠爾》鑒定分類，刪重補遺，寫爲定本。十四世紀後半葉，二人還分別編訂了《丹珠爾》和《丹珠爾目錄》。

《甘珠爾》和《丹珠爾》編纂，是藏民族對世界文化的重大貢獻。

藏文《大藏經》的《甘珠爾》（德格版）大致分爲：一、律部；二、般若；三、華嚴；四、寶積；五、經部；六、續部；七、總目錄。

《丹珠爾》（德格版）分類爲：一、贊頌；二、續部；三、般若；四、中觀；五、經疏；六、唯識；七、俱舍；八、律部；九、本生；十、書翰；十一、因明；十二、聲明；十三、醫方明；十四、工巧明；十五、修身部；十六、雜部；十七、阿底峽小部集；十八、總目錄。

《丹珠爾》的類別雖較多，但其實大都是印度和西藏的一些佛教徒對於佛教理論和哲學的論述作品。其中也有一些關於文法、詩歌、藝術、邏輯、曆算、天文、醫藥等非宗教方面內容的作品。

藏文《大藏經》版本很多，部數也不一致。就目前各大寺院收藏的《大藏經》來看，大致有：納塘版、北京版、德格版、拉薩版、卓尼版、理塘版（刻於雲南中甸）等版本。其中西元一六八三年的北京版中，《甘珠爾》計一〇五五部，《丹珠爾》計三五二二部；西元一七三〇年的德格版，《甘珠爾》計一一一四部，《丹珠爾》計三五五九部。

活佛高僧著書立說

除翻譯、整理、編纂佛經外，藏傳佛教對佛學理論有自己獨特的發展。各教派活佛、高僧著書立說風氣盛行。他們結合雪域地理環境、信徒心理素質、文化傳流、思惟習慣等特點，形成了具有藏族風格的教義特點，留下了浩瀚的典籍、著作。

比如薩迦派第四祖薩班貢噶堅贊一生撰寫了不少著作。其著述範圍涉及拼寫、顯密教、天文、曆算、醫藥、辭藻、詩歌、聲明等達數十種。其中《分別三律儀論》、《正理藏論》、《智者入門》、《薩迦格言》等，翻譯成多種文字，對後世影響較大。

在中世紀時期，噶舉派學者也撰寫了大量宗教史和佛學理論著述。較著名的有：夏魯寺高僧布敦・仁欽竹所著的《布敦佛教史》；達隆噶舉派僧人阿旺當卻桑波所著《宗教史・奇異大海》（也有人認爲該書爲阿旺囊杰所著）；竹巴噶舉派活佛白瑪噶波所著《竹巴教史》；蔡巴噶舉派學者貢噶多吉所著現存最早的一部藏族歷史著作《紅史》和《白史》、《花史》；噶舉派僧人、藏族著名譯經師桂・宣奴貝所著《青史》；噶瑪噶舉派巴臥活佛系統的第二世巴臥・祖拉陳瓦所著《賢者喜晏》；以及塔波拉結・索南仁欽所著《解脫道莊嚴論》；噶瑪噶舉派黑帽系第三世活佛讓窮多吉所著《佛百行傳》、《甚深內文本釋》；噶瑪噶舉派僧人雲丹嘉措所著《寶庫藏》、《教誡藏和經傳密咒藏》、《所知藏》、《不共祕密藏》、《祕籍藏》合稱《五大藏》等等。這些宗教史和佛教理論著述給後世留下了極其寶貴的精神財富。

藏傳佛教格魯派創始人宗喀巴更是博覽群書，兼收各家之長，建立了自己獨特的佛教思想體系。他爲後世留下了《緣起頌》、《菩提道次第廣論》、《中論廣釋》、《辨了不了義論》等著作，明確闡述其觀點，成爲藏傳佛教著名的典籍。

此外，藏傳佛教其他教派的活佛、高僧留下的著述浩如煙海，不勝枚舉。

可以說，藏傳佛教的經典，著作內容廣瀚，學說深邃。它調動了盡可能多的知識和學科，充實自己的哲理，將藏民族以及其他民族在實踐中積累創造的自然科學、社會科學知識都融於自己的懷抱中，形成了較爲完整的認識世界的知識體系。收藏於各大寺院的經卷，從內容上可分爲哲學、全集、密集、歷史、傳記、醫學、聲明、工藝、星象、曆算、韻律、文學、戲劇、預言學、化學、辭藻學等。

聞名遐邇的甘南拉卜楞寺，是現有藏傳佛教寺院藏經最多的寺院，共存經卷約六萬餘部。拉卜楞寺原來不僅有正規的藏經樓，而且有完整的印經院。據云，原藏經數高達二十二萬八千八百餘部，藏文經版六萬二千餘塊，中共發動文革期間因藏經樓、印經院被毀，故造成經籍、經版大量流失，後雖經搶救和收集，僅得到六萬五千餘部，佔原藏經總數的百分之三九點六。

一九五九年拉卜楞寺工作組曾對拉卜楞寺藏書進行過清理，並油印了《拉寺總書目》兩冊（上、下冊），被列入《總書目》的經籍計有七千八百二十四部，共分十七大類：

1.醫方學二百六十二種不同刻版四十三大部。

其中包括《醫學百集》、《青琉璃》、《四部醫典》、《口訣祕方》、《藏醫草藥配製祕方》、《醫學祕訣選錄教材》、《晶珠本草》、《根本醫典釋》等著作。

2.聲明學一百三十種不同刻版本十六大部。

3.韻律學三十二種不同刻版二十九大部。

其中包括《三十頌及音勢論》、《聲韻之燭根本注釋》等。

4.工藝學二十種不同刻版二十八大部。

其中包括世界上最早記載工藝技巧的典籍之一《燦爛光照下能滿足一切欲望的各種製作技藝》和《工巧常用寶篋》、《工巧明論顯密明鑒》、《二百零一類工巧明論》等，這些書中詳細記載了法器製造技藝、紡織、縫紉、釀造、民用器物製造、民舍建造、弓箭車製造、造紙、墨、香、陶器、寶石及加工金、銀、銅、珠寶、象牙、鑄造金屬、保存火種、密號、腐蝕等技術，提供工藝配方幾百種。

5.星象、曆算學五百四十二種不同刻版二十九大部。

其中包括《五行算術備忘錄》、《天文先趨寶鑒》、《天文典籍明鑒》、《星算考辨》、《白琉璃》、《元音數學》等著作，在星象、曆算領域，創立了獨到的學說。

6.詩鏡學一百七十八種不同刻版六十四大部。

其中包括《詩學習讀》、《權威人士各種詩體書信記例集》、《詩鏡》、《詩鏡注》等著作。

7.藻辭學三十二種不同刻版七十八部。

其中包括《藏族學者修辭論總匯》等著作。

8.戲劇類七種不同刻版八大部。

其中包括藏戲劇本《諾桑王子》、《松贊干布》、《頓月頓珠》、《卓瓦桑姆》、《赤美滾登》等。

9.藏文文法類一百零八種不同刻版八十一大部。

其中包括《藏文經法明鑒》、《書信匯要》、《公文書鑒體例匯論》、《藏區禮贊》等。

10.歷史專著三十五種不同刻版八十九大部。

其中包括《拉達克王統史》、《西藏王統史》、《紅史》、《青史》、《安多政教史》等。

11.傳記類三百八十種不同刻版九十二大部。

其中包括《密勒日巴傳》、《唐東杰布傳》、《薩迦班智達傳》、《五世達賴贊》、《宗喀巴傳》、《布敦大師傳》、歷世達賴、班禪傳等著作。

12.名人全集類一百七十七位作者，一千二百種不同刻本，九百七十九大部。

13.宗教內明學一千二百八十九種不同刻本八百十九部。

14.佛教論著二百零五種不同刻本八百八十六部。
15.密宗類七百三十五種不同刻本九百部。
16.經咒類一百六十四種不同刻本九四八部。
17.紅教經典一千八百四十種不同刻本九百五十八部。

此外，還有金、銀汁書寫《大藏經》不同刻本，以及預言學、化學、音樂、美術、出版學等方面著作。

同時還珍藏極爲珍貴的貝葉經兩部。

貝葉經，是古代南亞一些民族刻寫在一種叫貝多羅樹（係一種常綠喬木，高達十多公尺，具有椰子樹一樣獨幹聳立的風姿，葉子比芭蕉葉厚實寬大，葉面結實光滑，撕開後可看到葉中纖維縱橫，葉片堅韌有力）葉子上的經書。製作貝葉經是在造紙術發明前或傳入前，人們用以記載古代典籍史料的一種方式。書寫時，將長到八、九年樹齡的貝葉摘下，經過浸泡、切割、壓平等程序，然後用鐵筆在上刻寫文字，再塗上一層煤油，便能長久保存下來，幾冊貝葉經裝進一個木匣子，就可隨身攜帶。

一千多年前，一批進入青藏高原傳佛教的僧人便將這種貝葉經帶入藏區。在藏傳佛教的許多寺院裡至今仍珍藏著這些貝葉經。同時當地的佛僧也模仿貝葉經的形式，在造經術未發明前將佛經刻寫在貝葉、竹片和石片上。西元一九八四年，在贊普赤德祖贊時始建立的一座名叫札瑪爾吉如拉康古寺中，發現了許多貝葉經、樺樹皮經和手抄卷。在薩迦寺也發現有罕見的二十部貝葉經，共三千六百三十六頁，每頁長約四十公分，寬約四公分。這些貝葉經爲研究宗教史和中外文化交流史提供了寶貴的史料。

⊙經典的書寫

前世人所創作的珍貴的經典、著作，在雪域備受信徒們的崇敬和愛護。爲使珍貴的經文、著作得到長久的保存，並顯得無上尊貴，藏傳佛教的許多寺院對有價值的經典都採用金汁、銀汁、珊瑚、松耳石、珍珠等粉汁，繕抄經典著作。還有用金絲線在黑緞上織錦的經卷，精巧別緻，令人歎爲觀止。

僅在拉卜楞寺院就存有用金汁、銀汁、珊瑚、松耳石、珍珠、硨磲六種粉汁寫就的《金剛經》；用黃絲線在黑緞上織的《善爲經》；該寺寺主大活佛第一世嘉木樣親筆用金汁寫的《賢劫經》；用金汁書寫的《菩提道次第廣論經》和《八千經》；用銀汁寫的《松贊干布傳》和《甘珠爾目錄》等等。

在布達拉宮保存著的一部二百二十五函卷帙的《丹珠爾》，係每頁七行經文分別以八種珍寶在黑亮的硬紙上手書而成的，堪稱稀世經卷。

可惜，一九八四年，發生布達拉宮強巴（彌勒）佛殿內的一場意外火災，將八寶寫作的大藏經《丹珠爾》近半數經卷燒毀。雖經當時拉薩市民蜂擁前來灑水滅火，控制了火勢，但灑水又使一些經卷受損，十分令人惋惜。

一九八九年六月，布達拉宮文物管理處決定重新抄寫八寶《丹珠爾》。需重新抄寫的部分佔整個《丹珠爾》二百二十五函卷帙中的八十二函，大約二萬張經卷。這次抄寫《丹珠爾》的原則是「完全恢復原樣」，因此必須得在每張長約六十公分、寬約二十公分的經紙上，正反兩面各書寫七行經文，每行使用各種不同的材料。七行的用料順序是：黃金、松耳石、白銀、珊瑚、錫、紅銅、白螺和珍珠的混合物，從而使寫就的經頁呈現出七色光彩。據估計，一函卷帙需上萬元，整個工程耗資巨大。所需資金大都來自於信徒捐給布達拉宮的布施。

書寫所用的經紙是特製的，稱作「汀梭」。這種經紙從前只在達賴喇嘛的夏宮羅布林卡內製造，如今書法家和有關專家在布達拉宮內製造。製造的方法是，把內地的精製硬紙疊成兩層，中間夾一層藏紙，用熬開的麵糊貼上，然後兩面抹上藏皮膠、犛牛腦漿和黑色藏製墨水，再進行壓、砸、磨，把三層合爲一層，最後用光滑的瑪瑙石反覆磨擦，直到光亮如鏡。據介紹，這種經紙，使各色的經文清晰悅目，它質硬而堅韌，具有抗腐、抗蛀、抗淋、耐用等特性，適宜經卷長期保存。

書寫所用的金銀珠寶，則首先要經特殊的研磨，把金、銀、珠寶分別研磨成細粉，加上經過特殊處理的水和藏式皮膠，再把漿狀物滴成半橢圓形的小塊，晾乾後即可備用。具備這種技藝的匠人極少，他們一般爲祖傳，外人很少有機會見到。

書法家在書寫時，先要將特殊研磨處理過的小塊珍寶放入小木盂裡，經少許研磨，並加入一些防腐、加固藥水，使之成爲書寫經文用的特殊「墨汁」。當書寫時，書法家盤腿坐在卡墊上，膝上放一塊薄木板，板上放著畫好格式的經紙。他們左手拿著用頭髮作成的粗毛筆，蘸上研好的珍寶「墨汁」，右手握藏式傳統細竹筆，以竹筆不斷去蘸毛筆上的寶汁，順利地書寫經文。寫出的字體凸然躍出紙面，極其精緻華麗。書寫這樣精美的經文，熟練者一天也衹能抄寫三張經文。在寫完一段時還要由一人朗讀版本、一人仔細校對。據估計，重寫抄寫八寶《丹珠爾》的毀壞部分，八位書法家需用三年以上的時間。參加此次抄寫工程的書法家，均爲有經驗、有造詣的藏族民間和書法界的高手，他們目前正在極其認眞地工作著。

⊙印經院

當我們述及藏傳佛教的經卷、典籍時，便不能不提到對印製和傳播這些典籍有突出貢獻的藏傳佛教各大寺院的印經院。

藏族的木刻印刷技術開始於十三世紀。到十五世紀時，帕竹政權的第五代攝政扎巴堅贊將薩迦五位法王的論著刻印成書；格魯派創始人宗喀巴圓寂後，仁伍縣縣官納喀桑布主持將他的論著刻版印刷；西元一六〇九年，噶舉派紅帽系第六世活佛卻吉旺丘第一次在西藏將《甘珠爾》全部刻版付印。這些對於藏傳佛教的刻版印刷事業起了很大的推動作用。此後刻版印刷業興盛起來，各地先後建起了刻版印刷機構。最著名的如西藏納塘寺印經院、四川德格更慶寺印經院、甘肅夏河拉卜楞寺印經院、甘肅卓尼禪定寺印經院、西藏拉薩木鹿寺內印經院、日喀則札什倫布寺印經院、青海湟中縣塔爾寺印經院，以及其他寺院的小規模印經機構等。其中以四川德格印經院的規模較大、書版較多、組織較健全、設備也較完善。

德格印經院，座落在四川西部的德格縣境內金沙江畔的雪山峽谷之中。乍看不過是一座傍山而建的兩樓一底的普通藏式樓房，紅牆緊圍，但它卻是藏族地區最負盛名的一所宗教印刷機構，稱得上是藏族文化藝術寶庫。

德格印經院始建於清雍正十年（西元一七三二年），係德格第四十二代土司丹巴澤仁（西元一六八九～一七五〇年）創建。後經歷代土司不斷增加房屋、添置設備、召集技工、雕製書版，逐漸擴充完善達到了今天的規模。全院分爲書版庫、存紙庫、印書處、曬書處、洗版晾版處、裁紙齊書等處所，建立了完整嚴密的管理機構和體制。歷史上，不但四川、西藏、青海、甘肅、雲南等藏族地區來此印書，就連內地的北京、南京等地也多有來印書者。國外印度、尼泊爾、不丹、錫金、日本以至東南亞各國也有來印書、買書的。

⊙刻版印刷

德格印經院素以經書質量優異著稱於世，形成了一套雖原始古老、卻極爲精細的刻印工藝，從原始材料的配備到校對付印的每一道程序，都極爲嚴格認眞。

完成一部經書的印製，首先要由書法精湛的專家按照規定仔細書寫紙模，寫好之後，經四次嚴格的校對再貼版。木板是優質的紅樺木。製作經版的樺木極爲考究：入秋，砍伐剛落葉的紅樺樹，用斧頭順木紋劈成經書版塊。然後用劈下的樺木屑燒火將板子燻乾，再把板子放入羊糞中，漚一個冬天，來年春天再取出來水煮，煮後烘乾、刨平，才能雕刻。雕刻經版是印經院最艱苦的一項工作。雕刻工都是受過嚴格雕刻訓練的技藝純熟的工匠。製作一塊經版要經過許多艱苦細緻的程序，先由雕刻工不走樣地按照紙模刻在樺木板上，經過四次以上反覆認眞地校對確認無誤後，再放在酥油中浸泡一天，然後取出曬乾，用「蘇巴」草根熬水將版子洗淨，這樣一塊經版才算製成。經過這樣繁瑣複雜的程序製成的經版，字跡清晰準確，經久耐用，久藏不朽。

刻版之後便是印刷程序。由於高原氣候原因，印經院每年印書時間祇有半年左右。傳統時間是每年藏曆三月十五日開印，九月二十日停印。

開始印經這天，要舉行隆重的「功掃會」，念經祈禱。由巴仲（印經院秘書）向《甘珠爾》、《丹珠爾》的護法神，以及各藏版室的版架獻上哈達和藍絲巾，並求神佛保佑本年的印經工作進展順利。印書分小組進行，三人爲一小組。巴仲於每天下午計劃、安排第二天各印書小組的任務，發給裁好的紙張。印書時紙張要略爲浸潮，以便易於著墨。一般的書均用墨印刷，而印刷《甘珠爾》這部釋迦牟尼佛言論的書，則用朱砂印刷。朱砂價格昂貴，因而《甘珠爾》也價格很高。

印好的書頁要曬在各組固定區域的繩子上，乾後收起，交給巴仲。再由巴本（印經院院長）等經院領導進行最後一次檢視校對，如果有十個字不清楚，即作廢重印；頁數顛倒、重複、遺漏等，也一律作廢。質量符合規定的，才能送裁紙齊書室理齊、磨平，四周上紅色，捆紮起來，即爲成品。在如此複雜嚴格的一道道程序下，僅一部《甘珠爾》就需五百多名工匠花費五年的辛勤勞動才能完成。

藏傳佛教浩如煙海的經卷、典籍，就是這樣由衆多的藏族翻譯家、著作家、繕寫家、刻版印刷工匠們，以共同智慧和汗水建立起來的。

16 學院、學制、學位

藏傳佛教的寺院，既是信仰中心、政治機構，也是學府。尤其藏傳佛教的幾座著名寺院，實際上是藏傳佛教的最高學府。

較大的藏傳佛教寺院，下設若干「札倉」。札倉，藏語意爲「僧院」，藏傳佛教僧衆學習經典的學校。在著名的拉薩甘丹寺中，有降孜、夏孜兩個札倉，三千三百名學僧在此習經；色拉寺有四個札倉（甲札倉、卓姆定札倉、堆巴札倉、麥札倉），分別傳授顯密教法，從這些札倉出來的權威，遍佈雪域各地；在哲蚌寺最初有七大札倉：洛賽林札倉、果芒札倉、德陽札倉、夏廓札倉、退桑林札倉、堆瓦札倉、阿巴札倉。這些札倉是歷史上藏傳佛教的學術中心，常有藏、蒙、漢等各族佛教人士在此習經、修鍊，該寺修行者多時可達七千七百位僧人。此外，藏傳佛教各教派的著名寺院，均有規模不同的札倉，供本教派的學僧習經學法。

學院建制和學科設置

僅以甘南拉卜楞寺院爲例，向讀者簡要介紹藏傳佛教的學院建制和學科設置情況。

座落在甘肅南部夏河縣的拉卜楞寺院，下設六個學院。其中一個顯宗學院，五個密宗學院。

⊙聞思學院

聞思學院是顯宗學院，也是拉卜楞寺中的最大學院。藏傳佛教格魯派寺院注重顯、密雙修，而顯宗學院是格魯派僧人學習的根本，所以顯宗學院在格魯派寺院中，佔極重要的地位。

凡入此學院學習的僧人，必先廣聞經義，聞後思惟，通過辯論，然後修持，這既是顯宗佛學的常規，也是本學院修習的常規。該學院習究三藏（即論、律、經）、三學（即戒律、禪定、勝慧）、四大教義（即毘婆沙、經部師、唯識師、中觀師）爲主。通過師授、背誦和辯論的形式，達到通曉五大論（即《因明》、《般若》、《中觀論》、《俱舍》、《律學》）。這五大部經典，分十三級學習，一般最少需十五年才能完成。其中的次序是：

1. 因明部

全部學程五年，分爲五年五級。因明部學僧，在升至第五年級時，必須學會一定的邏輯學和認識論的知識，能夠解釋「正確認識」與「不正確認識」之間的區別、建立正確的見解、攻破錯誤的觀點等。學會背誦《入中觀論》和《現觀莊嚴論》二經，自首自尾，一字不漏。達到這樣的標準才能進入第二學級般若部學習，才可繼續做拉卜楞的學僧；不及格者，除受斥責外，派爲經堂的勤雜。在因明部一年至四年者，稱爲「都扎哇」，意爲集類論士。

2. 般若部

四年學程，分四年四級。所謂「般若」，簡譯爲「智慧」。般若部課程的主要內容，著重闡明證得解脫次第的方法。學習的著作主要有印度彌勒著的《現觀莊嚴本頌》，宗喀巴著的《現觀莊嚴廣論》、《金珠善說論》，甲曹傑著的《現觀莊嚴名義釋廣解》，一世嘉木樣著的《現觀莊嚴論大疏》等。如果活佛在般若部畢業後，便可選派爲屬寺和本寺的法臺。一般學僧般若部畢業後，學習無前途者，可擔任「華蓋哇」（刻經版者）。在般若部者，稱「帕欣巴」，意爲般若論士。

3.中觀部

二年學程，分二年二級。所謂中觀論，係佛教宗派之一，爲格魯派的主見。它取佛家常說的「斷見」和「常見」兩種見解中間的觀點，即不斷不常之折衷觀點，稱中觀學派。在中觀部者，稱「烏瑪巴」，意爲中觀論士。

學習的著作主要有印度龍樹著的《中觀本頌》、月稱著的《中觀明句論》、佛護著的《中觀佛護釋》，以及宗喀巴著的《入中論廣釋》、《入中論攝義》、甲曹傑著的《中觀廣論攝義》、一世嘉木樣大師著的《中論大疏》等。

4.俱舍部

四年學程，爲一學級。所謂俱舍，意爲對法藏論，包括「頌」與「論」兩種，實際上是解說和論證佛經義理的一種體裁，是成就佛教智慧的手段。

學習的著作以印度世親大師著的《俱舍頌》和《俱舍自解》爲主，還有宗喀巴著的《俱舍論》和一世嘉木樣大師著的《俱舍大疏》、《教燈俱舍攝義》等。在俱舍部者，稱爲「左巴哇」，意爲俱舍論士。

5.律學部

祇此一級，修業期限不定。所謂律，是佛教對比丘、比丘尼所制定的禁戒。律學部是在學習理論之後，以修行持戒爲主的學部。戒有小乘的《別解脫戒》和大乘的《饒益有情戒》以及屬於大、小乘的《攝善法戒》。

律學部沒有一定年限，許多僧人到此爲止。有的到此終老一生；有的另謀發展；有的轉入其他部門；祇有極少數具有高深學問的人，才能考取「格西」學位。在律學部者，稱爲「噶仁巴」，意爲經碩士。

⊙續部下學院

拉卜楞寺的續部下學院，係密宗學院。它的修習儀軌，係根據後藏喜饒桑蓋法師傳續而來。主奉密宗集密、怖畏九首、勝樂、三大金剛、六臂和護法法王。設三個學級，修業年限要看每個人的勤奮程度與智慧而定。該院學僧來源，有由聞思學院中途轉來者，有結業後轉來者，也有一進寺便修習者。所以修習年限不一樣，分爲三個階段。

初級，學修生起次第。升級時，必須背誦《大自在生起與圓滿次第經》、《集密生起與圓滿次第經》、《怖畏九首金剛生起與圓滿次第經》三部經中之一部，方可升入中級。

中級，要求學僧必須背誦《集密自入經》等六種經，並學會用彩色細砂製造壇城。升入高級班時，必須背誦《四注合解經》。

高級，依據《生起與圓滿次第經》中規定的程序修行。每年農曆二月十七日至二十一日通過密宗教義的辯論考試，取得「俄然巴」學位。每年祇錄取一人。

這個學院主要教授：密宗教義、廣授法師之灌頂，教化善根弟子入密宗金剛乘門，立於成立解脫之道。

⊙時輪學院

拉卜楞寺的時輪學院，係密宗學院。這個學院除學習修觀有關的時輪密乘外，著重對時輪天文、曆算進行學習研究，此外還研究聲明、語法、詩詞、書法、繪壇、音韻手訣、步法等。該學院分初級、中級、高級三個學級，年限無定。學期與聞思學院相同。

⊙醫藥學院

拉卜楞寺的醫藥學院，是培養藏族醫藥人員的專門機構。這個學院的僧人，除從事一般宗教活動外，主要學習《四部醫典》，和《藥王月診》、《晶珠本草》等著作。該學院也分為初級、中級、高級三個學級。

醫藥學院除學習佛經、醫典外，還要進行一系列實踐活動。如：

1. 傳授

每年從二月二十一日開始，直至四月十九日結束，由高級班僧人到初、中級班傳授驗小便、針灸、刺血、內外科診斷法、人體構造、藏藥配製、人體的形成、病因等知識。

2. 採藥

每年四月下旬，中、初級班僧人要外出採藥三天。回寺後，由高級班僧人根據採集標本講授藥物的生長知識。六月上旬，全院僧人外出採藥十四天，採集夏季草藥生長標本。八月全體僧人再次外出採藥三天，採集生長晚期的果實、枝幹、根莖的標本，識別其生態變化和藥物性質等。

3. 製藥

七月下旬，全學院僧人都開始製藥。所製成藥有散、丸、膏三種。製成後於八月份，根據本院教規，全體僧人誦經七天，祝願各藥靈驗。誦經畢，即將所製藥品，分發給本院所有僧人，以便應用。並備部分藥品，供應來診群眾。

拉卜楞寺的醫學院自成立以來，先後培養了大批的藏醫、藏藥人才。他們高明的醫術吸引了來自四川、甘肅、青海和內蒙古等地的各族患者，前來就診。該學院生產的「潔白丸」、「九味沉香散」、「九味牛黃散」三種藥已被列入國家藥典；還有十八種成藥單方被列入西北五省(區)地方成藥，並行銷全中國大陸各地。目前拉卜楞寺設立了藏醫研究所。

⊙喜金剛學院

喜金剛學院，係該寺密宗學院之一。主要研究喜金剛的生起和圓滿次第之道，兼修天文、曆算、藏文文法、正草書法、音樂、護法舞蹈、彩砂繪製壇城等。

喜金剛學院，分初級、中級、高級三個班級。從春季學期開始到秋季學期末，由吉哇向本學院僧衆講述《喜金剛經注解》。該院每年農曆二月十七日至二十一日經考試錄取「俄然巴」一人。

⊙續部上學院

拉卜楞寺續部上學院，係該寺密宗學院之一。主要研究生起和圓滿次第之道，受法師灌頂，修行密宗之眞諦。

本學院分初級、中級、高級三個學級，年限無定。升入高級班者，必須學會繪製壇城技術、學會八種佛塔的繪圖及土地金剛線的畫法。高級班每年十二月十一日至十五日經過辯論考試，取得「俄然巴」學位，每年祇錄取一人。

以上是拉卜楞寺下設六大學院的概況。至於其他寺院，特別是其他教派的寺院，其學院和學科設置情況各不相同。如在甘肅卓尼縣境內的禪定寺，除設顯、密、天文學院外，還設有歟巴札倉（法舞學院），所習舊法舞源於印度，新法舞出於西藏札什倫布寺。而薩迦派寺院的僧人習經活動，有人總結爲「五學習」、「五學位」、「五道果」、「十崇禮」、「七行事」，具有自己規範的修習制度。

學經方法

藏傳佛教僧徒學經的方法，主要採取背誦和辯論相結合的方法。

背誦的意義是，義由詞顯，詞不存在於胸臆，義必無所屬從。背誦也是理解和辯論的先決條件。祇有詞義爛熟，方能在辯論中取得左右逢源、口若懸河之效。

學習時，白天初、中學級僧人自學或請老師講授，傍晚在屋頂（藏式僧舍一般爲平頂）

背經。每個學期中所規定的課程，一定要學完。春秋兩季背誦不及格者，要挨打，還要在脖子上掛茶桶，令其在衆人面前站立或磕頭，以示懲罰。

除自學之外，還有集體習經，即研究性質的聚會（藏語稱「曲惹」）。此項活動，總法臺經常參加。僧徒此時可將業師平日所講的經典與總法臺所講的相印證，也可進行班與班之間的比較。研究性質的聚會，有時在經堂外的廣場舉行，局外人亦可環視助興。在關經時期經常舉行這種聚會，每天三次。早上的「曲惹」，是在晨會崇禮之後舉行，由學院總管在經堂前看觀，僧衆按左右次序排列，年級高者在前，提經（者）居中，列爲半圓形，念經與提經者同調，散時各級兩人一對，相互辯論，講錯者要向總管報告；午間「曲惹」，在午會崇禮完畢施茶會散後舉行。低年級在前，高年級在後，低年級僧徒向高年級僧徒請教。請教時先將斗篷放在上級僧徒面前，候其拍手相召，即披斗篷坐其面前，被其提問，一一相答。請教後由法臺講經，然後衆僧環繞班長而坐，背誦法臺所講之經，再一對一對分別辯論，講錯者也要向上報告。辯論時可吶喊、拍手。及至法臺講畢，可依次散去；晚間「曲惹」，和午間相似，但所念之經有變換。晚聚會散後，允許和提倡自動辯論，這種辯論稱爲「斷後」，辯論時間長者，可達深夜。

三次「曲惹」，任何一次缺席者，總管要向訓導長報告。凡三天不能到者，要向總管請假；三天以上者，向法臺請假報告。集體研究性質的聚會，視學僧學習的優劣而給予獎勵和懲罰。懲罰辦法有申斥、叩頭、挨打、掛水桶之類。

藏傳佛教各學院的學期畫分不一。如拉卜楞寺將一年畫分為九個學期（四大學期、二中學期、三小學期）。大學期，每學期為一個月；中學期，每學期二十天；小學期，每學期十五天。每年正月初一至初三；二月、四月、五月的二十五、二十六兩日；六月的初十、十一兩日；七月二十九至八月初；八月初十、十一、二十五、二十六四日；臘月三十日，為僧徒例假，自由活動。

拉薩三大寺的一學年分為兩個學期，學期稱作「卻拉」。上學期叫「上期卻拉」，從藏曆年以後開始，色拉寺從正月二十六日開始，哲蚌寺、甘丹寺從二月初三開始，一直到六月中旬。在上學期四個半月當中，除二月中下旬學僧們到拉薩參加十二天的傳小召外，其餘四個月分成四個單元，每個單元完畢後，都有一小段休假，藏語叫「卻倉」，到六月份學期終了，有一個半月的大休假，猶如暑假，稱「卻倉欽波」。

下學期從藏曆八月初到臘月下旬，稱「下期卻拉」。哲蚌寺八月初十開始，下學期也分為若干單元，每個單元結束後也有休假。臘月中下旬下學期結束時，進入大休假，並準備參加傳大召。傳大召結束後，學僧們回寺，又開始新學年。

考試制度

藏傳佛教各學院的升級、降級、考試制度極其嚴格。

一名學僧進入拉薩的三大寺，寺院方面不考慮他的年齡和學歷深淺，一律按札倉爲單位把他們編入預備班「堆札」中去。預備班升入正班因人而異有快有慢。基礎好的較快，幾月就可升入正班，程度差的幾年以後才能升入正班。三大寺對喇嘛不收學費，但經師要自己花錢去請。有錢的往往能找到好一些的老師。能夠請老師的學僧便在老師指導下學習一些入門的知識，寺院方面不加督促，也不加考核。每天一大早去磋欽大殿念經，晚經到法園去念，或進行辯論，缺席與否無人過問。

升入正班的學僧，要由自己的經師推薦，一旦升入正班即可逐年升級。

學僧自入顯宗因明部開始，每年必須經過嚴格的考試，方能升級。考試日期各寺院各不相同；拉薩的哲蚌寺爲每年的九月間，甘肅的拉卜楞寺則爲每年農曆十一月十九日。試前，學僧對自己的學業水準，要有充分的估計，如無把握，可自動申請降級。如基礎太差，願意從頭學起者，也可以被允許，但學習優越者不允許越級。

凡參加考試的學僧，必須熟讀本科經典，通曉經義，口辯無誤方可升級。在第四級以前不能了解經義但善於誦讀、音調鏗鏘者，可派爲「起韻僧」，即提經，不再升級。這類提經在拉卜楞寺共有四、五十人。在第五級而不能了解經義、所學不中者，則派在經堂侍役三年，名「高拈」，司掃地、添燈油、看佛像等職。由第六級到第八級所習不中程者，亦如此。遇沒有毅力和決心深造下去的人，則派以司食（吉哇）、管百姓（尼爾哇），有的則派刻經版等職。

升到最高班「增扎當波」時，學僧學完了所有應學的課程以後，便無法再升了，所以也就沒有年限的限制，已學完的、未學完的經都在「增扎當波」這裡補齊，以便考取格西學位。對學業無法補齊的學僧，則從最高班級轉到別的部門去，或回鄉，或另謀發展。有的無法考取格西，乾脆就在這最高班級裡終老一生。

⊙考試方法

考試的方法是當場問答。大多數考試在經堂外的廣場進行，局外人亦可助興。在這樣的場合考試，既可激勵僧徒的進取之心，也可以監督業師，使之兢兢業業，唯標準是求。考試前，由總法臺通知全寺的格西（黃教顯宗有學位的學者）和衆僧在試期蒞會。考場氣氛莊重，有時襯以臨時撐起的大帳幕。逢到寺主大活佛參加時，會場就更加莊嚴肅穆了，場內響起和諧優雅的笙簫管笛聲，香柏煙繚繞於爐端；隨侍大師、各執事喇嘛服飾典麗，步履安詳，考試時考生坐於中間，任憑格西和僧人們問難，考生必須一一作答。要求解答問題必須明白無誤，不漏點滴。藏傳佛教的升學答辯很有意思，提問者提出問題時，拍掌高呼，揮舞念珠，作出各種奚落答辯人的傲慢姿態，答辯人不准發怒或生氣。在答辯過程中若答辯者答錯時，僧衆則以手背相擊，呼喊「嚓嚓嚓」！答辯者答不上來，或提問者提不出問題時，全體僧衆鳴掌高呼「噢哈哈」！喝倒采。如果答辯者或提問者得勝利，僧衆隨時給以喝采，表示讚賞和欽佩。

考生的答辯得到格西們的一致默認後，方爲及格。如果對答有誤或有漏洞，不能自圓其說，則會被衆僧所哄笑。

藏傳佛教的考試，雖沒有筆試，但不能認爲口試容易。相反，口試要接受在場人的問難，這正是對各方面素質的檢驗。如果學僧沒有對所學經典融會貫通，那是難以回答衆僧們從各角度、各層次、各方面所提出的問題的，也就難以圓滿地通過考試。

⊙學位等級

藏傳佛教各寺院的學位等級，不盡相同。對於格西的等級設置，各寺院也都有自己的一套制度。比如，甘肅省拉卜楞寺的學位，共有四種。其中顯宗學院三種，即「然江巴」、「朵仁巴」、「多仁巴」；密宗學院學位有一種，即「俄仁巴」。取得多仁巴學位，便可被派爲活佛的經師或屬寺的經師，圓寂後還可成爲新的活佛轉世系統。拉卜楞寺每年祇錄取兩名多仁巴。有資格參加多仁巴考試者，每人祇有一次機會。凡考試不及格，或自願退出的候選人及未被選爲候選人的僧人，終生再無考取「多仁巴」的機會。全寺每年祇考取密宗學位俄仁巴三名。

拉薩三大寺的格西也分爲四個等級，但畫分有所不同。

第一等，拉然巴。意思是拉薩的博學高明之士。

第二等，磋然巴。意思是全寺性的卓越高明之人。

第三等，林塞。意思是寺院選拔出來的有才學的人。

第四等，朵然巴。意思是在佛殿門前石階上經過問難考取的格西（色拉寺該等級學位稱爲日然巴）。

格西中的第一等拉然巴或第二等磋然巴，被寺院錄取後，還要經過兩次覆試。每年十月間進行第一次覆試，集中這些格西到羅布林卡，在達賴面前，在甘丹赤巴、夏孜卻傑、降孜卻傑以及達賴喇嘛的侍讀們的監視下，進行一次立宗辯論。儀式極爲隆重，其考試法，聚數萬喇嘛於一堂，中間設一高座，被考者順次上座，衆喇嘛隨意發問。考試者祇有滔滔不絕，對答如流，不致問窮，才有希望獲得學位。第二次覆試在傳大召（即正月初四至二十五日的正月祈禱法會）的時候進行，從傳召以後一兩天開始，每天考試考生一至兩名，最後甘丹赤巴便排列拉然巴名次，法會結束時張榜公佈，一共十六名，前七名有名次，後九名不排名次。為表示對學位獲得者的崇敬，在傳召大會結束這一天，由藏傳佛教界最高進階甘丹寺赤巴，率領取得拉然巴學位者，從大昭寺出來圍寺遊行一周，讓教民們瞻禮學者丰采，很引人注目。磋然巴的覆試在傳小召時舉行，也在大昭寺作公開辯論，由甘丹寺的法臺主持，與拉然巴覆試大同小異，但盛況不如拉然巴覆試。經過覆試合格便算是磋然巴格西了。

考取格西要有巨大的花費。八月間格西初試並宣佈名單之後，考取格西的人要在札倉殿堂上，向札倉的僧衆每人發放布施和茶飯。同時要向寺院主持和上師饋贈禮品，對於由康村到磋欽一級的執事僧侶都要請客送禮。據統計，考取拉然巴前後要花四、五萬兩藏銀。可見，一位學僧若要考取格西學位除畢生奮鬥，依靠自己的聰明才智外，還必須有堅實的經濟基礎。

考取格西學位的拉薩三大寺高僧，或是被選為三大寺堪布，或是被派往屬寺去擔任堪布；或是住寺修持，收徒講經；或是進入上、下密院學習，作一名佐仁巴，然後按年資，最年長的升任爲上、下密院的格廓，這樣算是登上了繼續升級的軌道和階梯。然後在有缺可補時，可升任到喇嘛翁則。三年以後升任爲堪布，再三以後任滿就成爲堪蘇（退職或卸任堪布），如有機會可升任爲上密院的夏孜卻傑或下密院的降孜卻傑（一種學級尊號）。這二人就是黃教學經僧人的最高進階甘丹赤巴的候選人了（「甘丹赤巴」，即甘丹寺的住持。因甘丹寺是黃教第一根本寺院，該寺的住持不同於其他寺院的住持，實際上是黃教教主的地位。宗喀巴被認爲是甘丹赤巴的始祖）。兩人輪流遞補升任爲甘丹赤巴，七年一任。如此艱苦的學業，一名普通僧人如能一帆風順地升到甘丹赤巴少說也得五十年。許多人達到這個職位時已垂垂老矣。

正因爲格西學位來之不易，獲得學位者在藏族僧衆中才倍受崇敬。對於甘丹赤巴，有許多特殊的優待。連達賴本人見到他也要站起來向他敬禮，並賜給他座位，以此向僧俗群衆表示，一位普通僧人，祇要好好地學經，就可以逐步地升到這一崇高的地位。

17 龐大的寺院組織機構

雪域高原上的寺廟、尼庵之多，寺院規模之大與功用之全，在世界各地也是不多見的。藏傳佛教的寺院人數從數十人到數百人、數千人，如此龐大的組織即使在近代大社會中亦不多見，何況寺院形成的一般社會狀況尚處在歐洲的中古世紀呢！

藏傳佛教的寺廟（尤其是黃教寺院）正是依靠它健全完善的組織機構，來維繫全寺乃至全教區的宗教事務。

藏傳佛教寺院內部負責人的任期和職權，有明確的規定。升遷調補，秩序井然不亂；在收皈依弟子、訓練方面都有一定的手續；社會的利益及寺院的權威如何運用，辦法也很周密。

寺院組織機構的總設置大致爲：

寺主、總理堪布（法臺）：負責全寺的一切事務，其下設置一些機構。

寺主：爲寺院的核心、最高領導者。各寺寺主一般都由具有較高佛位的活佛擔任。寺院的寺主活佛，或是在寺院初創時期對寺院建設有貢獻的德高望重的高僧；或是聘請某大寺院佛位較高的活佛前來擔任主持；或是建寺時的主建者大施主的後代世襲（甘肅卓尼縣禪定寺的寺主，爲卓尼地方楊土司擔任）；在藏傳佛教的薩迦派寺院，如薩迦寺，其寺主是款氏家族世代承襲；寧瑪派寺院則以師徒傳承，擇選修鍊成果高者爲寺主。藏傳佛教寺院的寺主，基本是固定的。當寺主活佛圓寂後，由轉世靈童繼承。

在寺主（或總理堪布、赤巴）之下，一般設立：

磋欽：主管全寺教務方面事務的機構。

議倉：主管全寺政務方面事務的機構。

拉章（亦譯爲「喇讓」）：主管活佛府邸及活佛有關事務的機構。但最大的活佛像達賴、班禪的府邸不稱拉章而稱頗章（宮），如孜頗章（布達拉宮）、德虔格桑頗章（班禪新宮）等。

以上的分類，大略將寺院組織的功能約略地勾勒出來了，但各寺院的具體機構，並

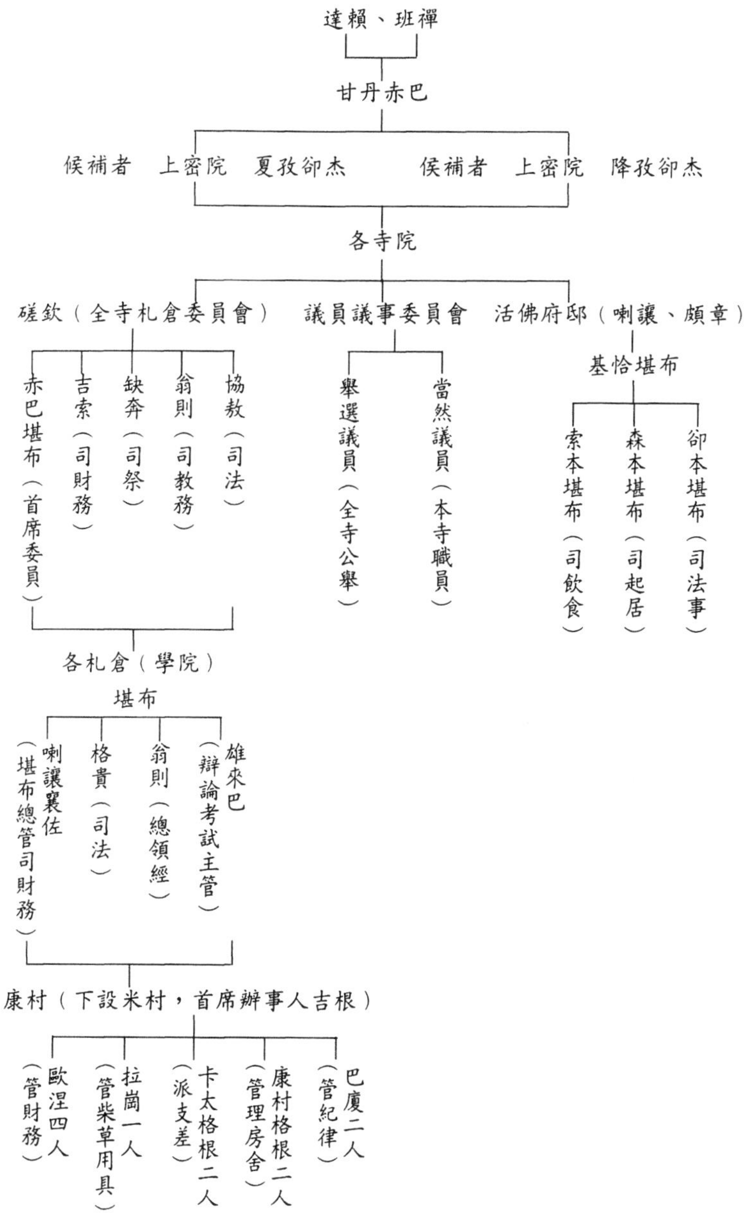
達賴、班禪
甘丹赤巴
候補者 上密院 夏孜卻杰
候補者 上密院 降孜卻杰
各寺院
磋欽（全寺札倉委員會）
議員議事委員會
活佛府邸（喇讓、頗章）
赤巴堪布（首席委員）
吉索（司財務）
缺奔（司祭）
翁則（司教務）
協敖（司法）
舉選議員（全寺公舉）
當然議員（本寺職員）
基恰堪布
索本堪布（司飲食）
森本堪布（司起居）
卻本堪布（司法事）
各札倉（學院）
堪布
喇讓襄佐（堪布總管司財務）
格貴（司法）
翁則（總領經）
雄來巴（辯論考試主管）
康村（下設米村，首席辦事人吉根）
歐涅四人（管財務）
拉崗一人（管柴草用具）
卡太格根二人（派支差）
康村格根二人（管理房舍）
巴廈二人（管紀律）

■藏傳佛教寺院組織架構

非那麼簡單。

拿黃教的著名寺院拉薩的甘丹、色拉、哲蚌寺和後藏的札什倫布寺來說，其寺院組織機構的概念並不能與內地寺院等觀。比如哲蚌寺，簡直像個城鎮，除喇嘛外，男女信徒也在此來來往往。裡面有街道、私人住宅、集市……規模之大，繞其行走需數小時。

在各寺之中，最有權威者首推達賴喇嘛及班禪喇嘛。達賴、班禪之下，有甘丹赤巴和各寺院所設的議會。（詳見前頁圖表）

在藏傳佛教寺院的各級組織機構中，每一職位的任期均有規定。

甘丹赤巴，原來是終生職位，後來建立了上、下密院，甘丹赤巴就從這兩個寺院中夏孜卻杰和降孜卻杰中產生，兩人輪流替補擔任，任期為七年。

⊙磋欽

寺院最高教務管理委員叫「磋欽」，管理磋欽這級事務的叫「喇吉」。各札倉的堪布是當然委員，地位顯赫，為整個札倉甚至整個寺院的主管，掌有學經、行政、財務大權，並且具備了轉世的資格。磋欽的委員會中，選出一位年資最高的堪布當首席委員，即赤巴堪布，地位更為顯赫。特別是拉薩三大寺的堪布，按例要代表寺院出席噶廈（原西藏地方政府）的重要會議，可見其地位的重要。按規定，哲蚌寺的堪布任期六年；色拉寺、甘丹寺的堪布任期七年，但可以連委連任。堪布的任命，是由札倉的格西中公推幾名出來，而後請達賴（或攝政）圈定。據說，有時達賴還要讓幾名候選人到羅布林卡，由他出題當面進行辯論，選最優者委任之。

在由堪布組成的最高委員會之下，設幾位重要執事僧侶，他們的任期情況是：

磋欽吉索：二至四名。他們是全寺性的大總管，專門負責管理全寺性的莊園、屬民、經商、放債、房產等行政和財務事項。這是十分重要的職位，一般由寺院的重要札倉的堪布推薦，再由噶廈正式任命，一任十年。

磋欽協敖：二人。這是全寺性的鐵棒喇嘛，專門管理僧眾紀律以及全寺僧眾、屬民中的重大案件，有很大的權勢。每年拉薩傳大召、小召期間，由哲蚌寺協敖接管拉薩市政大權。該職在大法會時整衣高冠，手持四棱戒板四出巡視，指揮「法僧隊」維持治安，所有僧侶無不畏懼。他的勢力可指揮與會的信徒，並可以直接處罰拉薩三大寺，該職一般一年一任，由喇吉推薦後由噶廈正式委任。

磋欽翁則：一人。這是寺院大法會中誦經的先導，俗稱「開腔喇嘛」。凡是一寺的全體僧徒誦經時，須由他高聲引導。所以翁則人選，必須經句嫻熟而且聲音宏亮，方可充任。任期無一定。

⊙札倉

隸屬於磋欽之下的是寺院內各札倉。各札倉本身就是個完整獨立的組織，一個寺院應該具備的內容，札倉裡全都具備。

札倉的主持人叫堪布，相當於內地的方丈，堪布由全寺僧衆所推選，必須德孚衆望、住寺時間最長而學識淵博、取得格西學位的學者。堪布任期時間較長，有些爲終身職。

在堪布下面設重要執事僧侶，他們的任職情況是：

喇讓襄佐：一人。喇讓襄佐是堪布的總管，他手下又有幾位襄佐，設立襄佐在札倉裡的專門辦事機構，負責札倉的財產、屬民，和對外關係等，實權很大，該職一般都是由堪布委任自己的親信。任期六、七年不等。

格貴：一人。這是札倉一級的鐵棒喇嘛。他例行的公務是當札倉的僧人在經堂裡念經或辯經時，由他負責維持秩序。他手持方棱形七、八尺長、外包鐵皮的棒子，這是執行職權的標誌。每到念經時，他有固定的座位，監督維持秩序。平日他督促僧衆嚴守戒律，僧衆的一般糾紛由他處理，較大事情交磋欽協敖處理。全札倉的名冊掌握在他手裡，本札倉僧人入寺、離寺或死亡都要向他報告並登記。該職的任期各寺不一；哲蚌寺一年，色拉寺、甘丹寺四個月，由堪布委任。

翁則：一人。任期無定。

雄來巴：一人。負責管理全札倉僧衆有關學經、辯論以及格西學位考試等事務。由堪布任命，任期無定。

⊙札倉下設康村

在札倉之下，又有一些康村；應該說，札倉又是由一些小的康村組成的。康村，是僧人們學經、生活的地方性組織（有如會館之類）。藏傳佛教的每個札倉，差不多都由若干康村組成。大的札倉如哲蚌寺果芒札倉就有十六個康村和兩個不隸屬康村的米村（相當於小組）組成；洛賽林札倉下有二十四個康村。

僧人們進入札倉，就必須在康村落腳。康村是按地區畫分好的，例如，來自阿里地區的僧人，在拉薩三大寺被安置在古格康村；來自阿壩地區的僧人被安置在甲絨康村來自康定一帶的僧人，被安頓在米雅康村；僧人進入康村後，不許隨便轉康村，以免亂轉康村打亂地域性界限，引起不必要的麻煩和糾紛。

康村有大有小、有貧有富，如果康村中有一些有地位、有權勢的僧人就可以替自己所在的康村帶來很多好處。大的康村之下還設有米村，有的米村直屬札倉管理其上不設康村。但對於小的札倉，有些下面也有不設康村的，由札倉直接管理僧人。在康村裡辦事的喇嘛也實行委員制，康村的首席辦事人是吉根（長老之意），擔任該職者是整個康村辦事人員中資歷最老者。吉根之下設有：管理康村財經事務的「歐涅」四人，任期三年；負責柴草、給康村添置用具以及對外接待應酬的「拉岡」一人，任期一年；負責督促給康村輪流支差辦事、管理雜務的「卡太格根」二人，任期二年；負責照料康村房舍、廚房一切事務的「康村格根」二人，任期一年；主管康村中各宿舍紀律的「巴廈」二人，任期一年。

寺院體制政教合一

由於藏區曾是政教合一的體制，在中共統治之前，寺院既是信仰中心，又是政治上的統治者和領導。在歷史上，隨著佛教在雪域的傳播和政教合一體制的形式，寺院的教區不斷擴大，轄寺也不斷增加，一些寺院實際上已成為某一地區的政教中心。譬如座落在甘肅夏河縣的拉卜楞寺，從二世嘉木樣開始形成拉卜楞寺統屬一百零八寺的制度，一直延續到中國共產黨當家之後。所謂一百零八寺，係取自佛經一百零八卷之吉語，實際上轄寺數量已超過此數。轄寺分布於甘肅（六十六座）、青海（六座）、四川（十一座）、西康（十座）、西藏（五座）、山西（一座）、北京（一座；甘鸞寺）等，這些寺院都受拉卜楞寺寺主嘉木樣活佛管理，代表拉卜楞寺管理當地政教事務。此一制度被中國共產黨廢除。此後，這些寺院僅在宗教活動方面與拉卜楞寺保持一定的關係。

⊙議會

為商議全教區的政治事務和其他事務，各大寺院設立了議會（辦公廳），其組織機構龐大而完善，各機構的人事、職權日趨明確。

拉薩三大寺的權力自不必說，它的權限不能與一般寺院等觀。從前，三大寺的勢力能左右西藏政治，有關西藏的軍事、外交、徵稅等重要事件，均須徵詢三大寺同意。自十三世達賴喇嘛在世時，西藏地方政府的組織便以達賴為最高權利者。西元一九三三年十三世達賴圓寂後，西藏僧俗公舉熱振呼圖克圖代攝藏政。可見寺院、活佛在西藏地方政權中的地位之高。在西藏處理政務的機關噶廈中，四名青布（係管理僧官的大臣名稱）均爲喇嘛；四噶倫（高級政務官）中，三名俗人一名僧人。產生方法均由達賴遴員任命。拉薩三大寺的堪布均爲西藏議會（藏語「鄭都」）的議員，參與決定全藏區重大決策。

除三大寺外，札什倫布寺設有班禪堪布會議廳，處理後藏政教事務。其次，在安多、康巴等藏區，有政治實力的大寺院都設有議會（辦公廳），成爲處理全寺和屬寺、部落以及整個教區政教軍事的最高權力機構。

比如甘肅夏河縣境內的拉卜楞寺內，就設有寺主大活佛嘉木樣座前會議組織——議倉（嘉木樣辦公廳）。

議倉由嘉木樣大師親自領導，襄佐主持。

議倉，由議倉堪布、司食長、司服裝長、經務長、秘書長、承宣長、拉章（喇讓）代表二人、管家、司訟員組成。統轄全寺和屬寺部落的一切政治、軍事和宗教大權。並有權向屬寺派遣法臺、財務官、管家；向所屬部落派遣更察布（駐部落代表，管理政教事務）、郭哇（部落頭人）等官，組織頭人會議，包攬民間事務。議倉的權威，及於全寺以及整個教區。

各寺院在議倉之下，還設有自衛組織和法庭。

自衛組織，可稱爲喇嘛的武裝。因社會秩序不甚安定，盜賊時常搶劫寺院，所以有些寺院爲自衛起見自己購置武器，設立自衛組織，一旦有危及寺院的事情發生時，一聲動員，全寺喇嘛均可武裝，成爲一支勁旅，並可發令集合民衆。自衛武裝的另一使命是護衛寺主的安全，這部分人組成了保衛寺主的專門衛隊。比如拉卜楞寺，就建有保衛嘉木樣活佛安全的八十人衛隊。衛隊的成員有嚴格的規定，必須是家庭富裕者或活佛親信，每名衛隊隊員必須自備駿馬和武器，當侍從嘉木樣活佛外出時，一律著俗裝。

⊙拉卜楞寺議倉的主要懲罰條例

寺院的議倉在教區內行使立法權，設立法庭和刑罰，受理僧、俗民、刑事案件。下面抄錄拉卜楞寺議倉的主要懲罰條例，供讀者參考。

1. 罰金

(1)不論民、刑事案件和案情大小，衹要議倉處理，需交「赤卡」（即贖買錢）。罰款多少，視其案情大小而定，錢歸嘉木樣大囊所有。

(2)「哈妥」（係蒙古語，直譯爲硬性的意思），是一種罰款。款數多少不等，根據贖買錢多少而定。錢歸議倉官員所有。

(3)「卡知吉」（開口錢），也是一種罰款。款額不等，視其案情而定。錢歸議倉官員所得。

⑷解腳鐐錢。錢歸看守人員所得。

⑸案情重大者，沒收其全部財產，歸嘉木樣大囊或供寺院僧衆念經供經飯時使用。

⑹賠命錢。在習慣上，打死人要用錢賠償，命價不一，根據死者的身分來定。在拉卜楞寺地區，一般打死一名普通人，賠一個命價；打死僧人，賠兩個命價；打死土官、頭人、僧官，賠五至九個命價；雙方械鬥，死傷人數可以互相抵銷，不足者賠款，命價由部落、村莊集體負擔。

2. 體罰

⑴打屁股：一般用兩米長柳條作刑具，輕則五十，重則五百至一千不等。

⑵釘木樁和坐牢：議倉官員在牧區審案時，案情輕者，將罪犯背捆於木樁上；重者，挖僅容一人站立的土坑，將罪犯帶上手銬腳鐐，令其站入土坑，名曰土牢。

⑶烙火印：將火皮袋的鐵火筒燒紅後，在罪犯臉上烙一個圈。

⑷罰勞役：時間長短不定。最重者，終身給大囊和寺院服無償勞役。

⑸判徒刑：時間長短無明文規定，由議倉官員議定。

⑹僧人犯法有開除寺院者；俗人犯法有驅出部落者等等。

3.宗教懲罰

(1)在正月大法會上，將罪犯名字寫在「查油」（一塊黑布）上，送鬼時，高聲在僧俗群眾中宣讀，並詛咒：縱令活著也一事無成。

(2)當罪犯認為冤枉時，申冤者用吃咒的辦法將「周吉哇」擺在僧眾面前，面對「周吉哇」起誓，然後用嘴吹「周吉哇」。敢為者，即為冤枉，否則，予以重處。有的在護法殿內面對佛燈起誓，敢為者起誓畢即將佛燈吹熄，當即被釋放，案情遂告了結；否則，從嚴懲處。

各大寺院設有「磋欽」和「議倉」外，還設有管理上層僧侶私人府邸的行政事務機構，後來人們把這個機構的名稱擴大化，連同整個府邸都稱為「拉章」了。該機構龐大、嚴密，由佛師、隨侍長、襄佐、大管家、佛父組成，他們之下又各有一些辦事人員。至於最大活佛達賴、班禪頗章的組織機構，更是極其嚴密、健全。頗章中主管事務者稱「基恰堪布」，基恰堪布之下又分三部分：索本堪布（管理飲食）、森本堪布（管理起居）、卻本堪布（管理法事），合稱「索森卻松」。在他們之下各有一些辦事機構和人員。

18 寺院經濟

在雪域，寺院擁有雄厚的經濟基礎，這是藏傳佛教寺院的特點之一。寺院經濟資本的雄厚，遠非普通人可以想像，既使一般的土司、頭人也望塵莫及。寺院經濟構成了整個藏區經濟的重要部分。

一座寺院能夠形成爲一個龐大、堅實的政治、經濟實體，這是一種很特殊的現象，這現象很值得人們探究。

產生這現象的原因有種種，其中重要原因是地理因素。歷史上，青藏高原地勢高寒、道路崎嶇、地廣人稀、物資生活缺乏、與世隔絕，在這種情況下，各種組織及機關勢必十分集中，加上佛教的傳播普及，出家僧人極多，喇嘛寺勢必成爲財產集中之地。

據資料統計，一九四九年時，整個西藏地區不足一百二十萬人口，卻有百名以上僧侶的寺院三六〇〇餘座，喇嘛八萬人。僅甘肅南部甘南藏族自治州境內就有喇嘛寺一九六座，喇嘛一五五九二人，其中活佛二七五人。如此龐大的建築群和僧衆生活，需要有一定的經濟基礎來維持。爲維持巨大的寺院開支及上層僧侶的利益，寺院以各種經濟手段積累財富。在此過程中，寺院遂逐漸成爲一個可以自給自足的經濟實體和社會的金融機關、買賣機關。

寺院經濟來源

藏傳佛教的寺廟不論大小，均有動產與不動產的購置。

寺院的廟宇、僧舍、土地、牧場、森林爲不動產。這部分不動產的來源爲：

⊙政府的封賞賜額

當佛教在西元七世紀大規模傳入雪域時，它就被當時吐蕃的統治者用來作爲鞏固新興的封建農奴主階級統治的精神武器。爲鞏固佛教的地位，統治階級對佛教寺院大加「投資」。

早在赤松德贊（西元七〇四～七五五年）時，爲保證出家僧人的生活，贊普對出家僧人不僅免稅免差，而且其所需一切開支均由王室府庫供給。爲避免今後不供給或發生意外，到後來，這種無規定量供給制轉爲有規定量供給制。佛教僧侶分別等級，按期提供不等量的糧食、衣裝、紙墨等一切所需的物質開支。

到赤祖德贊（西元八一五～八三六年）時，赤祖德贊率先採用不同於吐蕃奴隸制分封采邑的傳統方法，賜給寺院一定數量的農田、牲畜、牧場、財產、奴戶等作爲寺院的寺產，並賜給每個僧人屬民七人。寺院開始成爲擁有土地、牧場、牲畜等財產的領主。

元代，由於元統治者對藏傳佛教的推崇，藏傳佛教中的一些教派，如薩迦、帕竹、止貢、蔡巴、達壟、雅桑等教派，都得到朝廷大小不等、人口多寡不一的封地。如「旭烈兀封給帕竹屬民二千四百三十八戶，……闊端汗封給薩迦派除了阿里三圍以外的拉堆南北，古莫曲迷、襄、夏魯、羊卓等七個萬戶地區，屬民一萬零八百八十五戶」—（中國（大陸）社會科學院民研所編《關於西藏佛教史的十篇資料》油印本）。當元世祖忽必烈册封薩迦派教主八思巴爲藏王兼法王時，寺院已不再是單純的宗教機構，其內部已具備有生產組織部門、管理宗教部門、司法部門和武裝力量，寺院成爲一個獨立的政治、經濟實體。

寺院經濟的發展壯大，在很大程度上並非寺院本身的力量爭取來的，而是通過佛教教義的訓化由世俗封建主逐步建立的。

格魯派創立後，由於格魯派在某些方面的改革切合了信徒的期望，得到了不少貴族和民衆支持，也得到了蒙、漢、滿統治者甚至朝廷的册封，致使藏傳佛教中的其他教派的僧侶紛紛湧入格魯派寺院，其他教派的許多寺廟也直接轉化成格魯派寺廟，因而寺院勢力大增，寺院經濟也達到了「頂峰」。加之格魯派政權建立後，沒收了部分過去反對、迫害格魯派的其他教派所屬貴族的土地和農民，其中一部分賜給格魯派大小寺院作爲莊園和屬民，寺院隨之建立起了一套管理機構和制度，具有清查人口和土地、編製各宗和莊園名稱、生產、稅賦、規定僧侶人數、徵集僧差的權利並建立了制度。據統計在一九四九年時，西藏的寺廟佔有土地約爲全區土地的三分之一以上，屬民數十萬人。

⊙施主奉獻

施主奉獻這是寺院不動產的另一主要來源。歷史上，當各教派形成的時候，它們爲壯大自己的勢力，紛紛與當地貴族統治者結成「施主」關係，互相融合。如蔡巴噶舉與拉薩附近的噶氏家族結合；帕竹噶舉與山南附近的朗氏家族結合；薩迦派與款氏家族的結合等，建立這種「施主」關係的結果，使各教派在各地擁有衆多的土地、牧場、牲畜、屬民等，在政治上和經濟上形成了各自的勢力範圍。

一般土司、頭人、巨富一流的人物，爲爭得統治權、爭得民衆，也紛紛供養寺院，向寺院奉獻土地、牲畜、屬民等。封建莊園與寺院緊密結合，使寺院不僅得以免稅免差，而且在地方勢力扶持下使寺院掌握了社會上大量財富和勞動力。譬如拉卜楞寺所在地，原是卡加部落的牧場。清康熙年間，青海蒙古族和碩特部固始汗四世孫和碩特前首旗河南親王察汗丹津，爲維護他在安多地區的勢力，敦請在拉薩弘法的一世嘉木樣回籍建寺。大師蒞臨夏河時，親王府「散獻了金曼陀羅一個，牛馬五百匹，羊四千隻，綢緞五百匹，以及珍寶用具多種，作爲供養」（《輔國闡化正覺禪師第五世嘉木樣呼圖克圖紀念集》）。

此後，西元一七一〇年，在修建大經堂時，親王又命卡加六部族、臨潭縣、青海同仁縣、青海循化縣境內的一些部落出「人工」；同年秋大經堂竣工後，「親王獻了孜雍、巴雍、然多的土地和五百戶百姓作爲功德金；堪布諾門罕獻雪旁拉喜（今青海同仁縣境內）；額爾德尼臺吉獻迭部薩爲（今四川省紅原縣境內）的土地和百姓作爲供養金」（《輔國闡化正覺禪師第五世嘉木樣呼圖克圖紀念集》）。這些土地和牛羊爲後來拉卜楞寺的經濟發展奠定了基礎，是拉卜楞寺最初的經濟來源。

藏傳佛教寺院除與一些地方勢力建立施主關係外，也採取「廣爲布施」的辦法，祇要有施主者，不論地方遠近及施主大小，都可成爲獲得經濟收入的辦法。這樣擴大了施主範圍，擴大了政治影響，也使寺院進一步積累了財富。

在施主對寺院的奉獻中，還有一種是一些無後裔的人家，將遺產捐贈給寺院，雖數目不等，但也爲寺院增加了財富。

這樣積累的結果，許多寺院的資產已相當可觀了。如拉卜楞寺，一寺擁有可耕地面積約七四二五〇〇畝（畜牧地尚未計及，見《方志》一九三六年九卷三、四合期，張元彬《拉卜楞之畜牧》）；牲畜（僅寺院周圍十三莊甘加族、阿木去乎、吉岔族、三苦乎族、闊才族、大才族、索乎族、土爾扈旗、左格尼瑪族、歐拉族等五七〇〇戶）統計，馬三五七五〇匹，牛一一三七五〇頭，羊一一九〇〇〇〇隻；森林面積約一三〇平方里（不含青海、甘肅其他地方）；此外還有大批房產，除經堂、佛殿外計八九〇多間；水磨一盤等。

土地、牧場、森林等，是寺院重要的生產資金。寺院可以利用土地、房屋來收取租金。

藏傳佛教的寺院經濟除以上所述不動產的收入外，還有一些動產收入和經濟事業的經營。這些也是喇嘛寺最主要的經濟來源，它們是：

⊙信徒捨賜與布施

由於佛教「六道轉迴」、「業果報應」的思想，藏族人民把供奉寺院視爲積累功德，而信願捨賜和布施。

捨賜，是無償的奉獻。信徒爲祈福，將財產或遺產捐給寺院，有些貴族、大商人、地主每到年終必將自己全年所得淨利的一部分，獻給寺院。這些奉獻捨賜，成爲寺院一部分收入來源。

布施，是信徒請寺院替他做法事所給寺院的報酬。布施也算功德的一種。在雪域凡是貴官富商都有布施的義務。喇嘛雖貴至達賴，也要受平民的布施。普通篤信佛教的信徒，十分尊崇寺院和喇嘛，每年總要到寺院來做幾場佛事，同時向寺院布施。無論紅白喜事與日常生活，必須邀請喇嘛念經，除每日吃食工資照常供養外，還酬以念經費。尤其是喪事，念大經，做大道場，向寺院布施可達到罄其所有。土官、頭人、富翁，平時請全寺僧衆念太平經，或是有特殊事故請全寺僧衆念消災經，用款更是巨大，這種布施可給寺院帶來不少收入。

法會熬茶，這是信徒對寺院最重要的布施，也是信徒的義務，施茶給喇嘛算是一種功德。法會期間場面宏大、僧侶衆多，施茶與數百、數千僧人，不是一件簡單的事。這種布施（又稱「散昭」）除有經濟實力的大施主外，一般信徒則以部落爲單位，集體施茶、布施。由於法會年年舉行，每年數次，有些與寺院有著不可分割的依附關係的信徒，便以部落爲單位輪流負擔法會開支，部落內採取自願和攤派相結合的辦法。爲此，信徒賣的皮毛、牲畜、酥油所得，都不隨意動用，等待輪到本部落施茶時，便一切奉獻給寺院。法會施茶的開支很大，比如拉卜楞寺每年例行的法會，每次開支最少都要二、三萬元，需數百斤糧食、酥油、茶葉、柴草等。

募化，藏傳佛教寺院內，無論大小活佛，都以募化的形式收取布施。所謂募化，是指活佛們帶上氆氌、綢緞等高貴禮品送給部落頭人，由部落頭人召集所轄群衆，由活佛摩頂祈禱、發放吉祥結。信徒便將牛羊、馬匹、金銀財寶、酥油、青稞等，獻給募化的活佛。募化收取布施的數目相當可觀。拉卜楞寺幾世嘉木樣活佛，足跡遍及甘、青、康、川及內蒙一帶信教地區，講經說法，廣受布施。所收布施種類繁多，有土地、房屋、部落、村莊、森林、草山、牛羊馬匹、金銀珠寶、酥油、糧食及日常生活用品等，使拉卜楞寺經濟很快有了深厚的基礎，也爲自己增加了財富。

藏學專家牙含章曾在他的著作《達賴喇嘛傳》中，記載了十三世達賴爲甘丹寺募化的事：

當達賴聽到噶丹寺有許多喇嘛因衣食不足，背了經卷，分赴各地村莊念經乞食，達賴對此很不滿意，派人到噶丹寺去調查原因，據說是因為噶丹寺僧人數字不斷增加，收入不夠支出，每年要短收口糧青稞六千八百九十五尅（西藏之量具，一尅約二十五斤），茶水銀短少五千四百兩。達賴就向噶廈下令，所有噶丹寺銀糧不敷之數，由噶廈津貼補足，出外乞食的喇嘛，派人叫回。同時達賴又用他的名義，作了化緣簿子，由噶廈派了兩名官員，前往康、衛、藏、阿里各地募化，準備募捐青稞五千五百尅，藏銀四萬五千兩，交給噶丹寺作為基金，放債收息，以供養僧衆。

⊙經濟事業的經營

寺院所經營的經濟事業大致分爲生產經營、銀息、中間介紹等幾項。

1. 生產經營

(1) 經營畜牧業。寺院有時將民間所供奉的牛羊馬不宰殺，指定交與附近的農戶飼養，不給工錢。每人收取酥油、羊毛等，如有繁殖，歸屬寺院。農戶無償代勞並無怨言，認爲是一種功德。

(2)經營農業。寺院所在的河谷或適宜耕作的土地，凡在春秋播種和收穫季節，均由屬民家家戶戶派人爲寺院務莊稼，口糧自備，沒有工資，算是爲寺院效力。

(3)經商。不少寺院都經營商業（或叫販賣業），有些寺院幾乎每年派人到三大寺，順便購買許多雜貨、宗教用品，轉賣給各寺僧及土司、頭人與信徒。在這種經商活動中，自然也出現過一些違法販賣白洋、煙土、槍枝等現象。有些寺院則掌握著當地市場，收購土產、皮毛、藥材等，再進行轉賣。

(4)運輸。寺院中有一些馬匹，有些是寺院的，有些是喇嘛私人的。有些寺院組成了馱隊，進行運輸經營，馱運茶葉、日用品等物品，賺取運輸費。

(5)工業作坊。如碾榨、水磨對外加工的收入。

2.中間介紹

這是在經商中應運而生的職業。來藏區經商的外地商人，許多要請寺院替他們介紹買賣或馬幫，寺院僧官可從中收取費用，商號因此也送優厚的禮品作交換。

3.銀息

銀息是寺院經濟事業經營中最主要的項目。放貸是生息資本的一種古老形式，寺院及寺院僧侶仍然延用這種古老形式，民間稍有青黃不接，或商號、商隊、部落急需款項時，寺院便向他們放貸金、放種子，從中獲取利息。有些地方因此形成了以寺院為中心，由寺院僧侶、俗民、商賈相結合的商業壟斷集團，寺院收入也源源不斷。

在寺院的經濟來源中，還有一項較為特殊的來源——罰款。在談到寺院的組織機構時已對寺院的懲罰條例作了介紹，在懲罰條例中，各種罰金是一項重要項目。比如由寺院處理的刑事案件不論案情大小都需交「赤卡」（贖罪錢），此外還有開口錢、解腳鐐錢等。案情重大者，甚至沒收其全部財產，所沒收的財產歸寺院或作為寺院僧眾念經時供飯使用。

寺院的財產分配和消費狀況

寺院財產的佔有形式一般有四種：

1. 全寺財產

由吉索（二至四人）管理。

2. 各札倉和印經院的財產

由各札倉的喇讓襄佐（一人）管理。有些寺院的札倉或印經院擁有不少財產，如拉卜楞寺的聞思學院，在中共統治前擁有森林四處（南喀龍哇、瀧合necessary、東龍溝、德合毛宗各一處），供學院建築和燒柴之用；土地，於夏河縣境內多處；房屋，約一百三十多間；基金以及貯存酥油、松潘茶、大米等實物若干。各札倉擁有的財產多寡不一，這取決於各札倉努力情況和札倉上層宗教人士地位高低、影響大小。

3. 活佛的財產

這是以活佛名義持有的財產，由活佛的頗章（拉章）管家和活佛本人管理，財產的處置權和受宜權歸活佛所有。這部分財產在寺院經濟中佔有不小比例。由於藏傳佛教活佛實行「轉世」制度，因此活佛的財產也按活佛的世系代代相傳。

4. 僧衆所有的財產

指僧衆私有財產。每年各大小法會及重要紀念日，每名僧侶能收入一定數額的布施，有時也能得到施主們供經時的布施。一般僧人的經濟收入也因人而異，差別較大。

寺院的支出和消費主要用於：

1. **納地稅**
2. **全寺喇嘛生活費用和職員薪金**

3. 建築的維修

如經堂維修、佛像塑造與壁畫彩繪等。

4. 各種法事香火費

如祭品購置、人工雇用、用具租賃購置、宴會消耗等。

5. 對外一切公務費

較大寺院公務議事名目繁多，如喇嘛外出的旅費、來賓招待、交際費等，還有一些特殊開支，比如抗戰時期，拉卜楞寺地方僧俗捐獻飛機三十架，用去銀元三十萬元。

6. 慈善活動

年終施捨當地所有乞丐。

由此可見，寺院每年的支出也是相當大的。許多寺院因種種原因往往入不敷出，不僅常無盈餘，更使寺院日常經費感到不足。

19 僧尼生涯

藏傳佛教信徒爲解脫而出家修行。這些畢生弘法的信奉者，男性被稱爲「僧」女性被稱爲「尼」。他們進入寺院（尼庵）後，經過剃度、受戒，便開始了集體從事佛事活動和生活。藏傳佛教的僧伽制度，與漢地佛教、南傳佛教相比，有許多獨特之處。

藏傳佛教的僧尼，有入寺僧尼和在家僧尼二種，噶舉派、薩迦派等的傳法者在家和出家的都有；格魯派（黃教）堅持出家制度，有嚴格的寺院生活，形成了獨立的僧伽制度，即僧尼共同遵守的制度、規定及傳統習俗。在此，著重介紹藏傳佛教在寺僧尼的生活。

藏傳佛教僧人主要來自：

·農牧民子弟。藏區崇尚佛教，普通農牧家庭凡有男兒的，必送一、二名到寺院爲僧，以此爲光榮和功德。
·各地佛教徒、有學識者來寺深造者。
·因生計所迫來寺爲僧者。
·爲學習文化而將孩子送入寺院，這種情況在藏、蒙地區較普遍。
·失意、厭世來寺隱居者。
·自幼多災多病，許願入寺爲僧者。
·富裕家庭爲了統治利益，當喇嘛求功名地位。
·還有不少人爲了他們各自的利益和目的來學經的。

這些僧人程度高低懸殊，階級地位也有不同：有轉世活佛、大貴族子弟，也有貧苦的農牧民。從籍貫上看，更稱得上是天南地北。入寺僧人除來自西藏、甘、青、川、滇等藏區外，還有來自內蒙、新疆、東北等省（區）的信徒。主要是藏族和蒙古族，也有土族、裕固族、羌族、漢族、納西族、普米族等民族的信奉者。

對於入寺僧人，要求具備以下條件：年滿六至七歲身心健全，非違背父母之命而擅自逃出者；非出家後又還俗者；非他寺開除者；非犯有淫、盜、殺等罪行者；有出家守戒決心者；有安詳虛心態度者；非長期住寺學習打算者。入寺審查嚴格，必須辦理一定的手續。如有些寺院規定入寺僧須找有功德學問者為師，由經師引導拜見總法臺（總理堪布），取得入寺證（貼爾德禾），然後見總司儀或訓導長（協敖），總管（襄佐）或總務（吉索）。有些還要進行僧人登記，否則不能享有布施，不能正式入寺為僧。

被寺院允許並授予入寺證的出家人，便從此開始寺院集體佛事活動和學習生活了。然而佛教徒出家，要成為一名沙彌（沙彌尼），則必須經過剃度、受戒。

活佛、僧人在七歲時應受沙彌戒。沙彌戒受持三十六條戒律，不殺生、不偷盜、不淫、不妄語、不飲酒、不塗飾香鬘、不視聽歌舞、不坐高廣大床、不非時食、不蓄金銀財寶等。受沙彌戒要舉行儀式，宣誓，得法名，有些在儀式後還以自己或雙親的費用饗全寺僧人以茶。活佛的受戒典禮則比較隆重，由法臺或大活佛主持。漢僧在受戒時，有燒戒疤的習慣，藏傳佛教則無此習慣。

活佛、僧人在二十歲左右時，應受比丘戒。

比丘戒戒律更多，有二百五十三條（中國漢地佛教比丘戒有二五〇條；比丘尼戒為三四八條；南傳佛教比丘戒為二二七條），包括「盤巴」四、「拉馬」十三、「邦東」三十五、「蘇廈」

四；「尼結」八十等，主要內容除了沙彌戒的不殺生、不偷盜等規定外，還有穿僧服的規定、飲食的規矩，以及言語、行動、起居、念經、禮佛等方面的詳細規定。

受比丘戒也要舉行受戒儀式。受戒時須請授戒師和五至十名戒行無瑕的比丘僧衆爲授戒僧衆，湊不齊五位者不能受戒。受戒時，佛堂中特設小桌置受戒者法衣，及盛聖水之杯盂等物。當儀式舉行時，參加儀典僧衆一同誦經，這時受戒者入席，並贈花，向佛像行三拜之禮，根據授戒師的指示，教授師要在密室對受戒對象進行審查，檢查是否有性缺陷或變態（性缺陷或變態不能受戒），然後將檢查結果向授戒師、授戒僧衆報告。此時，司儀還要報告受戒的時辰。這一切進行之後，受戒者與司儀同坐於釋迦牟尼佛像前，向司儀行三拜禮，兩手在胸前交叉而坐，聽司儀引證經典告誡，並宣誓嚴守戒規。宣誓畢再三拜，行至司儀身旁，授穿法衣，授與缽等物。畢後，參加儀典的喇嘛每人依次懺悔，並提出問題質疑受戒者。問答完畢，在場所有喇嘛一同向受戒者祝福，最後由司儀依照《十誦律比丘戒本》訓誡，此後儀式結束。

受過比丘戒的僧，被稱作「比丘」，被看作一名全僧，即取得了正式僧人的資格。

僧侶的日常生活

出家人依戒法所行的佛事活動繁多，在此僅就僧侶的日常生活作些介紹。

⊙居住

藏傳佛教出家者與漢地佛教出家者不同，僧舍大部分是私產。入寺僧人按籍貫分居在不同的康村裡。有錢者，可自行建造僧舍；財力不足者，可與其他人合建，共同使用；或住康村公寓；貧窮無力者，可寄宿親友或老師處，以挑水、燒火等差役相抵。在拉薩，從前則有一種公產的各地會館，供給各地子弟宿舍。

在寺院內，僧侶的住所都是單獨的。較富裕的僧侶大多有兩間或三間相連的套房。一間是臥房，一間是居室。居室內有鍋灶，於此自炊自食；另一面設有佛堂或佛龕。佛龕內供有佛像、經卷，供有銅質或銀質酥油燈和淨水碗一至三副（每副七個）。

佛僧住房，室內四壁大都用木板裝飾，貧苦僧人則是裝飾半壁，類似現代化室內裝飾的壁板。牆壁上大都裝有碗架，活佛和高僧還裝有壁櫥。僧人住房，一般多為平房一院。活佛大多為一進兩院，前院為平房，後院為樓臺圍繞，雕樑畫棟，富麗堂皇，冬夏有別。高僧房內的陳設也很華麗；地上鋪栽毛地毯；炕上鋪栽毛毯子，還有高級織錦坐墊等。另外，設有佛堂、客廳、灶房、倉庫、客房以及管家和僕人的住房、馬廄等。

有些寺院規定（如拉卜楞寺），佛僧修房，除自己使用的住房外，還根據經濟條件，要多修一至數戶，甚至數十戶客房，供本寺無房的貧苦僧人及外來學經的僧人借用，不收房費，祇要求借住戶打掃庭院、維修房頂不讓長草漏水。

佛僧冬季取暖，一般用藏式長方形鐵皮火爐，燃料用木炭或乾牛羊糞，近代也有用煤炭的。

⊙衣著

佛僧入寺時應自備斗篷、背心、裙、袈裟、氈、帽、靴等，這些服裝以不奢侈，不害威儀爲標準。還要有合格的水袋、筆筒、念珠（本色）、木碗（白紅兩色樺木製作）、炒麵袋等。佛教傳入雪域後，喇嘛衣著也隨著環境和氣候加以改革，形成有藏傳佛教特點的衣著。

藏傳佛教各教派的僧服略有不同。上身各以其不同的派別而著不同顏色的袈裟，下身著裏裙（藏語稱「曼約合」）夏布冬棉，以帶繫之，外著刺繡外袍（衫裙），帶上繫有壇筆筒及巾等神器和嗽口水瓶等，上身穿背心。全身無紐扣。足蹬長腰厚底靴，長靴大都以犛牛之毛皮或硬赤色獸皮做成。帽子形式，各教派不同。寧瑪派、薩迦派僧人戴紅色、蓮花形僧冠；格魯派（黃教）僧人戴黃色桃形僧帽；而黑色形圓爲頭巾形僧帽，爲苯教特色極濃的黑教僧人所戴（佛教傳入之後，苯教吸收佛教部分內容，繁衍教理教義，成爲類似藏傳佛教的一個教派，俗稱「黑教」）。佛教僧人平日不戴帽子，但在進經堂、講經院集體誦經時，則必須戴僧帽（僧帽均爲羊毛編織而成），必須披上用氆氌或毛褐做成的斗篷，脫去靴子，赤足進入經堂。受過沙彌戒或比丘戒的僧人，在舉行隆重宗教儀式時，必須根據各自所受的戒律，穿著法衣。其衣著除少數布施外，由家人供給。遇到做佛事和重大法事活動時著特製袈裟、佛冠等。

藏傳佛教僧人均持念珠，由不同原料製成。僧人不允許隨地吐痰，每人懷裡揣擦鼻涕巾。

冬季氣候寒冷，初、中級班僧人在室外念經時，可穿羊皮斗篷和皮裙，還可披雙層袈裟，一般僧人也可以披氆氌袈裟。活佛、僧官、富僧在自己的屋裡，可披猞猁皮或狐狸皮製成的高貴斗篷。

活佛或僧人若離開寺院，可穿有袖子的斜領藏衣，活佛和高僧爲黃色，一般僧人爲紅色。議倉官員在冬季可穿有袖子的衣服。

⊙飲食

凡佛教僧尼大多採取素食制度。素食最主要的原因是遵守佛律不殺生害命。在中國漢傳佛教比丘戒律中，原無素食規定，但到了梁武帝時，梁武帝蕭衍根據《大般涅槃經》等的教義提倡而普遍實行起來。然而在雪域，地勢高寒，不食肉類體力很難維持，況且高原地區農業未興，以畜牧為主，不吃肉食也難以解決溫飽，加之密教不禁肉食，所以藏傳佛教僧尼允許吃三淨肉，但不食飛禽、魚類和驢、馬、狗肉。

藏傳佛教的僧尼飲食，與藏族人民一樣，多以糌粑、乳品和肉食為主。

茶是寺院僧侶離不了的，所飲茶葉，多為松潘茶（四川松潘地區產的大葉散茶）和茯茶（湖南益陽產的茯磚）。飲茶為「熬大茶」和「奶茶」、酥油茶幾種。熬茶時用專用的銅鍋（與做飯鍋互不相混）。平時在室內爐上，常放盛茶銅壺，蓋以小棉罩保溫，隨時可喝，十分方便。

酥油糌粑是最普通的食品。糌粑的吃法是：在奶茶中加酥油、曲拉（奶渣）、炒麵摻拌成塊狀後食之；或將糌粑拌好後，用手捏成小酒杯似的形狀，其中舀上預先用辣椒、蒜和肉末做成的湯，一起食之。

至於藏餐，一般上菜順序是：奶茶、蕨痲米飯、藏包（灌湯包子）、手抓羊肉、大燴菜、酸奶六道。在招待客人和過年過節時常用藏餐。在念經或法事活動信徒供經供飯時，也常以藏餐招待僧侶。這種寺院僧衆共同聚餐，開支是相當大的。

僧人的早餐約在晨九時，午餐在中午念經後用。普通僧人每日祇吃兩餐，有些在臨睡前進一餐。戒行高的比丘和座夏期間每日一餐。但在節日或做佛事的日子，進餐就不規律了，有時每日要進四、五餐不等。閉齋時，進餐有專門規定。

寺院僧侶用餐一般爲盤膝而坐，飯前誦供飯經。吃帶骨的肉，不能用嘴啃，要用刀割；不用嘴在壺嘴或勺邊喝水；吃完飯，按教規要求，一定要嗽口，嗽口畢才能起來。佛僧使用碗很講究，每個人都有自己的專用碗，互不亂用。

有些僧人喜歡吸鼻煙，鼻煙爲其自製，是以普通煙草加各種香料研磨而成。鼻煙壺很精緻，有黑牛角製成，也有用象牙、瑪瑙和各種珍貴玉石做成的，精巧玲瓏，遇到客人時即以鼻煙相敬，成爲一種見面禮節。但經堂集會、念經時不准吸鼻煙。

作息制度

在日常生活中，藏傳佛教僧人有嚴格的作息制度和習俗。

僧人每天很早起床。起床後，首先洗臉。過去洗臉是用勺盛水，將勺把別在衣領裡，上身略爲傾斜，使水從勺內流出，然後雙手接水洗手。洗淨雙手後再手持水勺，一手接水洗臉。現在已普遍改用臉盆。

起身之後最重要的事，是爲室內佛龕上燈。酥油燈每天點一至二次，淨水碗內盛乾淨水，每晨獻上。到下午時將淨水匯集，潑到牆上。

在居室內供佛後便上早殿念經。這種團體的聚會，每天三次，即曉會、午會、晚茶會，均在大經堂舉行。每次聚會，僧衆以鑼聲或海螺聲爲號令，聽到鑼、螺聲，即披斗篷前往經堂門口集合。而後戴僧帽、誦入門經、依次進入經堂。活佛、高僧和年高者坐在上面，年輕者坐在下面，不得凌亂。念經時以提經爲準，端坐不倚，不得左顧右盼，前俯後仰，精力分散作小動作。念經時，有鼓樂、法器相伴，衆僧按身分年齡依次坐於佛堂內兩排低而長的卡墊上。誦經時，有維護僧律和秩序的「勸善」（即格貴）巡視，由格貴派低年級學僧端茶端飯。如有施主進行全寺性布施時，由管理人員依次按等級座位分發到每位僧人手中或放在座位前，然後僧人各自回到康村去。如果某一札倉有施主布施的話，僧人們就都到札倉的殿堂集合，念經領取布施。

念經完畢，回到自己札倉的法園或康村。在那裡，或叫堪布傳經、練習辯論，或做其他工作。寺院是一個很繁雜的組織，在僧衆中除一部分爲學經的僧侶外，還有許多工作也由僧人承擔，如果沒有他們工作，眞正的學僧們也無法學習和存在。這有如現代化的學院，除教員和學生外，還必須有許多職員和工役。何況青藏高原從前交通不便，寺院更需建起龐大的工作群，以自養自足。因此寺院的僧衆中除學僧和從事傳法教學的僧人外，還有從事不同職業的：有專門受宗教職業者的訓練、在社會上從事念經、念咒、算卦等活動的；有專門從事醫學、曆算、繪畫、鑄像、雕刻、印刷、縫紉、樂器演奏等知識性、技術性工作的僧人；有專事寺院的體力勞動、雜勤、保衛工作者；有終年閉門修持的僧人；也有在各級系統擔任執事的僧侶，他們雖有任期，不是終身職業，但他們畢竟不同於中、下層僧人，屬於寺院的獨特階層。

至於正規的學經僧人「貝恰瓦」，估計約佔全寺三分之二左右。這批僧人專門學習宗教哲學和藏語文知識，按部就班，一步一步地進修十五到二十年，最後考取顯、密格西學位。這部分人是所謂「正統派」，屬於藏族的知識分子。但能夠學有所成、考取格西學位進入上層僧人階層的人畢竟有限。大多數的僧人，皆因財力不足或其他原因，往往中斷，轉入其他途徑。有些人雖終生學經，但終不能獲得學位；有些人雖奮發刻苦，卻往往因年壽不待而輟止；有些人雖掌握較高學問，卻因財力不濟供不起齋飯茶而不得不放棄學位答辯。至於入寺僧人從事什麼職業、工作、進入哪個學院學習，則由寺院或師父根據個人特長和寺院需要作安排。

可以說，在寺院裡眞正飽食終日無所事事的「懶漢」，是很少的。喇嘛僧衆各在其位，各司其責，忙忙碌碌，有條不紊。

學經喇嘛是很苦的（見〈學院、學制、學位〉一章），尤其是幼年學僧，過去小僧學經，必須盤膝而坐，不能左顧右盼；學寫藏文，不用紙筆，以一塊油漆黑板，擦上酥油，塗上一層灰，用竹皮削好的筆（樸筆）書寫，寫好擦掉，再塗再寫。從慈母懷中跳躍的小生命，至沉靜的念經生活，其難可想而知。小喇嘛念經時，也穿上大紅或絳色的袈裟，坐在蒲團上，口中喃喃。小孩子是頑皮的，有時乘經師不注意他們也彼此頑皮打鬧，但若被發現則要遭斥責或處罰。而對進入密宗學院習經的僧人，教規更爲嚴格，戒律繁多。規定僧人不能穿綢緞；袈裟不能疊皺；不能飽腹；嚼食物不能出聲；吃飯必須持缽；外出必須持錫杖；走路不准仰頭；睡覺祇能曲腿捲伏於一公尺見方的墊子上等。

在學經、修鍊和履行各項職業職責的同時，僧人還可以去轉經（轉廓拉）。經法較高深的僧人則根據《菩提道次第廣論》中對坐禪的要求，靜坐修行；高僧則著書立說。著書立說時打草稿也以竹皮筆在油漆黑板上書寫的辦法，不過書寫板數目較多，大約需七至八塊。除此之外，喇嘛對寺院得盡義務，任何一名僧人都得給寺院當差。有錢的僧侶也有出錢免掉部分或全部差役的現象。

經過一天勞累之後，僧人在晚誦經後就寢。晚間的集體誦經內容與早、午會有別。晚聚會散後，有自動辯經者辯到深夜方散，一般僧人則在晚九時左右就寢。僧人晚上睡覺，一般在鋪有藏氈、羊皮的炕上（密宗修持者另有規定）就寢，身蓋滿腰和斗篷，頭枕衫裙、背心和袈裟，沒有被褥。有些活佛和富僧，備有羊皮被褥或結緞料鋪蓋。

節日活動

在日常、繁忙的生活之外，寺院僧人們也有假日。學僧每學期、每個學習單元結束之後，都有短暫的休假，稱「卻倉欽波」，猶如現代學校的暑假。假期時，學僧可告假回家，探望父母和親友，或者僧人相聚一起共同歡度鄉浪節（甘肅南部藏區有此習俗），或集體去野外消夏避暑。下學期結束後，便進入大休假（相當於寒假），並準備過藏曆年和正月祈願法會（拉薩稱爲傳大召）。

藏傳佛敎寺院對藏曆年很重視（有些地區藏曆年已與漢族的春節歸在一起過），除夕夜，舉行法事活動，有些寺院樂隊奏樂辭舊歲，初一早上奏樂迎新春祭吉祥天母。新春之日，寺主大活佛設宴，佛師、佛父、襄佐、親王等參加衆僧向寺主活佛獻哈達。同時由僧衆跳舞，共同歡度春節。之後，由寺主率領，依次到歷世寺主大活佛像前朝拜。然後由拉章管家設宴，全體僧官參加，依次入座，管家獻上新春賀禮。禮品依僧官官職大小各有區別，如在拉卜楞寺，大囊管家向寺主嘉木樣所獻禮品（藏語「疊卡」）共十三種（如核桃、紅棗、柿餅、桂圓、荔枝等，獻大活佛必須有十三種，被視爲最高貴之禮物）、全羊一隻；佛師、佛父十一種，羊肉後半隻；襄佐、親王禮品九種，羊肉後半隻；其他官員，依其官職高低禮品有七種、五種、兩種不等，最少的不能少於兩種。祝賀完畢，繼由各位活佛按照佛位依次向嘉木樣和各自的經師拜年，送「疊卡」十三種（或折價）和哈達。

僧衆給大活佛拜年則採取自願，不受限制。從前有屬寺和部落時，向寺主大活佛拜年，由於路途遠，所以不一定在初一進行。禮品爲「疊卡」十三種（或折價），羊一隻。

僧人給師父拜年，則用白紙（象徵潔白純淨）包上一包糖或葡萄乾，上蓋哈達，首先給自己的老師拜年。老師用奶茶招待，以紅棗、柿餅或梨，附原哈達回禮。

大年初一一早，全寺僧人在院內或巷道歡呼，此起彼伏，氣氛熱烈，以示歡慶。這一天外出時，僧人懷內揣一小包禮品（紅棗、柿餅、葡萄乾、冰糖等）和哈達，逢相好者祝新年好，並交換禮品和哈達，有時也互相請客。春節期間，僧人們的娛樂活動爲踢球。球是用十二塊牛皮做成，代表十二緣生，內裝牛膀胱爲球膽。踢球無規則，誰踢得高，即認爲誰今年運氣好。踢球無固定地點，較多在寺院內空地上踢球。直到正月初三祈禱大法會開始，即告結束。

除了在節、假日的娛樂外，平時在習經、做法事或差役之餘，僧人可選擇喜愛的宗教活動去做。或進入寺院樂隊；或去做酥油花、彩繪壇城等藝術品；或遊戲；或上街購物。童僧童心未泯，業餘時間常三、五一堆踢毽子、玩石子、下藏棋，遇到小攤販進入寺院僧舍叫賣，也免不了圍上去觀看，有些也耐不住口饞買顆梨或棒棒糖一類的小食品吃。

按照僧伽制度規定，處理僧團或僧侶個人事務時，必須由一定範圍內的全體僧衆集會決定，稱爲「羯磨」，意爲「會議辦事」。一般表決方式爲口頭問答，徵求意見。同意的不說話，不同意的發表意見。大家不說話，羯磨師（執行主席）就認爲：「僧人默然故，是事如是持。」

藏傳佛教僧侶也同佛教其他教派一樣，有「安居」制度，藏語稱「雅日乃」。安居制度來自於古印度。古印度在雨季的三個月裡，禁止僧尼外出，認爲此時萬物滋生，外出行走，易傷草木小蟲，應定居於一處，坐禪修學，接受供養。這段時期稱爲安居期。

在中國內地的佛教徒，安居期爲農曆四月十六日至七月十五日，稱夏坐或坐夏。在雪域，夏季較短，但到百蟲驚蟄、禽鳥野獸自由活動時，爲避免傷害牠們、違背佛教不殺生的戒律，藏傳佛教的一些教派也規定，春夏的幾十天內，僧人不准走出寺院活動。黃教的禁期爲藏曆六月十五到七月三十日，一個半月。在這期間達賴本人不但遵守而且派雅達一人，四處巡視，如有違犯者，即予重罰。安居前一日稱結夏，安居終了舉行自恣羯磨，稱夏解。

僧侶的經濟狀況

應該說，一般僧人因宗教地位低下，其經濟地位自然也不優越。衣食住用等費用大部分要由家庭負擔。普通農牧民家庭送一個子弟去做喇嘛，在經濟上是一個不小的負擔。在他六、七歲時，就要先給他請一位師父，大半是喇嘛寺中正式受過戒的喇嘛，跟隨其學習經典。學習期間的生活，名義上是靠師父，實際上則家中要向師父送禮，有時送糧食、肉食、酥油、鹽巴等，即等於學費。如果送僧人去拉薩受戒或深造，對於一般農牧民家庭來說，是一筆相當重的負擔。在出發以前，需爲子弟籌一筆充足的旅費以及衣服和沿途所用的器具等，較富裕的家庭要爲子弟預備馬匹。在學習期間和考取格西學位時也需花費不少金錢。在寺僧人的生活除大部分由家庭負擔外，在聚會時有時能分得一些布施，每月由寺院發給口糧。到了自己能給人作法或能做生意而有收入時，才獨立生活。

僧人從寺院方面得到的布施，按個人的地位而有不同。在此列舉甘肅拉卜楞寺每年農曆十一月十五日給全寺活佛和僧人分配布施的情況，使讀者增加一些了解。每年農曆十一月十五日給全寺活佛和僧人，按份施捨一升青稞（約合十公斤），共五千餘份。其中，寺主大活佛嘉木樣六十份、總吉哇（財務長）五十份、色赤（嘉木樣之下佛位最高的活佛，拉卜楞寺有四名色赤）十三份、堪布八份、任過總吉哇的七份、側席活佛三份、各佛殿主持二至三份，也有七至八份的，僧人每人一份。

不過，布施的收入並不固定，不能以此做爲正式生活費，祇能補助平日零用而已。正因爲如此，不少僧人便經營起經濟事業，一些僧人便有了一、兩種「副業」，如經商、放債、做經濟人，也可出寺去替庶民禳災、祈福、薦亡，募化一些布施。有趣的是，有些寺院僧人的財產也是借用「家」這個社會細胞而建立的。在寺院內部往往按世俗親戚關係，把普通僧眾自然分編爲若干小單位，每個單位由一名年長者帶幾名僧徒。他們雇人牧養若干牛羊，剪毛取乳；有的有一、二匹馬以馱運乘騎；有的還擁有幾十畝土地，由全體成員集體耕作，或由他們的俗家親屬代耕，收入歸集體所有，以濟補飲食之用。個別富裕的集體，從前也有出租土地的現象。

至於老年僧人的安頓，多由他們在寺院出家的親戚照料或由寺院以差役形式委派年輕僧人照料。僧人離寺、圓寂，除糧食、錢物可由僧人俗家繼承一部分外，其餘如土地、房屋等不動產納入寺院，如他的親屬在本寺當僧人，有些財產可由他繼承。

在喇嘛中也有違反戒律、寺規的不良現象出現。這時，違戒喇嘛就要受到寺院的處罰。犯戒重者，寺院即擊楗椎爲號，召集僧衆，逐出僧團之外。這如佛所說，犯戒者似破罐，不得復全。喇嘛也可以還俗，他們離寺時有些要挨格貴一頓鐵棒。還俗者可娶妻生子，但不允許再爲僧。

至於那些在家僧人，他們並沒有因當喇嘛而失去他們在家中的地位，寺院祇是他們的本院、修行之地，在修行、作法事之外，他們可以兼理家中的事務。生活完全依賴家庭或爲俗民禳災、祈福的收入。他們在社會中的地位，和俗人一樣，祇是多了一重宗教身分而已。但因爲藏傳佛教在當地民衆中很受崇奉，因此普通人家願讓子弟作喇嘛。有喇嘛的家庭，社會地位因之提高。

比丘尼

女子出家修行稱爲「比丘尼」，佛祖釋迦牟尼反對印度教的種姓等級制度，他所創立的佛教的基本思想是提倡每個生靈，在尊嚴、價値、生存權利上都是平等的。因此，在佛教中，受戒的比丘尼和比丘同樣具有習經修持，最終達到善果極樂境界的機會和權利。因而尼庵和比丘尼便在信奉佛教的藏族地區大批出現，甚至產生了女活佛。

藏傳佛教的比丘尼制，有人認爲是由藏傳佛教史上享有崇高威望而且頗有影響的女密宗師瑪吉拉珍（西元一〇五五～一一五三年）沿傳而來的。尼庵一般規模不大。附屬於某一地區某一教派的大寺院。

尼庵也有自己的組織機構，寺中的法臺（主持）亦爲女尼。經師、提經有由比丘尼擔任的，也有聘請各寺中的高僧擔任的。在尼庵中很少有專職僧官和司事，一般都是兼職。尼庵的佛殿由比丘尼自己管理，全寺的佛事活動和生活秩序是在法臺的主持下有條不紊地進行的。

藏傳佛教尼寺中的比丘尼，大多來自信奉藏傳佛教的藏、蒙等民族地區。來尼庵出家修行，必須有堅定的信念和正派的品德，至於年齡、地域和民族情況一般不受約束。

已婚或生育過的婦女，本人如肯求出家，寺院也破例接受。受戒後的比丘尼可以還俗，但還俗後不准再次入庵為尼。

入寺者要通過由大寺院的高僧主持的剃度儀式，宣誓守戒、接受法名。從此削去秀髮，換上袈裟，離開凡俗人，持戒修行。女性出家，成為沙彌尼，必須受持沙彌戒，其中包括不殺生、不偷盜、不妄語、不飲酒、不塗飾香鬘、不視聽歌舞、不坐高廣大床、不非時食、不蓄金銀財寶等。對比丘尼要求更嚴格，漢傳佛教比丘尼戒為三百四十八條。而藏傳佛教因祇有沙彌尼戒，沒有比丘尼戒，故無比丘尼傳承。

在尼庵中，周而復始的時日，是圍繞著宗教經輪旋轉的。

在每間比丘尼的住所中，都設有佛龕禮拜。平日主要活動是學經、修持，修行活動以熟讀經文開始。藏傳佛教不同教派的尼庵，修習內容有所不同，但學習的基本內容都要求通曉五大論，即《因明》、《般若》、《中觀論》、《俱舍》、《律學》。學習方法為分班級和學級進行，每一學級也要進行辯論考試，考試及格才能進入高學級深造。然而比丘尼的辯論考試是在自己的經堂、佛殿內進行，不允許信徒們參觀圍看。經考試合格者可與僧一樣獲得格西學位，成為本寺的經師、提經（翁則）或主持（法臺）。

在格魯派的尼庵中，一般不設專業性較強的學院和密宗學院，幾乎全是顯宗學院。

但息學派的比丘尼，則主要以修持爲主。在息學派中，女性佔有很大比例。創始人瑪久拉布吉卓瑪（西元一〇五五～一一五三年）也是尼師。他們誦頌「泉經」，泉水邊是其主要修鍊場所。每位信奉者必須至少坐夠一百零八個泉，才算功德圓滿。

除個人的誦經學習外，每月還有集體誦經。佛殿是他們集體誦經的場所。誦經時，一定的經文配以一定的經調，由提經（翁則）領誦。在不同經文經調的轉換時，領誦人起引導作用。誦經時配以不同印契，對於重點經文則要反覆誦頌。

當主持和提經年老後，便不再擔任職務和參加集體誦經了，僅在尼舍修行。因此在許多尼庵，具備參加誦經能力的比丘尼，僅佔尼衆的一半。

集體誦經之後，尼衆集體食用齋飯，齋飯由信徒奉獻。齋飯一般由大米、酥油、蔴麻、葡萄乾、冰糖等原料作成。餐後，有條件的尼庵每人還可享用一點水果。

平時比丘尼們（格魯派）的修持，主要是坐禪閉關和閉齋，這是她們個人修行的重要項目。

坐禪閉關，多在冬季進行，根據《菩提道次第廣論》坐禪要求，靜坐修行。坐禪大多在自己的住房內進行。坐禪時，獨自端坐於室內避光處，不出門，不說話，謝拒客人，門上標有記號，數月到數年不等。在一片沉寂中靜悟，追尋身心的皈依之處。

閉齋，這是爲比丘尼獨有的修行形式。閉齋每月數次，每次持續三天。第一天吃過午餐閉齋，第二天整日除可飲水外不食不語，第三天開齋吃飯。她們在這種斷食苦修中，努力去通曉明理，得到「正覺」，成就一切。

還有一種有目的的閉齋，如一些世人爲紀念亡者，請求比丘尼代替自己閉齋，以使亡靈早日超度。

全庵的閉齋，則比較隆重。在閉齋前一天祇食中午一餐，這一餐由寺院負擔，比較豐盛，有藏式米飯等。到了閉齋之日，水與食物不許入口，到第三天拂曉才能開齋。當全庵替人閉齋時，則由施主供飯。

在完成正常的習經、修行項目外，比丘尼們還用較多時間去自學、轉手嘛尼或去寺內外轉廓拉。

尼庵一般沒有所屬的部落和村莊，沒有收入來源和較多資金的周轉。尼庵無重大的法會、沒有德高望衆的活佛和學者，因而難以吸引大量的信徒和香客前來朝拜布施。有些部落在經濟寬裕時偶爾向尼庵布施一次，平日尼庵的收入大部分靠替人誦經、閉齋等法事活動獲得。比丘尼們的生計除家庭接濟一些外，全憑自己替人作法事或雲遊四方挨戶募化籌措。

比丘尼的衣、食、住、行全靠自己料理。修房、挑水、背糧等許多繁重的勞動均由他們自己承擔。遇到意外災難，親屬可以出錢、出物來資助，但不能參與具體的解決過程。就連他們生命終止時舉行的超度儀式，也不允許家庭男性成員參加，完全由尼庵的比丘尼們來完成。在尼庵中，師徒之間、尼衆之間幾乎結成了一個習經、互助的整體。師徒們常住在一起，師父在習經方面給年輕比丘尼以指導，而比丘尼則在日常生活方面照料老者。

受戒的比丘尼不能與外人閒聊；不允許與男性接觸交往；不能隨便邀請俗人來尼舍；更不能留客過夜；不允許外出觀看電影、電視以及其他文化活動；不允許化妝、穿華貴衣服……犯戒者，要受尼庵的處懲，甚至開除出庵。

比丘尼衣著整潔，經常洗滌縫補袈裟。她們的尼舍、佛堂設施雖比以男僧爲主的寺院簡陋，但卻乾淨、整齊。

在不影響佛事活動的前提下，比丘尼可以去寺外街上散步、購物，但外出必須向主持請假。他們唯一的娛樂活動，就是當附近大寺院舉行法會時去觀看法舞表演，觀看法舞表演，可以加深其對教義的理解。

20 盛大熱烈的祈願法會及宗教節慶

藏傳佛教各寺院的宗教節慶，是宗教法事活動的一種。爲了傳播佛教教義，藏傳佛教創立了一些大規模的宗教活動集會，以講經說法、藝術表演、作品展覽等形象化的形式，弘揚佛法。

在彌漫著藏傳佛教氛圍的雪域，每年都舉行許多法會和盛大的宗教節慶。但藏傳佛教內部各教派的法會和宗教紀念日，卻不盡相同。

在薩迦派的寺院中，一年中大致有如下法會、節慶（以德格更慶寺爲例）：

元旦跳神（法舞）。主角爲二金剛橛，配角爲七眷屬。元月二十八、二十九兩日跳神，主角爲二金剛橛，配角爲四十八眷屬。

陰曆二月十八日，舉行古爾護法跳神。「古爾」是藏族神話中的人物。古爾有父兄，當父親死時，古爾恐其兄奪位，乃割下兄頭，移置於父的頸上，並發誓說：「古爾不老，此頭不可移動。」因他自作密宗加持，果然長生不老。二月十八日作此護法跳神，其目的是以誌不老。

三月十五，釋迦佛涅槃紀念日，跳神修時輪法。

七月一日，表演釋迦佛住世時事跡。

九月十四日，薩勤示寂紀念日，法會七日，並有僧人作法跳神兩日，驅遣障礙。

九月二十八、二十九兩日，依薩迦派儀軌作古爾護法跳神，配角爲眷屬四十五名。

十一月冬至節，爲怖畏金剛跳神，配眷屬十名。意義爲祈請怖畏金剛降服欲呑服太陽（光明和生命）的死神閻王。

十二月是一年的最後一月，在這個月作法九日，供養六十怙主。

十二月二十八日，賀新年。再次表演怖畏金剛跳神，配眷屬十五名，同時於早、晚鳴槍。以上爲薩迦派寺院法會、節慶活動略況。

格魯派的法會和宗教節慶

格魯派（黃教）的法會和宗教節慶，因其信徒衆多而在規模、內容、氣氛上都勝過其他教派。

⊙正月默朗木祈願大法會（傳大召）

黃教寺院最重要的節慶，淵源於西元一四〇九年藏曆正月初，宗喀巴大師在拉薩舉辦的祈願法會。西元十四世紀末期，宗喀巴提出了整頓、改革西藏佛教的主張，並以身作則、嚴格戒律、寺院嚴格管理、大力修復寺廟。西元一四〇七年，宗喀巴回到拉薩後，與當時的地方統治者帕竹第悉扎巴堅參商議後，決定在第三年於拉薩的大昭寺舉行大祈願法會。爲籌備此會，他婉謝了明成祖朱棣赴京的邀請，未能應詔赴京。一四〇九年正月初，宗喀巴如期舉行了拉薩大昭寺萬人大祈願法會，盛況空前，震撼人心。此後正月祈願大法會便在黃教寺院相沿成習的傳統。

在藏傳佛教聖地拉薩，「默朗木」法會於每年正月初四開始，正月二十五日結束。從正月初四日起甘丹寺、色拉寺、哲蚌寺的喇嘛開始向拉薩市區集中。根據五世達賴規定，在默朗木大會期間，拉薩市的政權，由「昂子轄」（拉薩市政府）移交給哲蚌寺的鐵棒喇嘛。大會期間，鐵棒喇嘛指揮「法僧隊」維持社會治安。鐵棒喇嘛於初三夜向達賴報到，然後前往拉薩市行使職權。

默朗木大會在大昭寺內舉行。每天有六次誦經集會。早上的會叫作「肖作」；肖作之後是「索將」；中午的會在大昭寺右側松曲廣場舉行，叫作「乾木作」；乾木作之後是「公則」；公則之後是「默朗木」，默朗木之後是「公加」。午會時，分酥油、齋飯。達賴在未親政前，不能參加默朗木大會，親政以後，祇要有邀請，達賴就可以去參加（一般在初五、六移住大昭寺），並在正月十五的白天，要親自在松曲會上向三大寺與會僧衆講經說法。默朗木法會的主持者實際上是歷世甘丹赤巴。

在默朗木大會期間，甘、青、川、滇各地貴族、商賈均在會上向僧衆布施，達賴也照例可得到一份。

大會期間的正月十五日晚上，在大昭寺四周的八廓街上，舉行燈會，即酥油燈展。酥油燈會的起源據說是宗喀巴大師將圓寂時，夢見一個美妙的景象，醒來告訴弟子，嗣後寺中爲紀念他的夢，所以每年冬季在陰涼的地窖裡用酥油製成宗教史上的許多事件和各種花卉，於晚間陳列數小時，表示夢境。其形式是在燈背設木架，木架上用酥油塑製各種山川人物、龍蛇鳥獸，五顏六色，精巧逼眞，燈架高者可達一、二十公尺，燈架前點燃很多酥油燈。達賴在未親政前，不能出來觀燈，從親政的那一年起，如果參加默朗木大會，十五日晚上就首先由達賴出來觀燈，然後是攝政，再後是噶倫和貴族，最後是僧俗百姓，這一夜舉城歡慶，往往到達天明。

當默朗木大會接近尾聲時，爲免除一年之災，藏軍在旁邊鳴槍助威。正月二十四日，拉薩大街上舉行角力、舉重等比賽，拉薩郊外舉行跑馬、射箭比賽，熱鬧異常。二十五日，三大寺僧人開始返寺。達賴喇嘛也起錫返布達拉宮。

⊙二月二十九日默朗木小會（俗稱傳小召）

也是藏傳佛教格魯派的重大節慶。傳小召只有兩日（陰曆二十九日、三十日），地點仍在大昭寺舉行，三大寺有三千喇嘛參加。在傳小召期間，達賴有時下山一次，赴大昭寺念經，當天返回布達拉宮。在傳小召完畢的這一天（二月三十日）舉行賽寶會，僧衆與官員手持寶物和法器，繞八廓街。顯示佛法可聚集一切美好、寶貴之物，同日，布達拉宮自屋頂上懸掛一幅巨幅佛像，稱之曬佛。氣勢恢宏的「曬佛」，把全城僧俗信徒的情緒推上高潮，人們紛紛從四面八方趕來瞻禮。當長約三十丈的佛像在法樂、法器伴奏下自布達拉宮屋頂展到山根時，其磅礡的氣勢，足以令每位善男信女的心靈振顫不已，紛紛虔誠地頂禮。

⊙十月二十五日宗喀巴圓寂紀念

拉薩的黃教寺院十分重視這一紀念日。在十月二十五日上午十一時許，甘丹等寺舉行晾佛典禮。此時法號與鼓鈸聲齊鳴，由二名鐵棒喇嘛爲前導，一對由兩人抬銅架的長度近丈的大法號相跟隨，繼之是手持柄鼓者的法樂隊和持幡幢、持香爐者的隊伍，其後即是由數十人抬佛像的隊伍。隊伍高唱佛經，魚貫而行，行至一面固定的崖壁前，在響徹雲霄的樂聲、經聲中，展開佛像（高約十二丈，寬約四丈），供僧俗大衆瞻禮。瞻仰者一般達數千人。這一天夜間，全藏各寺廟各家屋頂、窗口都要燃燈（俗稱燃燈節），夜空中，酥油燈光瑩瑩綽綽。

⊙臘月布達拉跳神大會

即在布達拉宮仁乃貢薩殿前舉行的跳神舞會，也是拉薩藏傳佛教界重要的節慶。每逢這個節慶到來，拉薩的居民，大都扶老攜幼、空室往觀，熱鬧非常。跳神大會的意義，在於驅除魔鬼，預慶來年的如意吉祥。達賴的座位，設在仁乃貢薩殿最高一層（第五層）正中的窗欄內，外面掛有黃色的紗帷。左邊另有一掛有布帷的窗欄，是達賴眷屬的看臺。第四層樓正中窗欄內，是噶倫和扎薩臺吉（僅次於噶倫的大臣）的座位。左邊另一個窗口，是從前藏王的位置，窗外掛有白色紗帷。第三層正中的欄內，是伊倉仲譯青波的座位。一般的中外來賓、僧官、貴族在大殿正對面的樓房內就座。在廣場的右邊搭有很大的帳篷，樂隊和普通僧官在此就座，普通男女僧俗百姓則席地而坐於廣場四周的空地上。

跳神（法舞）演員由布達拉宮南木甲札倉的僧人擔任。表演者穿彩衣，頭戴骷髏、牛頭、鹿頭、魔鬼等面具，配以長號、鼓鈸等音樂。所表演的法舞內容，據說有十三世達賴親自加入的一段一位老人不畏猛虎、以毅力和佛法戰勝凶惡的戲。當打虎老人退場後，這時早已預備在廣場西南角的一口滿盛菜油的鐵釜，四周架滿的乾柴忽然燒起來。釜中油也隨之燃燒，熊熊之火直衝數十公尺高空，宣告著所有惡魔邪鬼已收入油釜中隨之焚化消滅在熊熊的火焰裡，跳神會便告結束。

除上述一些法會、節慶外，藏傳佛教格魯派還爲紀念釋迦牟尼佛降生、成道、涅槃而設立了紀念日，有歷世達賴喇嘛圓寂紀念日，以及禳災、辯經、跳神等多種法會和紀念日。此外，因格魯派各寺院在形成初創時的政治背景、發展歷史不同，因而各寺傳統的宗教法會和節慶也有些差異。

⊙甘丹寺的燃燈節

比如，甘丹寺就有為紀念甘丹寺第一任「甘丹赤巴」——宗喀巴的兩位著名弟子降央卻吉和仙欽卻吉圓寂的燃燈節。此紀念日分別在藏曆十月二十四日、二十六日。係宗喀巴圓寂紀念日的前一日和後一日。據說當宗喀巴圓寂之前夕，其弟子降央卻吉適逢被明朝王室迎往京都，為追薦朱元璋之妻馬皇后誦經。這天降央卻吉忽夢見宗喀巴的衣帽懸立，衣冠內未見容顏，心知有異，遂驚悸而卒。甘丹寺僧眾追懷其功績，故於宗喀巴圓寂日之前一日燃燈紀念他。實際上燃燈節在許多黃教寺院聯為三天。白日各經堂、佛殿、活佛住所、僧舍等建築物上酥油燈點點。在夜空裡，靜穆而燦爛，誠屬奇觀。

⊙哲蚌寺的雪頓節、龍崩節

再如哲蚌寺，有著名的哲蚌雪頓節、龍崩節。雪頓節因在後來衍化為演出藏戲歌舞節目的僧俗共娛的民間傳統節日，雪頓節的情況將在下一章〈民間的宗教節日〉中介紹。龍崩節則是純粹的宗教節日。「崩」藏語是塔的意思，靈塔被稱作「滾崩」，「滾崩」一語的發音弱化後，就變成了「龍崩」。因第三世和第四世達賴喇嘛的靈塔都建在哲蚌寺大經堂內，龍崩節期間允許朝拜靈塔。因而每年藏曆七月八日的龍崩節，拉薩市內和哲蚌寺附近的信徒紛紛前往朝拜。

⊙塔爾寺的五大觀經大會

著名的黃教寺院青海塔爾寺，每年有五大觀經之說，即農曆正月、五月、六月、九月等法會。每逢觀經大會期間，塔爾寺周圍的百姓中已呈現出異常繁忙的景象。穿新製皮襖，足蹬皮靴，頭戴皮帽，胸前佩帶寶壺，腰跨長刀，或騎馬或步行紛紛向寺院聚集，呈現出一片盛境。正式會日，各大經堂、佛殿全部開放，供信徒參拜。尤其是正月十五日的塔爾寺燈會，更是舉世著名的極大盛會。塔爾寺酥油花燈的塑造，堪稱世間絕技。每年在會期之前二個月就開始準備。那些用酥油塑造的五彩繽紛的花草人物，圍繞著酥油佛像栩栩展開。每組酥油花周圍都以極美麗的綢緞座圍著，像前數百盞光明的酥油燈置於几案之上，案上還有些神妙的酥油花一層層排列著。

燈會期間，鐵棒喇嘛手執械器，維持秩序。當執行燈會的祭視時，由鐵棒喇嘛負責開道，寺院活佛高僧手執祭物相隨，其中一名高僧手執寶瓶，兩旁有手持火把的喇嘛護衛，跟隨其後的，是宗喀巴的化身。在酥油燈下，他的黃緞袈裟閃著燦爛光彩。他一手執玉圭，一手執念珠，莊重緩緩地步行至酥油佛像前，率衆喇嘛高僧行跪拜禮和其他儀典。活佛高僧瞻禮後退下。此時，數千喇嘛和信徒高聲吶喊，聲震山谷，熱烈氣氛達到高潮。從四面八方前前來朝拜者列隊觀看酥油佛和供品，頂禮瞻拜。

⊙塔爾寺的「送阿夷丹嘛大會」

另外，塔爾寺正月舉行的每三年一小送、六年一大送的「送阿夷丹嘛大會」（即送瘟疫大會）也很別緻。此種法會用費較多，尤其是大送。在每逢大送會期來臨之前兩月，寺院就預先用酥油塑一瘟疫大像，並另做一頂四闊八丈、高二丈餘以綢緞包圍的大轎，將阿夷丹嘛像供於其中，轎四周綢緞的層隙間夾著金銀、火炮之類的物件。同時在某處尋找一名乞丐，充作阿夷丹嘛的「娘家人」。

在會期之前，喇嘛們對「娘家」非常優待，每日供奉酒肉和各種上等食品，並爲他準備二隻駱駝、二、三匹馬、十餘隻瘦鷄、數十石青稞（發霉）作爲禮物，同時備二十輛馬車，爲運此物之用。以上這些東西準備好後，喇嘛們便開始誦經，起碼爲期月餘，直到會期送瘟神那日，喇嘛們心誠意潔地誦經虔送，把備好的數石青稞等禮物，以二十輛馬車由數名喇嘛護送至河水中去。

此時的「娘家人」在臨離去時權力非常之大，開口索要之物喇嘛們必依他，以此討取吉利。但喇嘛們恐其隨口亂要，許多時候是在臨送他之前已供敬得他酒足飯飽，臨送時刻已醺醺大醉不醒人事，這時他便馬馬虎虎地索要，喇嘛們送給他些綢緞銀錢，給他穿上長袍大褂、頭戴一頂大帽，耀武揚威，儼然皇帝一般。於是所謂瘟疫的「娘家人」便用馬匹等馱上這些綢緞銀錢、攜著乞丐浩蕩而去。這時，喇嘛們便抬著那頂準備好的大轎（內坐阿夷丹嘛的塑像）按寺院降神喇嘛事先卜算的地點出發而行，在此地盤坐誦經、間或鼓掌、觀衆的吶喊，送瘟疫的儀典就在這種氣氛中完成了。但按習俗，扮演過瘟神娘家人角色的乞丐，三年之內不准入寺。

拉卜楞寺的法會、節慶

而在格魯派六大寺院之一的甘肅拉卜楞寺，不但具有黃教寺院共同的法會、節慶以及本寺特有的法會、節慶，而且在法會和節慶的程序上，有自己獨特、有趣的傳統。

⊙正月「默朗木祈願大法會」

比如正月默朗木祈願大法會，它除了每日有六次僧衆集會外，正月初八還有「放生節」（這項活動在寺主大活佛嘉木樣的圖丹頗章院內舉行）。開始時由「議倉」官員宣佈寺院內大小官員及屬寺、部落頭人的職權範圍，爾後由嘉木樣呼圖克圖、襄佐、囊佐三人，各持自己的鑰匙共將「拉章」終年密封珍藏的骨董珍寶及金銀庫啓開，供人們參觀。隨後由僧衆誦《招財經》，並伴有簡單舞蹈。接著為事先準備好的馬、牛、羊灑上淨水，再在牠們的耳朵上繫上彩色綢帶或布條放走，叫作「放生」。凡是被放生的馬、牛、羊均被視為神馬、神牛、神羊，任何人不得獵取。

正月十三有曬佛節，此會在午前進行，由僧衆共抬一幅長五、六十公尺，寬三十三公尺的巨幅彩繡佛像，展示在河南蒙旗親王府對面山麓「曬佛臺」上，僧衆即刻頌讚佛陀功德，念《沐浴經》，祈願平安。

正月十四日的「恰木欽」，意為跳法舞或大跳。主角為死神的法王及其妃，配角為飾為骨頭架子的查事鬼、戴角的鹿、犛牛等使者。大跳以魔鬼人形符被焚而告結束。正月十五酥油燈會；正月十六「轉香巴」意為轉彌勒，係僧人們抬未來佛以大經堂為起點，在樂隊伴奏下繞寺一周。彌勒佛在衆佛中屬於未來佛，代表未來，所以轉香巴表示釋迦牟尼佛五千年教法當有五佛——指拘留孫佛、拘那舍牟尼佛、迦葉佛、釋迦牟尼佛和彌勒佛。自轉香巴後，拉卜楞寺的正月默朗木法會於正月十七日結束。

⊙二月法會

藏語「尼貝措卻」，共五天。其中，二月五日為該寺創始人一世嘉木樣大師圓寂紀念日，白日誦經，入夜各經堂、佛殿、囊欠、僧舍屋頂都點酥油燈，以示紀念。

二月初七日殺「㪲仇」，也稱「贖祭」，含意為用錢向惡神贖災和殺「㪲仇」。㪲仇是抽象的，廣義地指惡神，更主要指自己心中的不潔淨點。這一日，選擇一名代表惡魔的人，身穿翻毛羊皮，右側白，表示善；左側黑，表示惡。右手執白馬尾，左手執黑馬尾，頭插鷄毛。這個角色受寺主、各囊欠、僧人、民眾的雇請。午後，隊伍由寺主公館出來，帶著寺主的替身像，跟著兩個執刀打鬼的人，到大夏河岸，由寺主的替身者投骰，贖價不夠則黑馬尾動，贖價夠則白馬尾動。然後毀掉念了三天經的供物，算「㪲仇」被殺了。這位黑白「怪物」，也逃過河，避山中七日，否則會被虔誠信徒們當作「鬼」而傷害。這本是一種驅魔的法事活動，但在從前，由於歷史上的民族壓迫與滅佛事件對藏族人的傷害，而把廣義上的「㪲仇」具體化、人格化。在歷史上，有些群眾將黑白人比作殺害過塔爾寺高僧的年羹堯（清代鎮守西北的將領），高呼口號，也有人將「㪲仇」具體化為滅佛者朗達瑪。這種情緒，後來被禁止，因而逐漸淡漠了。

二月初八「亮寶」，藏語稱「色日昌」。亮寶之日，僧侶數百人，衣帽鮮明，持幢幡寶蓋形成各種儀仗。每位僧人各持寺內最珍貴的寶物一件，如犀牛角、象牙、珊瑚、瑪瑙、法器等，伴隨著由僧人化妝成的獅子、野牛、大象、老虎等，由大經堂出發，繞寺一周，顯示藏傳佛教可降服一切猛獸、寶物的法力，供人觀賞。

⊙三月十五日時輪金剛法會

此日為釋迦牟尼佛成佛後講授時輪金剛本源之日，由時輪金剛學院主辦。從三月初便開始著手作彩土供，修時輪金剛曼陀羅。準備就緒後選派本學院高僧十餘人，身著法衣，手執法鈴，冠以五蓮帽，舞蹈誦經，以示紀念。

⊙四月「娘乃節」

「娘乃」是「閉齋」之意。照例是在四月十五日舉行。據藏文典籍的記載，佛教的創始人釋迦牟尼佛於此日投入母胎，證道成佛也是這一天，最後入涅槃還是這一天。這一天對於佛教徒當然是特別值得紀念的了。所以藏經中又鄭重地提及，若在這一天做一件善事、念一遍六字眞言，等於平常做三萬萬件善事、念三萬萬遍眞言。

娘乃節的主要內容是閉齋、轉廓拉、念嘛尼。在閉齋的前一日，即四月十四日，參加閉齋的婦女便把髮辮梳洗整潔，清晨，穿戴起最華麗的藏袍、佩戴叮噹作響的名貴飾品，先到寺院去轉廓拉。轉罷歸來，便各帶食具到村莊的「嘛尼康哇」（公共嘛尼房），參加全村人集資聯合舉辦的聚餐會。為求功德家家都自願投資參加，毫不吝惜，餐會是由村裡人家輪流聯合負擔。全村男女老少都可以去吃。每次的開支，相當的龐大。茶飯式樣多而豐富，有蕨麻、米飯、酥油、糌粑、白糖、酸奶、奶茶等。每人一份，吃不完的可以帶走。這一頓飯，都吃得很飽，因為到了眞正閉齋之日（四月十五日），水與食物不許入口，並且不能說話，祇能轉廓拉、念嘛尼，直到十六日黎明。

十五日的清晨，所有臨近寺院的信徒，差不多是全體出動，繞寺院轉廓拉。婦女們多半是身著麗服，頭戴白羔羊皮帽、狐皮帽、蒙式拖纓帽或禮帽，髮辮上飾以貴重飾品，或單獨徐步緩行；或全家一齊出動；或集體行動，排列成行；並用清脆的歌喉、悠揚的聲調，時斷時續地誦唱六字眞言。繞寺一周之後，有的直接回家，有的在寺院附近稍事休息，到了中午，又要去寺院再轉一圈廓拉。最後集中在寺東北隅的白塔周圍，分隊繞塔而唱，直到夕陽西下才散去。「娘乃節」在每年農曆九月二十三日也有一次，但規模較小，其他一切相同。

⊙七月舉行「說法會」

藏語「柔扎」。會期在農曆六月二十九日至七月十五日止，共十七天。正式大會爲七月初七或初九。法會的主要內容是，舉行佛學哲學辯論和舉行「密勸日巴勸法」表演。會場亦在大經堂前的廣場。參加辯論者，前一天要往各個經堂、佛殿的佛前獻花，並在大經堂向僧衆散花，花瓣如雨，蔚爲壯觀。

七月初八舉行「密勸日巴勸法會」那天清晨，在大經堂背後獻（曬）佛，同時到冬季講經臺上陳列寺主嘉木樣大師及大活佛的衣服、法器等，供信徒們觸額祈福。中午時分，嘉木樣大師和四大色赤、八大堪布以及各位活佛登上前殿二樓的前廊，觀看密勸日巴勸善說法的故事表演。僧俗觀衆均坐於廣場，內層爲僧人，外層爲信徒。此劇在上演之前，必須先向嘉木樣大師和寺院僧官預演，得到認可後方可在法會之日正式演出。

⊙九月二十七日禳災法會

在嘉木樣公館內舉行，主辦者爲喜金剛學院。午刻，在東廊下置三尖供（藏語「多爾瑪」），在法樂伴奏下，由具有十年以上經驗的表演者四十餘人，戴著護法面具，演出四幕：一爲護法載末爾（土地神），配角九位侍從；二爲法王明妃，配角十七侍從；三爲北天王（財神），配角九位；四爲飾紅教僧的「黑帽子」十五位。最後將三尖供送出焚毀，象徵有惡必除，至此完場。

⊙十月二十五日宗喀巴紀念日燃燈節

紀念過程與其他寺院相仿。在這一天，全寺僧人可以接受布施和齋飯。每任總僧官也是在這一日上任，由寺主嘉木樣委任秘書長，宣佈委任狀，並由新任總僧官向全寺宣佈規章和制度。

拉卜楞寺還特爲歷世嘉木樣圓寂設紀念日。每一紀念日寺院各佛殿均向蒙、藏等民衆開放，婦女也可朝拜。

此外，拉卜楞寺還有一些僅限在僧人中舉行的法會和節慶，比如：

時輪學院每年三月六日有「奠基法舞」；三月十四日至二十一日有「時輪自入法會」。

醫藥學院每年三月十七日至二十四日舉行「藥師佛的自入壇城和燒壇法會」；八月九日至十五日、八月二十九日的「丹眞金剛自入壇城和燒壇法會」及迴遮施食生鎭魔法會；九月十八日至二十四日的「阿閦佛自入壇城和燒壇法會」。

喜金剛學院每年夏至日舉行「大施食」；三月份舉行虛空瑜伽師佛自入法會；八月份的「金剛手自入法會」；九月份舉行「喜金剛自入法會」。

續部上學院每年三月十七日至二十四日舉行「集密自入法會」；五月二十七日至二十九日的「滿足護法心願法會」；六月三日至五日的「開光儀軌」；八月十七至二十四日的「大自在自入法會」；九月十七日至二十四日舉行「怖畏九首金剛自入法會」。

續部下院每年農曆三月十八日至二十四日舉行「大自在自入法會」；六月四日至六日的「開光儀軌」；九月十八日至二十四日的「集密自入法會」；九月二十八日開始共五天的「怖畏九首金剛自入法會」；每學期還舉行「施食迴遮法會」一次。

21 民間的宗教節日

在藏族民間，保留著許多獨特的與宗教有關的節日。這些宗教節日，有著各自的起因和悠長的歷史，並充滿著象徵意義。這些民間的宗教節日，有的氣勢宏大，震憾人心；有的輕鬆歡樂，充滿著對大自然的感恩之情，稱得上是既隆重歡樂，又多姿多彩。

雪頓節

「雪頓」是藏語譯音。「雪」是酸奶、奶酪之意，「頓」是宴會之意，合爲「酸奶宴」。此節日一般於藏曆六月十五日至七月三十日舉行，這原是色拉、哲蚌、甘丹三寺遵行儀軌的夏安居時間。在雪域高原每到夏季六、七月間，天氣轉暖，百蟲驚蟄，爲免傷害牠們而違「不殺生」之戒律，藏傳佛教格魯派規定每年藏曆六月十五日到七月三十日之間，不准僧人出寺活動，要在寺中靜行長淨、夏安居，直到解制，才能出寺行動。這時平民百姓都要取出酸奶向他們供奉，因爲這個時節牛羊膘情最好，產奶量多質好，所以招待食品以奶製品爲主。並在歡慶會上演出藏戲，所以形成了「哲蚌雪頓」之名。

在此期間，拉薩和哲蚌寺附近的信徒都有前往觀看藏戲的風俗。以前，祇在哲蚌寺演出「雪頓」藏戲，到了五世達賴時，不但喝酸奶玩樂，而且調集西藏各地區藏戲團前來演出。自從五世達賴從哲蚌寺移居布達拉宮後，除規定頭天在哲蚌寺首演外，又規定第二天到布達拉宮爲達賴演出，然後在拉薩市和各地巡迴演出。十八世紀後期，羅布林卡建成後，成爲達賴的夏宮。西元一九一三年，依照第十三世達賴的決定，每年都要在羅布林卡首演藏戲，允許百姓進入羅布林卡觀看演出。相沿下來，形成群衆性的娛樂活動。

雪頓節於藏曆七月初一在羅布林卡拉開序幕。這天一早，拉薩居民扶老攜幼，備足食品和野餐用具，來到羅布林卡樹蔭下或溪水旁，觀看來自拉薩、日喀則、窮結、雅礱、堆龍德慶等地的藏劇團和戲班子、舞班子、打鼓舞隊的聯合演出。在「中共當家」以前，每逢雪頓節期間，噶廈政府各機關都放假五日，全體官員前往羅布林卡陪同達賴看戲。

藏戲，是藏族人民古老的表演藝術形式。古老的民間歌舞和宗教儀式是藏戲的萌芽。早在西元八世紀，藏族民間的祭神宗教舞蹈「羌姆」中已出現了面具，這是宗教形式向藏戲過渡的標誌之一，面具在藏戲的形成中起了很大作用。西元十四世紀，藏傳佛教的噶舉派僧人唐東杰布爲修橋奔走募化時，邀請由南窮結縣一戶叫白納家的七位聰明、美麗、能歌善舞的姑娘，組成演出班子，二人扮獵人、二人扮王子、二人扮仙女、一人擊鈸，唐東杰布親自編導節目，設計唱腔唱詞，以佛經故事爲內容，編排了具有簡單故事情節的歌舞劇，到各地村場小巷獻藝召捐。這便是藏戲的雛形。七姐妹組成的「賓頓雪巴」就是最早的藏戲白面具派。唐東杰布稱得上是藏戲的改革者和創新者。正是他的努力，把「羌姆」等宗教儀式由廟堂引向民間，使藏戲的形成邁出了可喜的一步。

到了五世達賴時期，這位博才多學，勇於革新，並對藏族文化藝術有很高建樹的活佛，在師法前人的基礎上，兼容並蓄其他民族（如漢族、拉達克等）藝術中的精華來豐富本民族的藝術表現力，提高藏戲表演造詣，並使藏戲藝人職業化。五世達賴阿旺•羅桑嘉措對於藏族文化藝術，特別是藏戲的發展和成熟作出了重要的貢獻。據史文記載，五世達賴期間，藏戲在前後藏地區及山南普及起來，各地職業劇團如雨後春筍紛紛破土而出。當時每年僅到拉薩支藏戲差的演出劇團就達十二個之多，從而形成了早期藏戲流派——白面具派。

到西元十八世紀時，藏戲發展已非常迅速，流行地域也不斷擴大，除西藏地區外，川、滇、甘、青等省的藏族聚居區都採用藏戲表演形式。此時出現了新藏劇流派，這就是後期的藍面具派的崛起。藍面具派的出現，對於藏戲表演無論從內容到形式都是一次充實與提高。傳統節目號稱八大藏戲：《松贊干布與文成公主》、《朗薩雯波》、《蘇吉尼瑪》、《卓瓦桑姆》、《諾桑王子》、《白瑪文巴》、《頓月頓珠》、《智美更登》。此外，還有《赤松德贊》、《阿得合拉毛》、《若瑪乃》、《松保高德》等等。

在這種情況下，藏戲節「雪頓」開始出現。十七世紀以前，「雪頓」還僅是一種純粹的宗教活動日，但到五世達賴時期，「雪頓」活動內容更加豐富，開始變成固定的藏戲節了。每年藏曆七月初「雪頓」節期間，噶廈政府委派負責布達拉宮內務的「孜恰列空」專門管理每年雪頓節藏戲的獻演事宜，這樣逐漸形成了比較固定的集中到拉薩來獻演的十二個「雪頓巴」。十二個團體中有四個藍面劇團、六個中等白面劇團和布榮地方的犛牛舞劇團和工布地方的單人鼓舞劇團。

七月二日至七日，幾大劇團開始在羅布林卡露天戲臺爲達賴和噶廈政府僧俗官員演出各種的優秀劇目。這些劇目雖年年演出，但藏族僧俗群衆卻百看不厭，興味猶濃。《松贊干布與文成公主》中的那段優美姻緣；《智美更登》中那由《佛說太子須大拏經》衍化而成的充滿佛本生思想的故事；《朗薩姑娘》死後還陽、皈依空門的經歷；《頓月頓珠》假託達賴、班禪前生事跡的情節……永遠深深地吸引著、感染著虔誠信奉藏傳佛教的信徒。每當演出之時，人們總是抱著極大的興趣觀賞，並且一看就是一整天而毫無倦意。

當然，在劇目更換或情節銜接之際，不少看戲信徒到樹林中野餐，暢飲酥油茶、青稞酒並食用各種美味食品。有些則邀請朋友聚會，跳舞、喝酒唱歌，盡情地歡鬧。從前在雪頓節期間的每日中午，噶廈政府專設酸奶佳宴，宴請僧侶官吏同樂。

八日以後，各劇團到拉薩地區各處演出，八月上旬各劇團回到本地演出。與此同時，全藏區村村寨寨所有民間藏戲團體和帶有戲劇性質的藝術表演團體（如熱芭歌舞隊等），活躍在鄉間，通宵達旦地狂歡，慶祝雪頓節。

⊙望果節

「望」即「翁卡」，意爲「田野」、「田地」；「果」意爲「轉圈」、「巡遊」；「望果」意爲巡遊田野。這是西藏農業區的節日。望果節沒有固定的日期，一般在七月，青稞和小麥成熟即將開鐮收割之時，人們選擇一個良辰吉日，穿起盛裝，帶上美酒食品，集攏成群，在舉著佛像、背著經書、打著旗幡的喇嘛導引下，浩浩蕩蕩繞行在即將收割的田地之間，祈禱神佛保佑能順利收割、獲得豐收。

據《苯教曆算法》等典籍記載，「望果」之俗約始於西元一、二世紀布德貢杰贊普時期。當時，西藏山南雅礱地區的雅礱部落已開始播種、修渠灌田，發展農業。爲祈禱豐收，苯教苯頗們教人們在收割前，繞轉田地，求神賜福。後來逐漸演變成內容豐富的、群衆性的祈福和娛樂的節日。

西藏各地的地理條件差異很大，實際上，望果節的日子是根據各地莊稼的成熟期，由寺院的喇嘛擇吉日而定的。望果節這一天，人們早早來到一片較開闊的空地，這是每年望果活動的集合地，整個望果節的活動既從這裡出發，又從這裡結束。集合地中央插有掛著青稞穗和豌豆株旗幟的樹枝，樹旁堆起煨爆臺。整個活動是在裊裊上升的爆煙中開始的。大約十時整，法號長鳴，鼓聲陣陣，參加轉田的隊伍整齊地排列一圈，通常一家必須有一人參加，否則將有遭受災害的顧慮。由一名德高壽高的喇嘛乘坐馬上，指揮整個活動。他左手捧香壺，右手端盛有青稞酒的酒杯，口念經文，將酒灑向天、地、空三界，氣氛莊嚴肅穆。

有五名頭戴鋼盔、盔上插小旗和羽毛的武士打扮的男子，分別手持火槍、刀、嗩吶和小號，隨著法號的奏鳴跳神，口中發出強勁的吶喊聲。這時隊伍排成圓形繞場三周，之後，隨著跳神者的兩聲槍響，轉田正式開始了。

通常是法師高舉以五彩綢包裹的箭翎，走在隊伍的最前列。緊跟其後的是背著經文的僧人隊伍，此後是由村莊農民組成的樂隊和帶佛像的騎馬男子，全村百姓尾隨其後。但也有以部落頭人或村內有威望者身背竹筐作導引的。筐內煨燦的煙火冒著青煙，他手提兩隻裝有糌粑的白布袋，以此取悅於神，請求不降冰雹、洪水、乾旱、蟲災等襲擾莊稼、影響收穫。在他之後，是身背佛像、手舉插以青稞和豌豆株幡旗的二十五名男子隊伍，其後是背伏經書、右手持繞以哈達、青稞穗和豌豆株竹杆的四十九名婦女和兒童。隊伍中有三名少年分別扮成男女英雄。整個行進途中總有一鼓一鈸緊隨其後。

隊伍從集合地點出發，繞著本鄉的地域界限，做順時針的繞田遊行。他們認為轉過的田地，妖魔就會被趕走，就可豐收。每到村口、路口，便要停下來，接受沿途群眾吶喊助威。煨燦的人們向轉田者奉獻青稞酒和酥油茶，這時法師則下馬煨燦、誦經，為豐收祝福。到中午，轉田隊伍解散，各自回家吃飯。

下午隊伍集合好繼續轉田，此時情緒更是激昂，人流、口號、歌聲不斷，既使大雨和冰雹也不能阻擋隊伍的行進。在全鄉田地都轉過之後，隊伍解散。這時，各家在自己的地裡拔三穗青稞，供在自家的谷倉和神龕上。表示轉田已見到了效果，穀物定可全部收到家中，豐收已有保障。

隨後，在田邊空地上，一家一戶圍坐在一起野餐。人們互相敬酒敬茶，互祝吉祥。野餐之後，還舉行賽馬、射箭、歌舞等活動。

傍晚，法號再起，鼓鈸齊鳴，伴隨著村民震憾人心，強烈節奏的呼喊聲，轉田隊伍跟鄉親們一起回到出發時的集合場地，由法師率領隊伍順時針繞場三周。然後法師坐於人們在場內擺放的箱子上，雙手擊鈸，在他的鈸聲中，隊伍循一種特定路線（或稱「轉羊腸子」）行走，藉此祈禱牛羊牲畜興旺。然後再由法師率領作「之」字形轉動，以此祈求寺院興旺。入夜，場地燃起篝火，每戶向火中添一把柴禾，然後圍繞場中插有青稞穗和豌豆株的旗杆跳舞、歌唱，祈求幸福和吉祥。最後，當村中最受尊敬的長者從桌上捧起五穀盒時，全村農人抓起糌粑撒向天空……隨著一聲槍響，歡快熱烈的望果節儀式到此結束了。

⊙沐浴節

藏曆七月上旬（一般在七月六日至十二日）西藏地區普遍流行著到河中洗澡沐浴的習俗。據藏族曆算書籍傳載，太陽運行到第十宿四十三度時，即藏曆八月交節（白露）後七日內，澄水星出現，因之一切水皆成甘露。此時入水沐浴，能袪除疾病和罪孽，有如藥浴，因而也稱藥水節。西藏的沐浴節即源於此，說但時間稍有提前。據牙含章先生在《達賴喇嘛傳》中記載：

> 每年八月初一日起，達賴在羅布林卡舉行沐浴禮，一共七天。為了祝賀沐浴禮，三大寺和噶廈官員又向達賴獻哈達致賀。班禪和薩迦法王專門派人來送沐浴禮品。沐浴完畢後，駐藏大臣又要親自去看望達賴。

在民間，這一周的時間裡，祇要附近有江河的城鎮居民們，家家戶戶不分男女老少都到河中去洗澡。這個時期恰逢雨季剛結束，河水澄清，水溫適宜，風和日麗。人們在河水中洗頭、洗身、洗衣服、洗被褥，除去一年的污垢，並在水中游泳嬉戲。男女青年還可互相邀約，競相擊浪泅渡。節日期間，全家團聚在河邊叢林中，沐浴後喝茶、聚餐、飲酒、敍家常，在嘩嘩的流水旁引吭高歌、翩翩起舞……直到澄水星隱沒之後，已在河水中沐浴得乾乾淨淨、並消除了疲勞的人們，才返回居所，投入新的勞動工作中。

⊙香浪節

「香浪」，藏語意爲「採薪」。這是流行於青藏高原東端甘南藏族自治區的傳統節日。相傳每年盛夏，僧人外出爲自己採伐燒柴時，因路途遙遠，當天不能返回，於是在外露宿數日，勞動之餘，悠閒自得，遊山玩水。由此相沿成俗，不但寺院僧人過此節日，也成爲群衆性的郊遊活動了。

這是一個歷史悠久的節日，沒有具體的時日規定。每年到了農曆六月，適逢草原上天藍、雲白、山青、羊肥、牛壯、馬駿的最好時刻，藏民便不約而同地帶上帳篷、鍋灶、香食美酒，來到草原上，或三、五戶一起，或以村寨爲單位，度過十天、半月的野外生活，然後返回家中。

關於香浪節，還有一種迷人的解釋：草原，是先輩遊牧生活的發祥地。隨著歲月的變遷，這個遊牧民族中有不少人已逐漸過起了定居生活，但他們對祖先仍有著悠悠的懷念，對草原仍有著深深的眷戀，於是他們就以歡度香浪節的形式來追憶祖先的遊牧生活。

的確，藏民對大自然和祖先特殊的感念和依戀情懷，是諸如香浪節、轉山會、賞花節、採花節這類投身於然懷抱中的節日能夠得以長久流傳的根本原因之一。

香浪節到來之前，藏民就著手準備，香浪節期間會放幾天假。帳篷、食品等都準備得豐富而講究。

人們選擇吉祥的地方搭起帳篷，帳篷邊還搭起煨爕臺，他們以香柏枝的青煙，感激草原給予他們的無限恩澤，祈禱神靈保佑草原。

香浪節期間，人們講究吃最新鮮的食品；喝最醇香的酒，喝剛擠出來的牛奶沖泡的酥油茶，吃剛宰殺的牛羊肉和血腸、麵腸等食品。但斟滿一碗美酒時，要先以右手無名指蘸酒汁向空中連彈三下，代表向佛、法、僧三寶致意。

以遊牧爲主的藏民族由於在地廣人稀的環境中生活，對聚會與交流的渴望尤爲強烈，香浪節恰爲這種渴望的實現提供了機會。親朋好友團聚在一起，談話家常，舒展一年勞作疲勞的腰身，在草原這個大舞臺上，盡興舞蹈；亮開一年封閉的歌喉，在曠野間盡情對歌。歌聲述說祖先的功德，敍說草原的恩惠和生活中悟出的哲理、敍說對未來的嚮往。全年的忍耐和辛勞，可以在一瞬的歡快渲洩中消除。

平日在勞動中創造的技能，在香浪節上得到最好的展示機會。香浪節常伴有賽馬、賽犛牛、大象拔河、射箭等體育項目的競賽。

⊙插箭節

這是藏族民間流傳的古老的由祭祀儀式衍化而成的節日。在遠古時代，當藏族社會由採集、狩獵階段進入到農牧業經濟後，人的力量已愈來愈多地顯明，人們開始由對動物等的圖騰崇拜，轉到對人類自己身上。部落祖先中那些最強悍的英雄，逐漸被人們奉爲可驅逐一切「魔鬼」、災禍、主宰人生死的「保護神」。藏族先民信奉的「保護神」，主要是「贊神」、「敵神」（戰神）、「陽神」（男神）等等。在藏區普遍保留的插箭節儀式，實際上就是祭祀、祈求「保護神」保護的儀式。

某一部落、地域、村莊的「保護神」，均設在最高的山巔或扼守交通要衝的山埡隘口上。人們以五彩的箭垛作爲供奉的象徵，每年爲這些「保護神」舉行供奉儀式——插換新的彩箭，於是就有了「插箭節」的名稱。

插箭節沒有固定的日期，由部落按宗教方式擇定。插箭之日清晨，每戶派出壯年男子（沒有壯年男子的，少年亦可）騎馬聚集到山頭的箭垛前。煨燊是整個儀式的前奏曲。人們將從家中帶來的香柏枝、糌粑、牛奶、乾鮮果品、茶葉等添入燃起的煨火上，圍繞煨燊臺自左向右轉三圈，高呼保護神的名字，借升騰的煙霧傳達對神的敬意和虔誠傳達出去，當海螺聲響起時，人們便向保護神行叩拜禮，並將印有戰馬的紙符拋向天空。頓時間山野中紙符漫天飄舞，形成鋪天蓋地的壯觀景象。

這時插箭節的儀式便正式開始了，威武的男子們騎著駿馬，手中高擎各家早已準備好的彩箭，自左向右繞箭垛三周。箭翎是用柏枝削尖，綁以羽翅、羊毛結，並以水彩繪以雲景等圖案，箭上掛彩色綾緞。活佛、寺院、頭人的彩箭，高大氣派，彩繪紮製上也十分講究。其他農、牧民家庭按各自的經濟能力製作，每戶均有一枝。箭垛地基，埋以經卷、經文和果品、牛奶等吉祥的供品。前一年的舊箭在插箭儀式舉行之前清理掉一部分，插箭節這一天人們將箭翎插進箭垛，新箭簇擁著舊箭，蔚然矗立於山巔，象徵著戰神的威嚴，象徵著一個部落不可欺凌、不可戰勝。

插箭之後，人們的激情還久久不能平靜。儀式之後，威武的勇士們仍高呼保護神的名字，並繞箭垛而行，鳴槍、高亢的吶喊聲響徹山谷。插箭儀式結束後，有些人回到了村寨，有些人卻留下來埋寶，爲親人、和家庭祈禱。

⊙轉山會（又稱浴佛節）

每到春暖花開，播種結束，稍微閒暇的時候，四川省甘孜藏族自治州康定地區的藏族人便於農曆四月八日，穿上鮮艷整潔的服裝，趕馬拉車，帶上帳篷和各種土產匯聚到跑馬山麓、折多河畔，舉行一年一度的轉山拜佛節，祈禱神佛保佑人畜興旺、五穀豐登。人們在跑馬山坡綠茵如毯的草地上搭起帳篷飲酒歡歌、跑馬、射箭、跳舞，同時舉行物資交易活動，熱鬧非凡。轉山會於是成爲藏民參加人數衆多的不可忽略的民間節日。

⊙賞花節

每年農曆六月，四川阿壩藏族自治州馬爾康地區正是氣候宜人、百花競開的季節。藏族同胞利用這農活較少的時節，穿起節日盛裝，騎著馬，馱上帳篷和食品，來到野外的山坡上草地間搭起帳篷，架起鍋灶，熬茶煮飯，飲酒歌舞，盡情欣賞盛開於山野的美麗鮮花，享受大自然對人類的恩賜，或五日或七日，盡興而歸。

⊙採花節

每年農曆五月初五，居住在白龍江流域甘肅南端的博峪藏區，便要舉行一年一度隆重、歡快的採花節。採花節習俗在博峪藏區已有數百年的歷史。這也是一項投身自然、祭祀山神的民間傳統節日。

採花節活動是由「搶水」拉開序幕的。節日第一天日出之前，人們紛紛奔往附近山間泉水旁搶泉水，有的雙手捧水痛飲，有的背水回家洗髮、洗身。相傳這一天日出之前的山泉喝了可消災袪病，沐浴可給人帶來吉祥。

「搶水」結束之後，各家父母便將女兒盡善盡美地打扮起來。博峪藏區素有甘肅的「西雙版納」之稱，山青水秀，藏家女兒大多長得美貌秀麗，加之精心地打扮，個個美如天仙。她們在節日這天頭頂疊成數層的青色新頭帕，並用彩色飾帶紮著；寬袖子的花裙層層相套，層層露出，有達到七層之多的；胸前穿由紅珊瑚串成的胸衣，佩以湯盒大的瑪瑙銀盤；耳戴銀耳墜，頭髮梳成數十條細辮，穿紅綢褲，小腿纏以潔白的「纏子」，腳蹬繡花鞋。

當太陽升起來的時候，村寨的鄉親們盛裝來到寨口為上山的姑娘們送行。節日期間，出嫁在外的年輕媳婦都要回娘家，同娘家寨子的姑娘們一同由哥哥、弟弟陪同上山採花，沒有親兄弟的姑娘可由堂兄弟陪同。上山的姑娘們在寨口先在「奧老」（領隊）的帶領下向前來送行的人們唱〈告別歌〉，大意爲：「花神」在召喚，我們上花山，採回鮮花獻親人。人群也隨之歌唱，吹嗩吶，放鞭炮，送她們出村莊。

途中，過小橋向花山走去時，姑娘們還互相唱歌問答一些有關山花的知識，唱起〈上山歌〉。

採花地點一般選在本地區最高、最負盛名的神山「刺兒坎」上。穿山越嶺進入百花盛開的花山上後，姑娘們架鍋做飯，小伙子們便來到山峰祭祀「花神」的地方，插上象徵保護「花神」的新的木刀、木斧、木箭等，祈禱「花神」保佑風調雨順、人畜興旺、五穀豐登。

在氣候溫濕的博峪藏區，「花神」充當了村寨、部落「保護神」的角色。

祭祀完畢，採花開始了。姑娘、小伙子們結伴，邊歌唱花神邊向漫山遍野的花叢中走去，採集那些潔白的枇杷花、火紅的杜鵑花、粉紅的馬蘭、紅艷的芍藥花……直到這些美麗的鮮花插滿了姑娘的髮辮。

這時，小伙子們飲酒歌唱，並攀上山崖，折下香柏枝、野菜、藥材等裝滿背兜。到傍晚時分，人們升起篝火，圍著篝火邊吃邊盡情跳舞、歌唱，往往通宵達旦。

當第二天東方發白時，歡鬧了一夜的年輕人們，吃罷最後一頓飯，整理好頭上的花環，背起帳篷、藥材、香柏枝等向山神唱起〈離別歌〉，人們隨著歌聲下山。當下山的隊伍路經村寨的橋頭時，他們會遇到早已等候在此的鄉親們。橋頭上，由村寨選出的三名歌喉出衆的中年婦女此時手捧龍碗邊唱邊向採花姑娘敬酒，以〈敬酒歌〉爲她們洗塵。

採花姑娘接過酒，邊飲邊回以〈謝酒歌〉，並要回答三位婦女用歌聲提出的各種有關人生哲理的問題。

村寨人將採花姑娘簇擁到打穀場上後，大家拉起手，圍成圈，跳起當地特有的「羅羅舞」。圈首，領舞的姑娘手搖串鈴作導引，舞蹈的人群根據她串鈴發出的節奏，變換著隊形和舞步。採花節是花神的祭節，是女兒的盛會。人們在花與歌的海洋中，祈禱幸福，祈禱吉祥。

除上述節日外，藏族民間還有藏曆五月十五日的「藏木嶺吉桑節」（意爲「世界煙祭節」，也有譯「林卡節」的）、九月二十二日神降節、十月十五日神女節等等。

十分有趣的是，有些並非宗教的節日而僅是民間傳統的節序，也都加進了祈福禳災的宗教內容。拿傳統的藏曆新年來說，這個歲次更疊、萬象一新的節日到來前夜，藏人按照習俗，舉著火把走上街頭，舉行驅「鬼」儀式，祈求消災免禍，除舊迎新。除了燃火驅邪外，藏族家庭還在灶房正中牆上和大門上貼畫各種吉祥符號和圖案。

大年初一，要將長滿青苗的長方形小盒匣擺在佛龕前，祈願五穀豐登、人畜興旺。清晨，家中主婦要早早起來去井邊或河邊挑水，以示吉祥。然後煨燊，以淸香的煙霧娛神，使神保佑全家幸福。有些人們還將五彩的布條繫在羊身上，並向羊身上灑奶茶，祝願牧業豐收。

流傳於藏族民間的這些多姿多彩的傳統宗教節日，究其根源都是與生息在雪域的藏民族的生產活動、文化生活、宗教信仰密切相關。這些節日世代相沿，已成爲藏族人民生活中重要的、不可缺少的內容了。

22 玄奧莫測的藏傳密宗

在當今氣功熱風靡全球的時候，不少人把眼光投向了藏傳密宗。

的確，藏傳密宗在解釋人體的奧祕、發揮人體的潛在能力、強身健體方面具有獨到的見解和方法。然而，藏傳密宗的義理，是希望通過佛法的修習途徑，達到靈魂和肉體崇高的境界。如果將修習「藏密」的目的僅僅停留在健身、長生不老的層次之上，那麼修持者就難以眞正領悟其內涵、進而最終獲得正果的。

密宗「祗向少數有『根器』的人，祕密傳授眞言密法」，這是極其重要的傳承密宗的根本原則。此原則不可打破！

不言而喻，密宗在雪域較爲盛行。密宗在雪域的發達，是藏傳佛教的重要特點。

密宗，也稱「密教」、「秘密教」、「瑜伽密教」、「金剛乘」、「眞言乘」等。藏語稱密宗爲「桑俄」，意爲秘密眞言。密宗是相對顯宗而言的。顯宗，指通過明顯的教理去修證，可向任何人傳佈；而密宗是指修習一些不允許向外人道的密法，最後修得正果。顯宗是爲大衆設置的，而密宗是爲少數有「法器」的人設置的。

修習密宗教義的目的，是通過廣授法師之灌頂，使有「法器」的弟子入密宗金剛乘門，達到完全擺脫生死輪迴之苦，進入涅槃寂靜的境界。

按照佛法，顯宗、密宗是學佛的兩種途徑；但達到的境界最終是一致的。

密宗起源於古印度。西元前一千至五百年間，崇拜自然神的雅利安人進入恆河流域。在西元前一千至八百年間，產生了《夜柔吠陀》及《阿達婆吠陀》，這是原始巫術和咒語的彙集。西元前八百至六百年之際，爲對吠陀經典進行解釋，相繼產生了《梵書》（舊譯爲「婆羅門書」，亦稱神學書）、《森林書》（爲婆羅門隱居森林修行時所用經典）、《奧義書》（奧義，意爲「近坐」、「侍坐」，引申爲師生對坐所傳之秘密教義）。這三部經典爲婆羅門教奠定了「吠陀天啓、祭祀萬能、婆羅門至上」三大綱領（見石世梁《佛教密宗釋論》）。釋迦牟尼佛時代，印度社會上已盛行咒術。在佛教的一些典籍中，也記載了當時咒術興起的情況，如在部派佛教的《四分律》卷二十七、《十誦律》卷四十六等中，即有佛陀釋迦牟尼聽許持善咒治療宿食不消、蛇毒、齒痛、腹痛等記載。應該說佛教的早期形態，是相當理性化、哲學化、倫理化、高度表現人類的卓越智慧的。佛教創始人釋迦牟尼佛住世時，主要宣講四諦（梵文的譯音，即苦諦、集諦、滅諦、道諦。四諦為佛教的基本教義之一）、十二因緣、八正道（梵文的意譯，意為八種通向涅槃解脫的正確方法和途徑——正見、正思惟、正語、正業、正命、正精進、正念、正定）。所以，在佛教早期，釋迦牟尼佛並非是以全知全能的聖者形象出現的，而僅是以導師、哲學家、眞理追求者的面目出現的。他所教導弟子的，是祇有皈依「八正道」及戒、定、慧，才能獲得解脫。

他在涅槃前囑咐弟子阿難：「你們要作自己的明燈，皈依自己，不要尋求別人的皈依；以眞理為你們的明燈和皈依處，不要在別處尋求皈依。」

西元一世紀左右，大乘佛教形成。隨著大乘佛教的興起，佛教教義有了各種發揮。菩薩信仰與西藏本土信仰的結合，導致有關兜率、東方、西方淨土佛國，與偶像崇拜和鬼祟拜的出現，那種借助「他力」，即依靠佛、菩薩，本尊以及神之力攝被加持而求取世人願望的傾向出現了。到了晚期，佛教吸收了印度民間婆羅門教中禳災、祈福和多神的世俗觀念，並結合佛教高層次的教義和理論（如中觀、瑜伽、禪定等）而成為有獨特地位的思想體系和派別——密宗。一般認為在七世紀中葉《大日經》和《金剛頂經》成立以後爲佛教密宗形成期。密宗教典總稱爲「怛多羅」。佛教密宗形成的過程，不能不說是當時「人類宗教心理的共同要求」，「體現了人類理性和神秘兩種心理要求的結合」（李冀誠《西藏佛教・密宗》）。據說，有位名叫因扎菩提的王子問釋迦牟尼佛，如果按顯宗修行需多長時間才能成佛？按密宗修行需多長時間才能成佛？釋迦牟尼佛告訴他，如依顯宗修行，需要經過三大阿僧祇劫（一個阿僧祇劫即在「一」之後加五十九個零）才能成佛；如果按密宗修行，有即身成佛的可能。「即身成佛」對人的吸引力是巨大的，因而人們爭學密宗。

大乘佛教的劃時代人物是龍樹菩薩。他於釋迦牟尼佛涅槃後四至六百年出世，被古人推崇爲無相好佛。一生傳佈大乘佛教教理，在藏文《大藏經》中，譯有他的著作一百十八種，其中解釋密宗的佔五十一種。他被尊爲密宗第三祖。

佛教由於印度波羅王朝的推崇與保護，既使在伊斯蘭教傳入後，仍在東印度一帶偏安五百年。這五百年間，密宗興隆起來。此後，密宗不但在中國傳播開來，而且又由中國傳入韓國、日本，成爲一支相當強盛的宗派，影響中國漢地、藏地文化千年之久，並成爲影響著日本、東南亞文化的佛教宗派。

然而，婆羅門教中屬於禳災、祈福和多神信仰的世俗觀念滲入佛教，卻也造成了印度佛教的致命傷，使其失去了本來面目而走上巫術、幻術的死胡同，最終在中亞新興的伊斯蘭教軍隊的進攻下，趨於衰落，已不再有振興之力了。

印度密教的思想和實踐傳入中國，則是始於三國時代。西元四世紀，東晉初期，西域人帛尸黎密多羅，將眞言密咒最早傳入中國。此後，漢地翻譯密宗經典盛行。一些由印度、西域來華的譯師、高僧，也多精於咒術和密儀。到唐代時，密宗已盛行一時。著名的僧人唐玄奘法師，曾在印度學習瑜伽、唯識，回國後傳譯密法。但是，到西元八四五年，「會昌滅佛」之後，漢地佛教呈衰頹狀態。唐代至宋代，雖還陸續譯出了一些密宗經典，個別地方也仍有密宗傳法、修法活動，但已影響甚微。學術界一般認爲，當唐代青龍寺惠果大師將密宗傳入日本後，中國漢地密宗遂失其傳。然而，密宗卻在雪域不但保留了下來，而且有了發展。

據史料記載，早在松贊干布時期，雪域已有密部經典流傳。松贊干布曾從印度請來譯師，已譯出顯、密經典多種。

最早進入雪域傳教的印度佛師寂護，就是著名的瑜伽中觀派高僧。據記載，當寂護入藏時，吐蕃的一些信奉苯教反對佛教的貴族、大臣大施伎倆，將當時出現的一些自然災害說成是由寂護帶入。在種種壓力下，寂護不得不離開吐蕃去尼泊爾。但他抱負未泥，為能在雪域推行佛教，由他推薦請來了著名的印度密宗大師蓮華生，想通過念咒、幻術這樣具有強烈神祕色彩和原始宗教氣息的密宗，來制服反對佛教的苯教徒，使生活在雪域的具有苯教文化傳統的群衆易於接受佛教。

果然，蓮華生大士的奇功，為當時雪域居民所歎服了。人們是在看到密宗奇功之後，才不再猶豫地信奉佛教了。此後，尙有法稱、無垢友、施戒、作信愷、作蓮密、阿底峽等大師陸續來藏譯出《集密》、《集密續》等許多密宗典籍，並傳瑜伽金剛界法、大曼陀羅等灌頂。密教在雪域得到了一定規模的流傳。

密宗乃至佛教之所以能在雪域保留並興盛，這是與宗喀巴的密教改革分不開的。早在藏傳佛教形成之際，各教派就在顯宗、密宗上各有自己的側重和偏向。在宗喀巴之前，顯、密曾長期爭論，甚至水火不容。宗喀巴在實施宗教改革時已注意到這一現象，他認為顯、密二宗應如同鳥的兩翼一樣，互相幫助而不應該互相輕視、排斥。在修習上他提倡顯宗、密宗並重，以持戒修德為本，重視對密宗典籍的注釋解說，而不專修哪一種密法。倡導在學習顯宗的深厚基礎上，才能系統修習密法宗旨。宗喀巴對密宗獨特見解和所建立的修習次第，使藏傳佛教避免了重蹈印度佛教衰落的覆轍。密宗在雪域，經過喇嘛們一代代不間斷地傳承修習，不但經久未衰，而且逐漸形成了具有雪域藏族特點的「藏密」。傳統上，稱藏傳佛教密宗爲「藏密」，是爲了區別於漢地佛教密宗和日本的東密。

密宗在雪域保留並發展起來，這個事實，爲人們提出了一個值得深刻探討、研究的課題。除宗喀巴的宗教改革因素外，密宗的發達大概與藏民族在嚴酷的地理環境下所形成的、特有的傾向神秘和信仰神力的心態不無關係。

而我國宗教界、學術界長期以來缺少對密宗嚴肅的介紹，則是造成人們對密宗誤解、神秘化的原因之一。

關於藏傳密宗的義理，在藏文《大藏經》的《甘珠爾》部的第七類「居」中和《丹珠爾》中的「居」類中，以及密法總集《大乘要道密集》中，基本上包括了密宗經論和修習法的全部內容。後來格魯派的創始人宗喀巴又著有《密宗道次第廣論》、《密宗十四根本戒釋》等和弟子克主杰所著《密宗道次第論》等，又爲密宗義理和修習次第補充了內容。

密宗教義認爲，世界萬物，包括佛和衆生皆因「地、水、火、風、空、識」這「六大」所造。前「五大」爲「色法」，屬胎藏界（有「理」、「因」、「本覺」三個方面的意義）；「識」爲「心法」，屬金剛界（有「智」、「果」、「始覺」、「自證」四個方面的意義）。主張色心不二，金胎爲一。「六大」爲宇宙萬有，又皆具衆生心中。佛與衆生體性相同。衆生以法修習「三密加持」就能使身、口、意「三業」清淨，與佛的身、口、意三密相應，即身成佛。而達到即身成佛的唯一途徑是修持。

藏傳密宗講究修持，強調宗教實踐的重要性。在所重經典、修習次第、儀軌制度、傳承等方面，有其獨具的特點。此宗儀軌複雜，所有設壇、供養、誦咒、灌頂等，均有嚴格規定，需經阿闍梨（導師）秘密傳授。

步驟大致如下：

首先，每位欲入密乘道者，必先是品行端正的人。按照《大日經・住心品》的說法，「菩提心爲因，大悲爲根本，方便爲究竟」，即是講修密宗者必須先發「淨菩提心」（即自性清淨心）。《大日經疏》中說：「此心如幢旗，是修行導者，猶如種子是萬德本。」此心是成佛的「因」。同時，還必須具有「救度衆生」的大慈大悲，因「大慈悲心」能夠輔助各種「功德」滋長。密典中說，若沒有此種「心」就沒有資格修學密法。

其次，僧人在進入密宗階段學習時，還必須拜師，須遵照十種功德選擇上師。對於學密宗的僧人來說，上師的選擇相當重要，它關乎到修持者能否進入頓悟正道，而不出偏差。所選擇的上師在向弟子敞開心扉之前，也必先觀察弟子的「根器」（也稱「善根」）

並以種種考驗，觀察弟子在學法修鍊方面是否有「不可遏制」的決心。

加行道

上師經考驗確認弟子具備修習密宗潛能和可獲「正果」的希望後，方接納弟子，確立師徒關係。而後，由上師進行入密門灌頂儀式。灌頂之後，便進入「加行道」的修持。所謂「加行」即「加修」之意。

加行道修持，是密宗行者入密的「前導」，被視爲密宗的「根基」。加行道修持一般有四種，稱爲「四加行」修法。具體是：

⊙四皈依

即皈依上師、皈依佛、皈依法、皈依僧。其中皈依「上師」在藏密中非常重要。密宗強調「視師如佛」，密宗把「上師」（喇嘛）作爲修行者修法求道所需的必備條件，密宗行者必須以所謂「九種心」恭敬依止上師。

正因如此，召請慈悲的上師的儀軌，便是修持的序幕。上師被尊爲傳承釋迦佛祖全部智慧遺產者和眞諦闡述者，因而要在蓮花臺前向上師和佛跪拜三次。蓮花臺前點燃香炷和酥油供燈。拜師學法者在虔誠地追思佛的恩澤的過程中，誦頌一首優美的詩歌禱文，反覆三次。然後在佛的現身中誦頌一種簡單的皈依神咒，這種皈依神咒在加行修練中須共修鍊十萬遍。

⊙大頂禮法

也就是五體投地的叩拜。密宗修持中的叩拜與一般信徒的叩拜不同。在加行大頂禮法時，修行者發出祈願，發誓奉獻自己的身、口、意，與本尊合而爲一。這種叩拜按規定在加行修鍊中須修滿十萬遍。

⊙供曼陀羅

曼陀羅是梵文音譯，意爲「壇」、「壇場」。但四加行中曼陀羅供與壇城不同。在此它代表宇宙和萬物——中間爲須彌山，周圍四大洲、八小洲、日、月、如意樹、七珍八寶、自然財寶，連同自己的身、口、意和善行功德等，全心全意向三寶奉獻。

按照密宗儀軌規定，此法也須修滿十萬遍。

⊙念金剛薩埵百字咒或三十五佛懺悔文

咒語，在密宗中具重要地位。明咒，在印度最早出現於《梵書》和《夜柔吠陀》。早期的《愛多列雅・梵書》五・三二節記述：由於「生主」生息宇宙，產生了「唵」字。初時生主由其自身生「熱」，遂生出天、空、地三界；隨著熱度的提高，由三界生火、風、日三光；三光生梨俱、娑摩、夜柔三吠陀；三吠陀出現了三種光明；三種光明化現爲三個字：阿、嗚、牟。「生主」將這三個字結合起來，得出「唵」之音。於是人們皆唱誦「唵」字，並作爲禱誦平安字句之首和結束語「唵，平安！平安！……如是！唵！」

此後，「唵」字的意義又被廣伸，又出現了十三個字聲。

在佛教的密咒中，多數也以「唵」字開頭（讀「嗡」之音），如著名的六字眞言唵、嘛、呢、叭、咪、吽。《方廣大莊嚴經》卷四中說：「唱唵字時，一切物皆出無我，我所之聲。」密宗金剛界陀羅尼，冠以「唵」字，認爲誦持「唵」字，可成就法、報、化三身。

按佛教所說，咒語有五種來源——如來（佛）說、菩薩說、二乘說、諸天說、鬼神說。

密咒，配以手結印契（特定的手勢和坐法），心觀想佛尊，稱爲「三密」（意密、語密、身密）。「三密」是密宗的基本修習和實證法。依密宗說法，密宗行者通過「三密」感應，就能使「三業」清淨，三密相應，可即身成佛。

據筆者所見，藏傳密宗如此強調明咒的作用，這很可能是藏傳密宗以獨具的眼光，發現與認識到了聲音在物質世界中所具有的不可思議的力量，並合理運用了這種自然力量。我們知道，聲音起源於發聲體的震動，其特點是具有穿透力，能夠通過固體、液體、氣體。咒語，正是運用聲音震動、穿透力等不可思議的自然力量，在人體內與各脈穴點震動、共鳴，並帶動體內氣運行，從而達到意到、聲到、氣到的效果。使人氣暢心爽、心靈舒暢、頭腦清晰，藏密咒語（祕密語言）正是具有這種巨大的不可思議力量。

按照佛教密宗規定，念誦每種神咒的次數，都應在一百零八次和一千零八十次之間。以數佛珠計數，一百零八粒佛珠以一百次計算，每咒必須修滿十萬遍。

加行道修持的目的，在於通過清心和消除欲念，達到無我。修行是極艱苦的，從早到晚不間斷地修持，如此需兩年以上的時間才能完成。佛堂是必不可少的修持場所，法器是必不可少的助物。在一些儀軌中，修行者使用金剛杵和金剛鈴，同時手指結成各種手結契印。手印依據修行者尊奉的本尊佛的手印而定，目的是達到與佛溝通。修持時，有時法器急促地響起，那是督促修行者抓住某些擺脫生死輪迴的機會，認眞修持，以獲成果。

當加行修持的各項都已修滿十萬遍後，才有資格進修本尊法。按照金剛乘教義的義理，密宗行者念誦眞言、建立曼陀羅等，還不能到達「即身成佛」的境界，還必須具有五禪那佛的五種智慧——。五禪那佛，即大日、阿閦、寶生、彌陀、不空；五種智慧，即法界體性智、大圓鏡智、平等性智、妙觀察智、成就所智。如果有了這五種「智慧」，加上導師直接傳授指導，即能達到「菩提」（正覺）。

四部修習

藏傳密宗保留了密宗四部（即事部、行部、瑜伽部、無上瑜伽部）修習的完整形態。密宗所以有這四續部之分，按宗喀巴的說法，是以修行者根器不同、功能優劣而分成四等：一、須多行身外法行者（事部）；二、不須多行外法但與內定等量並行者（行部）；三、外行、內定兩者之中以內定為主者（瑜伽部）；四、不須外定而能升起無上瑜伽者（無上瑜伽部）。這可以說是密宗修持由淺入深的學習實踐過程。密宗的學習、修持過程相當複雜、嚴格，僅「事部」修行，就分十支儀軌：

1.修行處所：包括先於房中所修；出外沐浴、入佛堂法；著新衣入座、加持供物；守護自身及其處所修法。此儀軌爲預備儀軌。

2.咒眞實。

3.我眞實。

4.念誦眞實。

以上三儀軌稱爲「三眞實」。

5.住火靜慮。

6.住聲靜慮。

7.聲後靜慮。

以上三儀軌稱爲「三靜慮」。「三眞實」、「三靜慮」即是修行的內容，又是修行的方法，爲事部修行的主體（正行）。

8.修咒儀軌：修「三眞實」、「三靜慮」時的先行及結行儀軌。

9.護摩儀軌：修成就及事業時所作。

10. 灌頂儀軌：受菩薩戒、受華鬘、水、冠三種灌頂，爲成熟修道之器。

至於「行部」、「瑜伽部」、「無上瑜伽部」儀軌也相當多。其中，無上瑜伽部爲密宗最高密法。無上瑜伽唐代不傳，因此日本東密也無。而在藏傳佛教中，對無上瑜伽本部經典儀規的翻譯和傳承、修鍊都遠遠超過下三部，成爲密宗的一大特色。

當一位密宗行者修滿加行修持後，可請上師觀察其「根器」，擇修一本尊法。如果是大根器者，則可於「五部無上金剛大法」（大威金剛、勝樂金剛、時輪金剛、集密金剛、歡喜金剛）中，先擇一種而專修。除「五部無上金剛大法」外，還有「三種瑜伽母法」、「文武上師法」、「文殊身法」、「馬頭金剛言法」、「眞如心法」、「金剛橛事法」等八部行大法。藏密還有屬於下三部的佛部、蓮花部、寶部、羯磨部諸種密法和多種觀音法、彌陀長壽合修法、五色文殊法、二十一度母法等，均有事行部和無上密雙重修法。

「五部金剛大法」等屬於無上瑜伽，屬於成就修持和高級修持階段。因此，修其中任何一種金剛本尊法，必須由導師再作上密授法灌頂。這種灌頂包括密灌頂和慧灌頂。藏密嚴格規定，未經此二灌頂者，絕對不能做無上瑜伽密雙身修法。同時，在修「五部金剛大法」其中任何一種金剛本尊法，都需按密宗規定，嚴格遵循無上瑜伽密的修習次第。修無上瑜伽密從次第上說，大體分爲兩個階段，通常稱爲「生起次第」和「圓滿次第」。

⊙生起次第

是所謂觀想佛身，用觀想修本尊形象的階段。藏語稱「傑仁」，「傑」，升起、生長之意；「仁」作次第講。佛教到了密宗時代，本尊、護法以夜叉神的凶惡可怖面目出現，充分展現了神秘主義、象徵主義的特點，而佛像的種種姿勢和標誌，又均以佛教教義來說明。

生起次第主要修持方法有三等持（止觀）：

・初合等持（或稱初行等持）：觀想主尊雙身無二結合，化現壇場諸尊。

・壇場最勝等持：觀想由主尊雙身菩薩化現壇場中諸尊均已齊全，各安方位，應有盡有。

・事業最勝等持：指壇場圓滿升起之後，觀想諸尊淨化剎土之行，等同如來妙行。

修持者在修持時，手持種子（大米等），手結象徵宇宙壇場的複雜契印，一面念誦儀軌，同時觀想蓮花座上端，從梵文字母韻母生起月輪，聲母生起日輪，就中升起本尊手幟，標以種子，從此放斂光明融合圓滿，而後升起本尊全貌。這些觀想層次，又稱五種現覺生次，力圖在觀想中獲得五禪那佛的五種智慧：月輪表從「大圓鏡智」現覺；日輪表從「平等性智」現覺；種子、手幟表從「妙觀察智」現覺；圓滿融合表從「成就所智」現覺，本尊全貌表從「法界體性智」現覺。

在觀想本尊時，有粗分、細分兩種生起次第，就是先初觀本尊形象，然後細觀本尊每一標誌。這樣日復一日，年復一年，直到本尊眞實無餘於面前和夢境，這樣密宗行者就如同見到了本尊佛，可與他對話，聽其講經說法，最後把自己的身、口、意修成與本尊的身、口、意合而爲一，就算完成了初級階段的修持。

運用意念的觀想，談何容易！這是密宗最難修持的階段。觀想的目的是爲了達到心空、達到神與人的合一。其過程是凝神、入定。

凝神，是聚所有雜念的一念，通過觀想達到以念止念。如此，方能觀空、身空、心空而一切皆空。在這一刹那，大自然的靈力流入體內，人體也融入「五大」、「五智」所代表的特殊境界。

入定，入定首先要入靜，呈現觀想狀態，心息合一，若有若無，虛無縹緲，感覺身輕如雲似氣，飄然如騰空而起，身體已空虛消失。入定是密宗一切儀軌和修持所要達到的最高境界。這種境界，是深入智慧、深入光明、深入宇宙意識的境界。修鍊者完全與宇宙融爲一體，世界已完全成爲光明一片，轉識爲智。達到了這種境界的修持，據說修持者感覺氣血暢通，頭腦清新，精力旺盛，肌肉自然跳動，猶如注入了能量，全身有難喻的舒適輕鬆之感，靜坐數小時，感覺竟如同數分鐘。把自己的身、口、意修成與本尊的身、口、意合而爲一，也即「成佛」了。

⊙圓滿次第

即修習風、脈、明點（指內分泌物）等瑜伽。圓滿次第是密宗最後的、最高的修習次第。藏語稱作「佐仁」，「佐」，意爲「完成」，「終結」。「幻身」和「光明智」雙成是圓滿次第的最高境界。

宗喀巴大師在《密宗道次第廣論》中說：「波羅蜜多乘人，所修諸法眞實離諸戲論，即隨順法身行相之道，然無修習隨順色相好莊嚴行相之道，咒者有之。由是成辦利他色聲方便，道體上有最大不同，故分二乘。」這段話的意思，據多年來從事宗教研究的石世梁先生解釋，是說：單從心理上或思想上去斷除偏執與煩惱，固然可以發揮良好作用，但是思想或心理受生理或色身的制約，因此應該注意生理上的修持。圓滿次第即以風、脈、明點的修持而求得成果。

密宗認為人體內有二千七百條「靈熱」流通之脈。《密宗道次第廣論》中講到人身共有七萬兩千條脈，其中主要的有一百二十條，尤為重要者有二十四條，最切要害者有三條——左、中、右脈。中脈，藏語「吾瑪」；右脈，藏語「饒瑪」；左脈，藏語「江瑪」。

密宗視「靈熱」為保持壽命之氣，而中脈又是人體「靈熱」通過的重要脈道。因此，中脈被視為最致命之脈。據密宗講，中脈為藍色，貫穿於脊髓中間（這種見解與中醫關於督、任二脈之說很不相同）。氣與脈是交織的，一般人肉眼難以看到，祇有修持者在心靜入定時，氣脈貫通後，自己才會看到。

據密宗的見解，中脈貫穿有六個「靈脈蓮穴」：

第一穴，名為持根穴，位於人體前後陰中間，為人體「靈熱」之密泉。

第二穴，為男女根穴，又稱生殖輪。

第三穴，為臍穴。

第四穴，為心穴，又為「南穴」。

第五穴，爲喉穴。

第六穴，爲慧穴，位在兩眉之間，所謂「慧眼」所在，左、中、右脈均在此會合又分離。

也有一種見解認爲，人體氣脈爲「三脈七輪」。七輪：即海底輪、生殖輪、臍輪、心輪、喉輪、眉間輪和頂輪；「頂輪」位在第六蓮穴「慧穴」之上，又稱「無上蓮穴」、「千葉蓮穴」、「腦穴」、「北穴」，被認爲在人的心靈起因處。中脈自此處進達「梵穴」。所謂人體命盡，指識體即自梵穴而出。

藏密中所謂的「風」，是指風息、氣息，遍佈體內一切脈道，因其性動，故名爲風，共分十種。明點，指精液、血液（或內分泌物）存在於體內脈道之中。約束保持體內精血的物質及其方法叫做實體明點。脈、風、明點三者相互依存，脈如居宅，精如財寶，風心爲主人。藏密基本修行原理是讓沉睡的「靈蛇」之「靈熱力」起於海底輪，逐輪上升，一一自各蓮穴穿過，扶搖直上而達千葉蓮穴，進入入定狀態，爾後再散佈於全身各部如雨甘露，滋潤全身，證得「心靈妙明」大愉悅之境。

⊙瑜伽

在述及藏傳佛教密宗時，總會提到「瑜伽」。在此有必要將「瑜伽」及藏密修持中的中陰修法（俗稱修死亡術）、「樂空雙運」雙身修法等問題作一專門簡介。

瑜伽是梵文的譯音，意爲「相應」，《大日經疏》說：「所謂相應者，既是觀行相應之人。」

瑜伽起源於印度。它本來是獨立於各教派之外的一門學科，後來被一些古典教派所吸收。瑜伽之學包含兩個內涵，一是指特定的印度哲學；二是在此種哲學範圍內的各種實踐方法。早在西元前八百至六百年之際，在古印度《吠陀》和《奧義書》等典籍中曾論及瑜伽的一些理論和實踐。在《奧義書》時代，瑜伽的含意是依於調息等觀行法，觀梵我一如之理，以合於梵，與梵相結合。《利論》列瑜伽爲孔雀王朝時三個主要哲學派別之一。西元前一五〇年前後成書的《摩訶婆濕耶》瑜伽經，開篇即說：

瑜伽是抑止心識活動，因為如此才能使旁觀者（旁觀者，即指靈魂）保持自己的形態。不加抑制時形態與活動同為一體。

可見瑜伽的目的，在於通過某些身體上和精神上的鍛鍊，達到靈魂與心識分離，使靈魂得到純淨，並使人獲得神通。作爲究竟和圓滿解脫的前奏。

佛教密宗採取此法，是取觀行相應之義。即將修持者身、口、意三業（亦稱「三密」）與本尊神的身、口、意視爲一體。因而，佛教密宗行者又被人稱爲「瑜伽行者」。

佛教密宗與古典瑜伽學，都強調戒、定、慧，但兩者各有側重。古典瑜伽強調外修，佛教則著重修心。凝神、入定，最後達到斷滅心識作用，是佛教密宗瑜伽功奇妙之原理基礎。據佛教密宗的見解，人類的智慧分爲四個層次：意識、無意識、潛意識、深層意識。而在人類意識的四個層次中，常人最多衹能具備前三種。而深層意識，即「深層記憶」、「欲望泉流」，衹有密宗行者使用了特殊技巧直接刺激大腦邊緣系的深層意識（深層記憶），這就徹底地與人的欲望泉流融合到一起，使人類在你這個「個體」出生以前就積累的能力和經驗開掘出來，智慧得以昇華。佛教到了密宗時代，特別是無上瑜伽部以修中脈、調氣息、專注一處爲特點，重視外修對內修起的作用，更使瑜伽達到了功理功法上的圓滿。

藏傳佛教中的瑜伽修行，經現代科學實驗鑒定，其科學性是得到了肯定的。據實驗，密宗修持者在入定狀態下，新陳代謝降低、氧氣的消耗量也降低。入定時，修持者的大腦其物質成分得到極大的恢復和補充，熱能增加量大於排出量。修持者出現的輕身騰飛和身子浮起現象，祇不過是密宗瑜伽行者修持中出現的靈通現象罷了。

當然佛教密宗在實踐瑜伽的方法上，也重視苦行。實踐瑜伽的方法有兩種觀念，一種認爲保持身體健康和舒適，使理智不受肉體影響的困擾；一種認爲通過苦行，即通過克制肉體、壓制食欲和情感、壓制散漫思想而達到靈魂與心識分離，在拋棄一切的同時得到一切的目的。

據說，釋迦牟尼佛出家後，曾進行多種的尋求與實踐以期得到解脫。他曾到王舍城向阿羅邏迦羅摩和優陀迦羅摩子學習瑜伽，但「因他們所示僅以生天爲目的，因此辭去，到迦耶城南行苦行六年。他根據『摩擦濕木不能生火，摩擦乾木才能生火；身體也須清除體液，才能適宜於接受覺悟和知識』的理論，於是實行絕食，安坐不動，『扣緊牙關，以舌頂上顎』，直到腋汗如雨下，專心入定，腹部猶如刀剖，最後好像被投入火坑一樣。他在另一地方苦行吃種子和草度日，逐漸減少食物，直到每日祇吃一麻一粟，甚至食用糞便，拔除鬚髮，連續站立，臥於荆棘之上。如此苦行六年，並未能成道，因此放棄苦行，接受牧羊女送來的乳糜，恢復飲食以調養身體，來到菩提樹下，靜坐沉思，經歷四種禪定階段，最後達到絕對的安穩和平靜的心境，既無痛苦也無舒適的感覺，在第四十九天時終於證道成果」（見石世梁《佛教密宗釋論》）。

當然，釋迦牟尼佛的苦行，並非後世人說的佛教密宗。密宗歷史的起點，經中外學者的考證，認爲基本上約在釋迦牟尼佛入滅後的一千年左右。但是佛教密宗依據釋迦佛的體驗，在實踐瑜伽的方法上，既倡導通過苦行、壓制散漫思想；又注意保持身體健康和舒適，使理智不受肉體的困擾。

⊙中陰靜修法

藏密瑜伽「中陰靜修法」，可以說是藏傳佛教對於死亡的偉大實踐。「中陰靜修法」，又稱死亡瑜伽。在藏傳佛教的發展、繁榮時期，有關死亡瑜伽的理論和實踐，在各派均有傳承，不僅爲藏傳佛教各派信奉，而且已深入到藏族人民的觀念之中。

「中陰」，是佛教專用詞彙，意爲間斷、中止，指死後與轉生前的中間過渡階段。按照佛教理論，生與死是人生兩大課題，生、死之間存在著相承相合的關係。死是生的前提，死後將重生，而有生便又有死，如此循環不已。而在死生之間，每個凡人往往根據其前世所種善惡之因，面臨六種道路的選擇，即「六趣」：地獄、餓鬼、畜生、人類、阿修羅、天神界，甚少人能圓滿涅槃。一個處於中陰狀態的人，若想超出六趣，解脫生死輪迴，他除了前世行善積德外，還取決於他對佛學理論領悟的程度和瑜伽師的必要指引。

這位引導的瑜伽師，必須具備有關中陰的知識和體驗，也就是在他活著的時期必須修鍊死亡時的諸種幻象與體驗，加強他的能力。這樣他即可救助瀕死的人，以《超度經》超度亡靈，用強大能量（氣、風）與死者亡靈進行聯通，以念誦的威力召引神靈從關鍵時刻起化除罪惡，喚起死者的法性，使他頓悟而獲解脫；同時也可使自己在臨死之際，不致於因死亡而中斷通往頓悟的修持，而是確保自己處於或醒或睡的狀態，口念本尊的神咒，並清楚地顯現本尊的狀態，由它引導直接進入涅槃，獲得圓滿的轉生（解脫）。

中陰靜修法，是一種高級修持法。修習此法前，必須具有足夠的基礎，達到「生起次第」的完成，獲得必要的成就，然後進入「圓滿次第」階段的修持。首先進行火瑜伽的修持（或名拙火定），即止觀集中堅守脈、氣、明點，以使臍輪火熾熱暖，此熾火於臍輪處沿中脈上升，遍諸毛孔毛端直至頂輪，此時全身都會發暖生樂，身心愉快，臍火瀰化頂門中菩提（明點），使之下降遍滿全身。這項法門，能使修行者「長命黑髮相飽滿如月，光彩煥發大力如獅子」（《恆河大手印直諱》），保持修持者所得到的「資糧」（修行能量）不會因一時失誤而損毀。「拙火定」修成後，便依次進入「大幻化瑜伽」、「夢境瑜伽」、「光明瑜伽」等功法的修持，逐漸達到把鏡象看作眞實，把眞實看作鏡象（大幻化瑜伽）；可隨意指揮意念入夢或出夢，把夢與現實進行聯繫、發現、比較，從而悟出幻性的本質（夢境瑜伽）；觀想體內光明點與宇宙無數相同的光明點匯合而呈無限大光明的能力（光明瑜伽）。達到了這些能力，修持者便已具有充分的修持中陰的條件了。

依藏密「中陰靜修瑜伽」的要求，修持者應選擇一處「完全黑暗而僻靜的房屋或山洞穴窟，他在裡面要連續入定冥想四十九天。在此期間內除了上師的外力可與他聯繫外，不許任何人或物驚擾於他。實際上，四十九天的期限就是死亡時停屍施法的時間，修行者修此功法，完全是將自己想像成一位死者，由此他開始逐步體驗到中陰狀態中的諸種幻想及其實質，從而獲得啓發」（見孫林編譯《藏傳佛教對於死亡的偉大實踐：藏密瑜伽「中陰靜修法」簡介）。

據介紹，「中陰靜修瑜伽」入定的標誌，是強烈的光明體顯現。這時，修鍊者有一種返回子宮的感覺，通過一個黑洞進入一片明亮溫暖的境地。修持者既可在藍色光明閃現中看到毗盧遮那大佛的面孔，同時每個凡人所面臨的六大境域（六趣）均在修持者心中依次顯現出來，比如地獄界的灰白色；引導人投生到人類世界的寶生佛的黃光；決定人是否進入餓鬼界的精純的火元素——光明佛手中的一盞燈或火炬；綠光不時閃現的畜生界等等。對於不斷加劇的危險和源源出現的神靈，你不能逃跑，必須在上師的引導下，開啓自身自性的「虹光體」，必須加強定力、平靜產生的忿怒、恐懼、愉悅這一系列感情因素，祇有堅持到最後，使那最初的光明體充分匯合了五部佛的五種光明，超越了六趣，使自己圓融於一片美麗斑爛的光體之中，暖熱愉悅無比，這時，便達到了大解脫，可以隨意還陽，去做爲人超度的瑜伽師，也可就此達到涅槃寂靜。

⊙「樂空雙運」雙身修法

無上瑜伽密部的「樂空雙運」雙身修法，也屬圓滿次第。所謂雙身修法，就是利用明妃相伴的雙修法。這種修法，引起了不明眞相者種種猜測與非議。有人視之爲「性欲瑜伽」，甚至與性力崇拜畫上等號，這實爲一種誤見。

關於「樂空雙運」，即雙身修法的教義，李冀誠曾剖析：

樂空雙運是密宗無上瑜伽密的特別修行法。它的「理論」依據是《大日經》和金剛乘的基本經典《金剛頂經》。在《金剛頂經》中說：「奇哉自性淨，隨染欲自然，離欲清淨故，以染而調伏。」這句話在金剛乘密宗中很重要。從中我們看出它給性力以神秘的色彩和「調伏」的概念，使其達到「自性淨」的一種手段。

在無上瑜伽密中，以明妃來表示「智慧」，「慧灌頂」之類的儀式，都是以此義理而衍生的。（見李冀誠《西藏佛教．密宗》）

我所說雙身修法不能與性力崇拜畫等號，並非是說佛教密宗修持不受古典宗教中生殖器崇拜和性力崇拜的影響。相反，有人認爲密宗金剛乘源於印度，它的雙身修法和「大樂」思想，來自印度教濕婆派的分支——性力派。該派信徒在祭神儀式上佩戴或手拿生殖器標誌，以此象徵濕婆。濕婆在印度教中是一個宇宙的破壞力與再生力的神，所以用生殖器來作表徵。該派認爲宇宙萬物均由女神性力而生，於是由對濕婆威力的崇拜，而引出生殖器崇拜及女神崇拜兩派。印度教性力派崇拜的主神，有難近母、時母、吉祥天女、辨才天女等。後期佛教密宗吸收了這些神，再配以佛教義理去解釋，因而形成無上瑜伽密的「樂空雙運」的雙身修法。

然而藏密「樂空雙運」修持法與印度教性力崇拜本質上是有差別的。藏密在修持過程中強調先觀空，然後觀想男女之事，由母尊生出諸佛，復觀空，歸結到「緣起性空」、「諸法皆空」，同時含有以貪（欲）治貪（欲），隨欲轉化之宗旨。而天女、空行母皆由心出，即由修持者觀想所出。《維摩詰經》中說：「先以欲鉤牽，後令入佛智。」蓋食色天性，是正常人的生理需求，密宗順勢而導，以達到「修鍊中脈已達長壽」和「證悟『樂空不二』令其身三密與本尊三密合一，而達即身成佛的目的」，而絕非提倡縱欲。可見，藏密雙身修法是絕不能與性力崇拜畫上等號的。

當然密宗在民間流傳，流派較多，不免夾雜一些其他內容，那是屬於外道的「邪法」。宗喀巴大師也認爲：「……後有甚多不善巧者，純以己意雜之。」（土觀・卻吉尼瑪《宗教流派鏡史》）藏傳佛教噶當、格魯等派對無上瑜伽部的傳授極爲謹慎，惟恐失之於濫，**藏密嚴格規定，未經上師對弟子言傳身教的「密灌頂」和「慧灌頂」，絕對不能行「樂空雙運」之雙身修法。**

⊙藏傳佛教密宗的修習組織和次第

藏傳佛教各派在密宗義理方面各有側重，修習方法上也有同有異。各派在密宗實踐中都有自己傳統的修習組織、制度和修習次第，如寧瑪派以大圓滿法爲主，認爲按照蓮華生大士傳播的佛教咒術和密法，修鍊圓滿便可充滿神通。在教義上，將全部佛法分爲九乘，九乘中的事乘、方便乘、瑜伽乘、大瑜伽乘、隨瑜伽乘、無上瑜伽乘爲密宗，合名「眞言乘」或「金剛乘」。

噶當派以阿底峽的《燈論》爲宗旨，《燈論》概括了顯密要旨及三士道（即出離心、菩提心、眞空見）和福智雙修的見解，倡顯密圓融；薩迦派以道果法爲主，認爲修法者斷除一切「煩惱」，可得「一切智」而達到「涅槃」境界之果；噶舉派以大手印法爲主，該派著名密宗行者瑪爾巴，曾三次赴印度，四次赴尼泊爾學習密法，回藏後譯經傳教，獨創一派，「噶舉」藏語意爲「口授傳承」。密教大手印以「樂空雙運爲道」，運用吐納、導引等一套類似氣功的法門觀修，先參證本心體相，用以指導風息「入」、「住」、「融」於中脈，引至臍端，拙火熾燃，由此產生四種「喜樂」，使心轉爲「大樂」，達到最高成就。

⊙格魯派

格魯派在密宗見解上與噶當派相近，該派創始人宗喀巴以阿底峽《燈論》爲宗，著成《菩提道次第廣論》和《密宗道次第廣論》，成爲格魯派的理論基礎。格魯派重在以顯教理論爲基礎，集合密宗修正的體驗。因而在格魯派寺院中，顯、密二宗之間的協調是以往各派中不曾有過的。對格魯派寺院的密宗修習、組織制度和次第，有必要詳細介紹。

在黃教寺院中，大都沒有專習密宗的札倉（學院），進行系統的密宗傳授、修習。在格魯派中修習密宗的僧人有兩個層次，一爲喇嘛舉巴，一爲阿巴扎巴。

所謂「喇嘛舉巴」，是對那些學完顯、密二宗僧人的稱謂；「阿巴扎巴」，則是指那些不懂顯宗教法或不經過顯宗教法修習而直接進入寺院內部密宗札倉修密的僧人，「阿巴」，意思是咒師。爲區別進入寺院密宗札倉學習的僧人與世俗阿巴的不同身分，因此稱進入密宗札倉學習的僧人爲「阿巴扎巴」。

喇嘛舉巴必須先在顯宗札倉中學完著名五部大論，正班結業後，經導師推薦和本人向當局申請，獲准後方可參加格西學位考試，而要完成五部經論的學習必須勤奮攻讀十五年到二十年時間。衹有考取格西學位者才被認爲完成了顯宗方面的修習，具備了進修密宗深造的資格。這時，他就可升爲拉薩三大寺共同的密宗專修機構上、下密院（即舉堆札倉、舉麥札倉）。這是格魯派先後建立的兩個平行獨立的密宗札倉，合稱「舉巴札倉」。

在此學習的喇嘛在學業、品德修持等各方面有成就者，有可能被推薦擔任「格貴」的職位；該職任期滿後按年資候升喇嘛翁則；該職任滿後再按年資候升堪布；舉堆、舉麥札倉堪布任期爲三年，任滿退職後名爲堪蘇；上密院的堪蘇才有資格按其年資升任夏孜卻結一職；下密院的堪蘇才有資格按其年資候升降孜卻結。而夏孜卻結和降孜卻結有資格輪流繼承甘丹赤巴這一職位。達到這一地位，也就成了活佛，可以轉世。

舉堆、舉麥札倉的修習生活制度很嚴格，十分強調苦修苦行，既使是有活佛身分的人也不例外。每天四次上殿，最早一殿從凌晨兩點開始，上殿時無論寒暑都不准穿靴子，赤腳上殿。每天睡眠不足四小時。有時到法園修鍊，要席地坐在石子鋪成的座位上，冬夏皆同。

至於阿巴扎巴的修習生活制度，也是十分嚴格的。各寺院的密宗札倉教規相當嚴格。阿巴扎巴必須按《密宗道次第廣論》所示的方向，遵循一定的程序，結合修觀，以求證驗。密宗札倉戒律繁多，比如有些札倉規定：僧人不能穿綢緞；袈裟不准疊皺；不能飽腹；嚼食物不能出聲；吃飯必須持缽；睡覺祇能曲腿蜷曲於一公尺見方的墊子上等等。

由此可見，欲要眞正理解密宗教義，修鍊密法，獲得正果，遠非輕而易舉之事！

至於在藏傳佛教百花齊放格局中一些較小的、獨立的教派，在修習密宗方面也各有自己的側重。比如息學派以泉邊爲修鍊場所，念誦「泉經」，主修息念斷欲、捨身濟衆法。每位信奉者至少坐夠一百零八座泉才算功德圓滿。希解派以荒山、老林、墳墓、葬場等人跡罕至之地爲苦修場所；覺宇派以斷除人生苦難、生死根源爲意境；此外，覺囊派、廓札派、夏魯派等，在密法修持上各有自己的特點。

⊙能斷派

當我們論述藏傳佛教密宗修持時，便不能不提到藏傳佛教史上的女密宗師瑪吉拉珍。

瑪吉拉珍，西元一〇五五年降生在西藏拉切地方一個貴族家庭。他十三歲時生母突然去世，十六歲時父親作古。痛苦的經歷使他感到人生的生死無常、虛幻不實，因此決意去尋找一個解脫這一切的眞諦。於是他參拜喇嘛扎巴、印度班智達陀巴扎亞、印度著名瑜伽行者帕當巴桑杰爲師，有人認爲這位「帕當巴」就是漢地禪宗祖師達摩。他從這位大師受惠頗多，並開始研習參修《般若經》，對般若性空有不尋常的內證和體驗，首創了藏傳佛教中獨具一格的能斷派的先河，形成了獨特完整的佛教思想體系。

衆所周知，修佛的終極目的是完全擺脫生死輪迴之苦，進入涅槃寂靜，成就佛果。然而在印度佛教中，佛是在彼岸世界的本體，瑪吉拉珍則獨闢蹊徑，把存在於彼岸的佛搬運到現實凡人的心中，認爲整個宇宙的眞諦——佛、空、眞如等存在於人的心中，這就將至高無上、超越人類感覺經驗的佛與芸芸衆生擺到同等的位置上，使普通人也有成佛的可能。現實中的人之所以不能洞見佛性，其中最大的障礙就是「我執」，即執「我」爲實有的思想，這種「唯我主義」思想，使衆生深陷於痛苦煩惱中而不能自拔，因此必須斷除「我執」。在這個問題上，瑪吉拉珍運用獨具特質的自我靜修法「能斷」，去斬斷「我執」、「斷欲念」。

這種密法的思想核心，是樹立「無我空慧」的般若思想，就是用眞正的智慧（這種智慧是斷除了「有礙魔」、「無礙魔」、「喜樂魔」、「傲慢魔」的智慧）消除「以我爲中心」思想。而根除「我執」所帶來的煩惱，首先要修習禪定，讓這顆跳動不定的心緩緩平靜下來，然後再去觀察體認這顆心和身體。通過智慧觀見「我」與「我執」的內外一切法沒有實在性（事物的善惡、好壞、彼此、大小都不過是人妄執產生，都是由人思想假設而已，並無實在性），通過智慧觀見人體的非實有性（身體不過是衆緣湊和而成，並非實有），這樣，便能悟透一切，由般若空慧斷除「我執」，消除「小我」並融合於「自然本性」這個「大我」之中。如此煩惱痛苦便無從生起，成佛的障垢便被掃除，修鍊者也可從輪迴的痛苦中解脫出來。

能斷派修持時，應觀想自己的意識通過「頂輪」離開物質的身體，再將離開軀體的意識，轉變成一個非常恐怖的忿怒空行者。忿怒空行者口吐火焰、鼻孔冒煙、手持弦月狀彎刀，將自己的頭劈開、砍下，又將自己的身體肢解，放在由頭骨組成的三角架上燃燒。整個身體（屍體、血、內臟）變成衆神飲用的甘露美酒，然後把甘露美酒餵養給意念想像界的餓鬼、畜生、地獄界的衆生，滿足衆生的欲望。修持者在奉獻供養的過程後，感知一個有實體、有自性的主宰者——我，其實是不存在的，非實有的。

這種密法的修持，一般要求在墳場、岩石峻嶺、荒無人煙處完成相應的儀式，同時在修行過程中，還需有特定的、優美的，並具有節律的音律與神祕咒語的配合。瑪吉拉珍首創獨具一格的能斷派，確立了他在藏傳佛教史上的獨特地位。他被認爲是智慧空行母的化身，他的思想影響了繼他之後產生的諸如薩迦派、噶舉派、格魯派教派的教義思想。

23 聖城拉薩

拉薩這座全世界最接近太陽的大都市，既是西藏的首府，也是藏傳佛教信徒心中的聖地。

一般藏族的婦孺老少都知道，拉薩是「神」的所在地。他們稱拉薩爲「尼瑪拉薩」，意思是「太陽光明所照耀的神地」。世俗民間常以「到拉薩去」這句話爲誓言，到拉薩朝聖，已成爲許多人一生中最大的願望。

作爲藏傳佛教的胎母，拉薩的歷史淵源深遠。

傳說，很早以前，當雅礱部落在西藏南部逐漸強盛，並開始建立吐蕃王朝時，「神」便派遣了特使金山羊，去北方物色建立聖地的地盤。金山羊跑遍了整個藏南藏北，都未看到滿意的地方。有些地方雖有巍峨的山峰和清澈的湖水，但金山羊一眼就能看出那不過是徒有其表而已。當金山羊失望地返回時，意外地發現一塊叫作「臥瑪塘」的地方，海拔三千七百公尺，顯現出世人不易察出的神光靈氣。於是，報告吐蕃王松贊干布。松贊干布便一下子敲定那塊寶地為「拉薩」。金山羊因馱土築基有功，而被永遠地供奉在大昭寺殿頂顯赫位置上。拉薩原名「熱薩」，意為「山羊之地」。

這不過是一段美麗的傳說罷了，但從地形地勢上看，拉薩的確是一塊閃著神光靈氣的寶地。

拉薩位於雅魯藏布江支流拉薩河中游的沖積平原上，在整個青藏高原屬於平闊而溫暖的河谷。

西元七世紀的三〇年代，吐蕃國王松贊干布建行政首府於此地。但建都的過程，遠比金山羊的傳說要複雜得多。當吐蕃王朝初建時，它最初的位置在雅魯藏布江南側的江孜河谷一帶。當時中原正處在南北朝的中期，當時吐蕃王拉脫脫惹年夏，曾渡過雅魯藏布江在拉薩河中游沖積平原中心的紅山（即布達拉山）頂上俯覽四周，觀察地形。那時他在心中就已畫好了遷都於紅山，一統青藏高原諸部落的藍圖，但他卻未能實現自己的壯志。此後的二百餘年間，中原進入了隋朝初期，歷史將吐蕃第三十三代主松贊干布推上了政治舞臺。這位雄才大略的少年國王實現了遷都紅山的壯舉。

當時的吐蕃社會由遊牧業生產狀況剛進入農業時期，都邑建制還較簡陋，僅在紅山建起了宮室，就是最早的布達拉宮。

松贊干布於十六歲和十八歲時，在新遷的國都內，迎娶了尼泊爾赤尊公主和大唐帝國文成公主。關於這兩段姻緣，藏傳佛教的信徒相信一種傳說：松贊干布前身是千手觀音，他啓請了無量光佛，發願要統一雪域各部落，治理好雪域，使其成爲一片樂土。於是他使用六字大明咒向地獄、餓鬼、畜生、人、阿修羅各道演講，使它們都獲得了解脫，他自己也從天界降臨到雪域高原。初登拉薩紅山時，他身射四種光明，其中一種光明照射尼泊爾，一種光明射往大唐。於是，忿怒度母與救度母投生於尼泊爾和唐帝國，化身爲兩位公主。日後，她們先後被迎娶到雪域，輔佐松贊干布在青藏高原振興佛法，建立帝國的事業。

兩位公主進藏時分別帶來釋迦牟尼佛像，松贊干布爲安放兩尊佛像分別修建了大、小昭寺，兩位公主也將南亞文化和中原文化帶到了吐蕃。她們帶來經史文籍、方伎雜書、醫藥百工、紈綺錦帛、紙筆墨硯、蠶桑釀造、蕪菁百穀……。拉薩的市容，也因受漢地文化和南亞文化影響而改觀，而有了相當規模的建設。

到了松贊干布的重孫赤松德贊時，拉薩有了較大規模的發展。赤松德贊用武力開拓了吐蕃的疆土，拉薩城自然也成爲萬國朝會之地，當時市況達到了相當繁榮的程度，尤其是桑耶寺的建成，成爲沙彌集修之所，拉薩在佛教信徒心中的地位更加提高了。

唐朝末期，曾有過朗瑪滅佛事件，使佛教遭到空前摧毀，也導致了吐蕃帝國崩潰，這使拉薩也曾一度衰敗下去。各派僧人散居各地，拉薩僅成爲小部落酋長的居住地。直至元朝末年，章澤嘉贊統一前、後藏，重建帝國（明史稱爲烏斯藏），拉薩才重新作爲國都再度興盛起來。

元朝，烏斯藏、納里孫、古魯孫等三路宣慰使司都元帥府設置在拉薩，成爲元朝在西藏地區的最高行政公署。元朝還在拉薩設立了四個「驛站」作爲同北京聯繫的主要交通點。

明代，拉薩仍是烏斯藏行政都指揮使司的所在地，管轄西藏的大部分地區。

西元十六世紀，宗喀巴倡導宗教改革，在拉薩建立甘丹寺，藏傳佛教的格魯派興起，相繼建立了色拉寺、哲蚌寺。拉薩的哲蚌寺實際上掌握著格魯派寺院的領導權，特別是明永樂十五年，宗喀巴圓寂後，他的大弟子班禪一世克主杰和達賴一世根登珠繼承宗喀巴的主張，弘揚顯密結合的佛法，形成活佛轉世兩大系統，贏得了更多的信奉者。

西元一五七八年，索南嘉措取得「達賴喇嘛」的尊號，成為第三世達賴，此後，拉薩的哲蚌寺被歷代達賴喇嘛視為母寺。

三大寺具有相當大的治權。歷史上西藏的重要事務，必向三大寺諮詢，噶倫及重要官吏的產生，必徵得三大寺的同意；西藏的議會，以三大寺為骨幹，考授佛教的格西學位，也由三大寺來主持。

如果說，聖地拉薩是藏傳佛教鼎盛基地的話，那麼支撐著這塊聖地的三柱石，便是甘丹、色拉、哲蚌這三大寺。

西元一七五一年，自從清朝政府同意達賴掌管衛藏地區的政教大權，拉薩就成了西藏地方政府的「政教合一」的中心。清政府在拉薩設立駐藏大臣衙署，代理清政府在藏事務。

西元一九五一年，拉薩成為中國共產黨統治下的地方政府。

西元一九六五年，中共設立西藏自治區。拉薩成為西藏自治區的首府，及整個西藏地區政治、經濟、文化、交通、貿易和宗教的中心。

歷史的長河，在金山羊選擇的聖地上奔馳而過，它給聖地帶來過興盛繁榮，也為它留下過頻仍的戰亂。然而，由於藏傳佛教信徒對聖地的景仰和對宗教聖跡的愛護，所以十幾個世紀以來，聖地拉薩的宗教聖跡並無損壞。布達拉宮始終璀燦如故，大、小昭寺也莊嚴如故。拉薩作爲雪域貿易商埠和中外文化交流路線上的重要城市，它的繁榮也依舊如故。

如今這座具有一千三百多年歷史的古城，隨著歷史的步伐，也揉進了現代文明的色彩。然而，無論城市怎樣發展，在藏傳佛教信徒的心目中，拉薩城的主體，仍是供奉最早進入雪域的釋迦牟尼佛像的大昭寺。而聖城的核心，則是大昭寺供奉的那尊覺阿佛像。

藏傳佛教信徒們如此景仰覺阿佛，是因爲他們相信，祇有覺阿佛是天下唯一眞正佛體法像。朝聖者會不容懷疑地對你說：這尊釋迦牟尼佛十二歲時身量像，是釋迦牟尼佛涅槃後，由文殊菩薩指示三位施主與一匠師造了這尊釋迦法、報、化三身像。佛教徒們還傳說，這化身像先被諸天迎請去，在天界留駐了一百年，後來又在烏旃國和印度金剛臺各住了五百年。後來，中國唐帝國派特使向天竺求迎三寶，天竺王便將此像和另一尊名貴的旃檀佛像以及一批經典，派僧人用海輪船到唐帝國，文成公主進藏時，又將此像運入西藏。

這尊由唐朝文成公主從唐都長安帶進雪域的檀木佛像，正是吸引著藏、蒙、土、裕固、納西、門巴、珞巴、羌，乃至摩些、尼泊爾、不丹、錫金、拉達克等民族和國家的信徒，不遠萬里，前來朝拜。

拉薩朝聖

描繪那些去拉薩朝聖者的隊伍，是很難讓人抑制住感情波瀾的。萬里長天，濃雲密佈，直壓到積雪的山頂。幾千里的路途，硬是被朝聖者用身體一點一點丈量過來了。冬季，寒風凜冽；夏季，也有不少地方積著殘雪，入夜的氣溫降至零度以下。那些朝聖者們或包卡車，或徒步，或在漫長的朝聖路上叩著「等身禮」——合掌，高高地舉過頭頂，然後降至額頭、口、胸口，磕一個長頭，畫一個記號，站起身後在記號前繼續磕頭向前。不論烈日曝曬，還是風吹雨打，他們都堅韌地在通往聖地的山道上前行，日復一日，綿綿不絕。

來自內蒙的朝聖者，一般以自己的蒙古包爲起點，行至青海境內時稍微習慣一下高原稀薄的空氣，然後便向聖地而去。從北部中國到西南雪域，這些朝聖者的雙腳，差不多得跋涉近萬里土地。

來自四川、雲南方向的朝聖者，更是恆出險途。在往聖地朝拜的過程中，與湍急的流水、陡峭的山崖搏鬥，往往九死一生。

來自甘肅、青海的朝聖者，許多人是與親朋、同村人共包租一輛卡車集體去拉薩朝聖。他們帶上炒麵、麵粉、酥油、帳篷等物品，沿著蘭州、西寧、格爾木、那曲、拉薩的路線行走。途中需翻越海拔五千公尺以上的數座世界最高海拔的山峰。

有些孩童剛剛出生，也隨父母踏上了千里朝聖的路程；有些人已進入暮年，卻仍隻身扶杖完成他們人生中的這項最大功德；有些生命，在朝聖的路上降臨；有些人則在朝聖的途中往生；更有一些人，是罄盡所有去布施聖地的。

長達數月的艱苦跋涉，考驗著人們的身心。途中的飲食，全靠拾牛糞（有些乘車者自帶牛糞、乾柴），取些山泉、冰塊，支起三石灶，熬茶吃糌粑。火舌舔舐著他們虔誠的面孔，融化路途的艱辛，而是去聖地朝聖的希望更是在心中閃耀燃燒。

歷史上，不僅一般僧俗大眾去朝聖，既使土官、頭人、高級僧侶也盛行去聖地修行。他們把去拉薩修行視爲人生最高境界。有些土官、頭人在遇到重大事情時，也習慣於去拉薩祈求平安。有些苦行者甚至在拉薩修行一世。他們以樸素的袈裟裹著潔淨的心靈，就這樣努力於修行。然而對於朝聖者來說，一切的艱辛，比起能親臨聖地的喜悅，都顯得不值一提了。當布達拉山雲霧繚繞的宮殿在視野中出現，當大昭寺輝煌的金頂在面前閃耀時，一切的艱辛都化爲烏有了！

此刻的幸福感是無法言喻，無法被外道所領悟的。

遠途而來的朝聖者，在拉薩周圍的「朝佛人員居住點」（亦稱「朝佛營地」）搭起臨時帳篷，那些無拘無束的各式帳篷片刻之間便飄出了炊煙。到達拉薩的當天，有些人吃過飯，有些人不吃飯便開始朝聖。千里迢迢而來不吃飯更顯得虔誠。

朝聖的人，首先去頂禮大昭寺中的釋迦覺阿像。在每尊佛像前將自己帶來的酥油融化，用乾淨壺添進閃耀的供燈之中，然後行布施，用額頭觸碰大佛的腳、手、冠各部位。大殿中，校飾莊嚴的法器，使人感到人間的煩憂頓時飄然蕩盡，彷彿在梵天，可與諸菩薩傾心對話。千里跋涉之後，人們敬立於聖像前，不禁體爲之肅，色爲之恭，語爲之禁，五體爲之投地。

在朝拜釋迦之覺阿像後，按照慣例，朝聖者應遵循傳統的「三環道」朝拜。三環道亦稱「靈廓道」。其內環，以大昭寺神變威靈殿爲中心，路線是沿殿周圍的迴廊由左向右繞行。藏傳佛教的信徒們相信，人生不論積累何種功德，若不繞此殿一周，也終不能成善果。

中環道，稱爲核圈。路線是繞大昭寺寺牆外的繞道。在中環道上，梵塔、經幡、嘛尼堆遍佈。繞中環道一周，大約半公里路。不僅朝聖者，就是拉薩的信徒也每每循這條道環繞，以祈禱吉祥，積累功德。

外環道，是環繞拉薩一切聖跡的大環道。環繞一周，須整整一日。藏民稱這條環道爲靈廓大道。

靈廓大道的路線是：出大昭寺西門，過嘎廈舊址，經公主柳（相傳爲文成公主手植）、唐蕃甥舅和盟碑，經舊駐藏大臣衙署，出拉薩城。拉薩城外，多屬沼澤陰濕之地，惟沿靈廓大道西行約一公里處，突起雙峰。北峰爲紅山，著名的布達拉宮雄踞於紅山之上。南峰爲鐵山，又稱磨盤山，山上有招拉筆洞寺，該寺喇嘛都習學醫藥。大環道便從鐵山與紅山之間的連峰凹陷處穿過，經巨形梵塔，此塔四面有洞，向東可通內地；向西可經哲蚌寺、桑耶寺，通印度。過梵塔，經琉璃橋。此橋藏名爲玉奪桑巴，意爲「綠石橋」。橋石呈碧色，橋亭覆蓋精美的琉璃瓦，相傳爲唐代建築。過橋，便到達布達拉宮之下。

朝聖者在布達拉宮必朝拜歷世達賴靈塔，瞻仰前輩達賴居室和黃教創始人宗喀巴大師遺留在酥油盤上的手掌印。如能叩謁當世達賴，得到大活佛念經加持過的松卡和瓦搭哈達，那將是最大的榮幸。若能受到達賴喇嘛的摩頂，那更會被認爲將有福運降臨。出布達拉宮後，穿西門塔洞繼續西行，再入靈廓大環道。

在一嘛尼堆前，自左向右環繞數周，以告慰瞻禮活佛之志。

過功德林。沿一條堤岸到達龍王塘。祀典龍王塘，是拉薩八景之一，龍王塘內有巨池，有龍王廟。龍王廟中的神像多以蛇爲裝飾，藏族人以蛇喻龍。相傳拉薩原爲一片湖海，是龍統治的地方，經松贊干布降伏龍王使牠轉爲佛的護法之神，聖地才開始得到安寧。所以朝聖者要在此祀典一番。

離龍王塘，瞻禮達賴象房。象房旁有塔和嘛尼杆爲標誌。關於象房的來歷，據說是乾隆皇帝在平定了廓爾喀之亂後，得到馴象五頭。他以其中的兩頭分賜給達賴、班禪，從那時起拉薩便蓋起了象房。此後不丹國也贈送馴象給達賴，每逢拉薩有盛大節日時，馴象便裝飾一番，領到市區遊行。

靈廓路線自龍王塘折東向小昭寺。朝聖者們朝拜小昭寺。該寺爲文成公主所建，至今仍祭祀文成公主。，她的功績至今爲藏族人世代傳頌。

自小昭寺向東，經一片柳樹林和住宅區（從前這些住宅多爲貴族的別墅），至木鹿寺。木鹿寺內的經園，是拉薩的經板製作和印刷之地。整個藏區的印經業以德格爲最大，而木鹿寺的印經業可與德格相媲美，它在藏族印經業中有著舉足輕重的地位。

由木鹿寺向東，繞拉薩城東南角，折向南，循城垣向西穿大柳林，沿一道石堤護路而行。沿河所樹立的無數嘛尼杆，是用以鎮壓河中水怪的。相傳這一帶水面曾爲水怪窟宅，經松贊干布制伏，才不再作怪，所以每歲都有喇嘛祭祀。

朝聖者沿石堤向西到達鐵山下，祭鐵山崖壁上的佛像。鐵山因與河水相激，地勢險峻，祇有鑿岸爲梯，供朝聖者攀緣而上。緣崖刻嵌著一批佛像和六字眞言。相傳這些印在山崖上的佛像，是松贊干布收伏水怪時雷火擊射山崖，山石上突然顯現出了諸佛像。那些佛像此後經尼泊爾匠人雕刻便顯得明顯、清晰了。在這段山崖上，經後世僧人、信徒不斷雕刻造像，使佛像的數目屢屢增加，多至不可勝數。至於雷火擊射顯現的佛像究竟是那尊，若無喇嘛高僧指點，世人是難以辨認的。

逾山道向西，朝聖者在一陡坡處停止叩頭等儀式，必須疾趨而下，不得稍有停頓。在下坡處的大經幡輪前，轉繞數回，以此消除下坡疲怠和精神緊張。由此處折向北行，在一塊祈禱石上向鐵山後方崖壁上雕佛叩頭。此段崖道，爲靈廓重要部分，嘛尼杆綿密，遠達拉薩河岸，表示這裡爲聖靈之地。

自此段崖道向北，穿過一片柳林，便回到了靈廓環道起點的十字路口。至此，朝聖者圍繞聖地的大環道就算完成了。

禮拜過三環道後，朝聖者還需謁拜甘丹寺、色拉寺、哲蚌寺。

甘丹寺，在拉薩以東三十公里的山谷中，傍山升起高低重樓，形勢可與布達拉宮媲美。甘丹寺藏語是「具足喜樂」的意思。甘丹寺是明永樂五年由藏傳佛教格魯派創始人宗喀巴親手創建的。宗喀巴大師於此講經、修鍊，最後圓寂於甘丹寺的一間小室中。宗喀巴的遺跡、遺物以及其親手製作的法器，都是吸引朝聖者前來叩謁的最重要原因。

色拉寺，位於拉薩西北五公里的平原近處。它因山爲寺，微仿甘丹。色拉寺，藏語是「刺梅園」的意思。宗喀巴大師初到拉薩時，原擬在此建寺，後因種種原因移建於現在甘丹寺的寺址。他的弟子堅慶曲結薩迦益西，曾代表宗喀巴大師去北京覲見大明永樂皇帝，受封爲「萬行妙明眞如上勝法淨般若弘照普應輔國顯教至善大慈法王」，返回後，承宗喀巴旨意，將明皇帝的賞賜和蒙藏宗教信徒的布施，用於修建了這座色拉寺。

去色拉寺，朝聖者最想朝拜的就是一根六十公分長的降魔杵。此杵是色拉寺的一寶。相傳建寺之日，自印度飛來，此杵一直爲色拉寺的堪布所珍藏，每年開放一次，供人瞻仰。從前，當貴族們有病時，都迎請此杵去家中供養，據說杵到病除，十分靈驗。倘若在迎供了此杵而病仍舊不癒的，那便是惡孽深重，無可救藥了。

哲蚌寺，位於拉薩東南十公里處、印藏大道一側的山坳裡。哲蚌寺藏語是「米堆」的意思。哲蚌寺是宗喀巴的弟子江央曲結扎什巴丹夢中得到暗示此地適宜建寺，於是請示宗喀巴恩准後，便在此建立了寺院。據說，神在此地丟下了一具象徵法音響徹環宇的海螺，因而得名「哲蚌寺」。哲蚌寺後來發展成為黃教的最大寺院，因第二世、第三世達賴都住錫於哲蚌寺，因而千里而來的朝聖者在瞻禮此寺時，都懷以特殊的感情。

哲蚌寺內的諸佛法像是朝聖者頂禮的對象，而寺外的垂仲廟，更是信徒們景仰的地方。垂仲廟中有歷世達賴活佛和班禪活佛轉世，以及藏地遇重大事件時，宗教上層人士必來此占卜預測的降法神祇。

哲蚌寺原有郭芒、羅賽林兩個學院，是歷史上藏傳佛教的學術中心，因而各族佛教人士在此習經、修鍊者甚多，多時可達七千七百僧人。

結束了禮拜三環道和三大寺後，不少朝聖者便打點行裝，動身去拉薩外圍的桑耶寺、薩迦寺，甚至去班禪活佛傳教的根據地後藏札什倫布寺，繼續朝聖。

拉薩，這座永遠沐浴在陽光下的太陽城，以強烈的光芒、纖塵不染的空氣、優美的傳說和林立輝煌的廟宇，構築起在世界上的位置，在藏傳佛教信徒心中留下了永不磨滅的聖地形象。

24 藏傳佛教在海內外

在雪域滋生、成長起來的藏傳佛教，經過一千三百多年的傳播與發展，今天已發展成爲世界佛教史中經久不衰的一個宗派。它不僅具備系統的佛學理論、規範的修持方法，而且囊括了天文、地理、醫學、曆算、工藝、美術、語言學、倫理、道德等諸多方面的內容，並深深地紮根於信徒的心間。

蒙古族

在蒙古的社會組織中，「喇嘛」和「喇嘛廟」是兩個不可忽略的因素。藏傳佛教在很大程度上已成爲蒙、藏兩個民族情感及文化交流的重要紐帶。

人們不會忘記，西元十三世紀如狂飆一般的蒙古騎兵橫掃了歐亞大部分地區，成爲十三世紀世界史上的最重要事件。當時，蒙古騎兵也進軍了西藏，然而慓悍的蒙古軍隊在雪域卻「立地成佛」了。或許是那些信仰薩滿教的蒙古族士兵，對藏傳佛教中的苯教傳統有著似曾相識之感（藏傳佛教中的苯教文化同薩滿教有十分相近的地方），正是由於相似的文化，使蒙、藏文化很快融匯，使遠距於亞洲大陸荒原強悍的蒙古英雄們，開始信仰藏傳佛教了。

自西元十三世紀起，蒙古社會的上層階級與藏傳佛教的首領建立起了密切的關係。創建大元帝國的忽必烈，尊封藏傳佛教薩迦派的兩代法王爲國師，與他們商議治國和統一中華各民族的大業，並請藏傳佛教薩迦派第五世祖八思巴爲蒙古民族創制新字。最初在蒙古族中普遍使用的文字，就是藏傳佛教高僧創製的「八思巴蒙文」。

到西元十六世紀，蒙古土默特部首領俺達汗勵精圖治，決心在蒙古地區大力推行藏傳佛教，於西元一五七八年在青海仰華寺，與藏傳佛教格魯派法王索南嘉措舉行盛大會晤，尊索南嘉措爲「聖識一切瓦齊爾達賴喇嘛」。幾年後，達賴三世應邀親臨內蒙西部弘法，而圓寂於此，並轉世於蒙古土默特貴族家庭，即爲第四世達賴雲登嘉措。

由於歷史上一系列的宗教事件和活動，使藏傳佛教在蒙古中部、西部十分興盛。曾住錫內蒙古的章嘉活佛和住錫外蒙古的哲布尊丹巴活佛，是地位僅次於達賴、班禪，代理達賴喇嘛在內蒙、外蒙管理教務的呼圖克圖。許多藏族高僧和蒙古族喇嘛也在蒙古各地紛紛建寺傳教，並把大量藏族文化帶到了內蒙。

在蒙古草原上，藏傳佛教的寺廟隨處可見。人稱「七大召、八小召、七十二個㴸㴸召」。可見藏傳佛教寺廟之多。召，蒙語就是寺院的意思。僅在呼和浩特地區，就有大小召寺院十多所。

在蒙古人的家庭中，也有送幼子去寺院當喇嘛習經修持的習慣。蒙古族信徒在生活中遇到重大事情，也要請喇嘛念經，舉行祈禱儀式。許多蒙古族佛教信徒也把去拉薩朝聖視爲一生中最爲榮耀的事情。正因爲這樣，不少寬裕一點的蒙古家庭，便把子弟送到拉薩學佛，有可能的話，還要送他們到西藏研究幾年佛經。他們的虔誠，往往要經受遙遙路途和青藏高原稀薄空氣的考驗。

藏、蒙兩個民族，雖一在北方，一在西南，但因共同信仰的關係，使蒙、藏兩族關係十分親密，有如親戚一般，通婚、互助、和睦無間。

此外，位於雪域或與藏區社會發展相近似的十多個少數民族，也以藏傳佛教爲主要信仰。

裕固族

位於甘肅西部的裕固族，主要信奉藏傳佛教。一般每個部落都有一座以上的寺院，景耀寺、康隆寺、轉輪寺、蓮花寺、明海寺、長溝寺、紅灣寺、水關寺、夾道寺等，就是分屬於不同部落的寺院。裕固族寺院的規模一般比較小，其內部組織不如藏區寺院那麼嚴密，有的寺院有法臺、喇嘛（或稱堪布、活佛），有的寺院則祇有僧官或提經。裕固族寺院的喇嘛，除宗教節日和放會時到寺院念經外，平日大都在家從事牧業勞動。其餘在崇拜的神靈、祈禱方式、寺院禮儀、宗教節日等方面均與藏區無多少區別。

雲南藏族、納西族、普米族

藏傳佛教從西元十一世紀中葉開始，大規模地傳播到了滇西北地區的迪慶藏族自治州（德欽縣、中甸縣、維西縣）、怒江傈僳族自治州（蘭坪縣、福貢縣、貢山縣），以及麗江（麗江縣和寧蒗縣）等地區，長期以來對雲南藏族、納西族（摩梭人）、普米族的社會生活和精神文化有極為重要的影響。

西元十一世紀以後，雲南藏族、納西族、普米族等相繼進入了封建社會，各地封建割據的勢力次第形成。社會中新興的領主，需要借助一種統一的宗教來維持他們的統治，因此藏傳佛教一傳入就得到當地封建領主的支持，從而得到進一步的發展。

藏傳佛教的各派，在雲南的納西、普米等少數民族中都有傳佈。噶舉派在雲南，主要分布在麗江、維西、貢山納西族地區及德欽、中甸部分藏族地區，主要寺院有麗江的福國寺、指雲寺、文峰寺、普濟寺、玉峰寺，和納西縣的來遠寺、貢山縣的普化寺。雲南寧瑪派在元、明兩代時曾盛行於中甸、德欽、維西等地區，寧瑪派寺院在這裡大小共有十九座，其中較爲著名的有承恩寺、英珠寺、托拉寺、白塔寺、雲頂寺、折崩寺等。薩迦派對於雲南的摩梭人（即納西族人）和普米族有較大影響，主要分佈於蒗蕖和永寧等摩梭人和普米族地區。主要寺院有：永寧格姆山下的薩迦寺（該寺定額僧人五百名，皆爲摩梭人和普米族僧人）、蒗蕖的薩迦寺、挖開薩迦寺等。

格魯派在雲南藏傳佛教各派中最興盛，政治經濟力量和寺院僧侶人數以及擁有的信徒，都居他寺之冠，對雲南藏族摩梭人和普米族人有深刻和廣泛的影響。

格魯派約在西元十五世紀傳入雲南。西元一五八〇年，三世達賴索南嘉措接受雲南麗江納西族木土司的邀請，到達康區的巴塘、理塘一代弘法，並在當時屬於木土司轄區的理塘主持建立了理塘寺。至清初，格魯派在雲南中甸、德欽、維西等地已具相當規模，並發展到寧蒗、永寧摩梭人和普米族地區。格魯派從傳入時起，就和當地的世俗統治緊密聯繫，與當地封建土司政權相互依存，逐漸建立起自己獨立的寺院經濟，進而發展成爲該地區獨立的寺院集團。雲南格魯派的主要寺院有中甸歸化寺、東竹林寺；德欽縣德欽寺、紅坡寺；寧蒗縣扎美戈寺等等。

藏傳佛教對雲南納西族和普米族的社會生活和精神文化有深刻的影響。凡自然災害、患病、喪葬、出行、修房蓋屋等，都要請僧人念經作法事。凡有男兒的家庭，都要送一至二名到寺裡削髮當喇嘛。多數家庭建有自己的小經堂，供家庭進行佛事活動之用。此外，他們在衣食住行以及生子命名、宗教節日等方面都或多或少受到藏傳佛教的影響。

除蒙古族、裕固族、納西族、普米族外，還有土族、門巴族、珞巴族、白族、傈僳族、羌族、阿昌族、怒族、錫伯族等少數民族，也都主要信仰藏傳佛教。從歷史的角度來看，當這些民族處於內部部落割據，外受壓迫和威脅時，藏傳佛教對於統一內部、抵禦外侮、維護民族的生存和繁衍，以及保留文化和傳統，都有積極的重要作用。

中國本部

在我國歷史上，不少朝代的統治者也曾對藏傳佛教發生過興趣，並以藏傳佛教為朝廷的信仰宗教。可以說，藏傳佛教對我國社會、歷史、政治產生過一定的影響。

⊙西夏

歷史上，曾建立過西夏王朝的黨羽人與吐蕃交往密切，藏傳佛教寺廟在那裡較早出現並盛行。今西夏古都哈日浩特（黑城）遺址中，殘留著一些依稀可辨的藏傳佛教建築遺跡，其中一座保存較完好的覆盆式喇嘛塔，可讓我們想像當年藏傳佛教在這裡出現的狀況。

⊙元朝

元朝曾把藏傳佛教奉為國教，元朝廷封藏傳佛教薩迦派的第四、第五祖為國師，蒙古社會上層也皈依了佛教。藏傳佛教在元朝廷的倡導下迅速擴大影響，並在我國不少地區得到了長足的發展。在元代留下的文字記載中，歷代元朝皇帝曾聘封十四位藏族藏傳佛教高僧為國師，朝廷各大事務，都曾經諮詢過喇嘛。可見藏傳佛教對元朝朝廷的影響之大。

⊙明朝

明代，中央政府與藏傳佛教的祖師也有著密切的聯繫。

明朝初建時期洪武五年，太祖朱元璋遣使臣冊賜藏地宗教祖師章陽沙加灌頂國師稱號。此後又不斷派遣使臣去藏地進行貿易和聯絡弘教事宜。

明惠帝繼位後，也曾派宦官候顯和內地智光法師到西藏，特請藏傳佛教噶瑪噶舉派黑帽系活佛得銀協巴到南京，爲他的父母朱元璋夫婦薦福。惠帝賜予得銀協巴喇嘛「如來」的封號，並封他爲「萬行具足十方最勝圓覺妙智慧善普應佑國演教如來大法王西天大善自在佛」，使他一躍爲藏區宗教領袖，加之後藏地方勢力的支持，一度取得了拉薩傳召大會的主動權。

大明永樂皇帝也曾派遣使者專程赴西藏迎請藏傳佛教格魯派創始人宗喀巴，因宗喀巴申明了進京的諸多礙難，使者回京向永樂皇帝進表後，明成祖表示充分理解，又降旨「誠如所述，法王不能親臨，但需請一位與法王無別之國師光降」。法王宗喀巴遂從衆多學政兼具的弟子中遴選釋迦益西爲代表，詳細教導一切行止事宜。釋迦益西到內地時，正值永樂皇帝身染重病。尊者釋迦益西設法爲他醫治，並予以灌頂，皇帝疾病立即痊癒。佛的無邊法力，使當朝君臣虔誠信奉，都認爲是法雨普降。於是成祖命在五臺上建大寺五座，在寺中廣佈藏傳佛教格魯派修行之法，並在皇宮御花園一側，修建了法淵寺，弘揚佛法。

成祖敕封釋迦益西爲「萬行妙明眞如上勝法淨般若弘照普應輔國顯教至善大慈法王」，賜金冊。在此之後，明成祖共賜封了闡化等五王，法王二位，西天佛子二位，灌頂大師九位，灌頂國師十八位，其他禪師、僧官更不可勝記。

成祖時，在內地首次雕刻《大藏經》版，該版以朱字印刷，卷首以黃金粉書寫而成。這部雕刻精審的《大藏經》頭版帶回西藏，受到宗喀巴大師的嘉許，此經卷至今仍珍藏於色拉寺內。成祖進一步制定了西藏的僧官制度，把僧官分爲法王、西天佛子、大國師、禪師、喇嘛等等級。

西元一四二一年，大慈法王釋迦益西再度應邀前往內地。行至京畿地域，適皇帝駕崩。太子宣德皇帝比其父親對法王更加禮敬，於是在京城大舉利生事業。

到了明萬曆時，由於太監楊英去西藏使朝廷與藏傳佛教聯繫更爲密切。太監楊英帶去皇帝賚敕楚布寺、業朗寺的紅帽、黑帽呼圖克圖噶瑪巴、沙瑪巴二人爲西天大善自在佛如來大寶法王、灌頂大國師，賜予印冊。可見明朝廷對藏傳佛教的崇敬。

萬曆六年間，藏傳佛教著名的哲蚌寺寺主索南嘉措，與蒙古土默特部首領俺達汗在青海會晤時，被尊爲「聖識一切瓦齊爾達賴喇嘛」，成爲達賴三世。萬曆十五年，達賴三世受到明廷的册封，成爲藏傳佛教的法王。

萬曆十六年，明廷第二次派使團赴藏，邀請第三世達賴赴京。當時，索南嘉措已應邀在青海仰華寺與蒙古土默特部首領俺達汗會面，達賴三世接到明廷的邀請後，正準備應邀，但就在這年，他於進京的途中圓寂了。

索南嘉措圓寂後，俺達汗的裔孫被認定爲達賴三世的轉世靈童，即達賴四世雲丹嘉措。萬曆四十四年，明廷派來以索南羅追爲首的使團，册封雲丹嘉措爲「普持金剛佛」。

由於明廷對藏傳佛教高僧的崇奉，藏族喇嘛去北京，並在一些寺廟長期住下，接受僧官封號的逐漸增多。僅宣德十年，在京城各寺的法王、國師、喇嘛達六百九十餘位。慈恩寺、隆善寺、能仁寺、寶慶寺、護國寺等是當時藏族喇嘛最多的寺廟。明武宗對藏傳佛教的崇信到了偏愛的程度。《明史》記載，他「常服其服，誦習其經，演法內廠」，並在西華門內修建豹房，供養喇嘛。明朝皇帝對藏傳佛教喇嘛高僧的優禮相待，是史無前例的。

⦿清朝

清政府對藏傳佛教的崇信更勝一籌。

清代之初，順治入關登基後，特派使者到西藏問候達賴、班禪，並在西藏各大寺熬茶，發放布施。

西元一六五二年，順治皇帝又派使臣前往西藏，敦請五世達賴前往北京會晤。次年，五世達賴啓程赴京，率領藏官侍從三千人。達賴一行抵青海境內時，順治皇帝派內務府大臣前往迎接法駕，並由國庫發給口糧。行至根協地方時，順治皇帝准許達賴乘坐金頂黃轎入京。這年的農曆十二月十六日，達賴到達北京。在達賴到達北京之前，順治帝召集滿漢大臣討論歡迎達賴的禮節。當時因外蒙古尚未平定，故滿族大臣主張皇帝出京城迎接；而漢族大臣卻認爲皇帝爲天下國家之主，出城迎接不當，於是爭執不決。後來順治帝採取了折衷的辦法，以「畋獵」的名義，出南苑與達賴路遇，順便表示歡迎。

五世達賴到達北京後，住在特爲他修建的黃寺裡。順治帝在太和殿爲達賴洗塵，並布施有加。

西元一六五三年，達賴啓程返藏。臨行時順治帝親赴南苑，在德壽寺內爲達賴餞行，並命和碩承澤親王率八旗兵護送至代噶地方。

達賴行至代噶地方時，順治帝又派禮部尚書羅郎丘、理藩院侍郎席達禮等赴代噶地方，送去順治帝冊封達賴的滿、漢、蒙、藏四種文字的金冊金印。金印的全文是「西天大善自在佛所領天下釋教普通瓦赤喇怛喇達賴喇嘛之印」，正式確立了達賴在西藏政治上的地位。

康熙年間，五世達賴的弟子二世章嘉活佛俄旺卻丹，因參與調解喀爾喀蒙古扎薩克圖汗和土謝圖汗的糾紛有功，被康熙皇帝詔請到京師弘揚佛法，並請他擔任四阿哥（即後來的雍正皇帝）的老師。

康熙四十四年，冊封二世章嘉活佛為「大國師」，常駐於北京的嵩祝寺和內蒙多倫諾爾的匯宗寺。

此後，藏傳佛教第三世章嘉活佛益西丹白鐘美白桑布，也曾在乾隆朝擔任過國師。他為歷史上的「康乾盛世」作出過重要的貢獻。

三世章嘉活佛是個富有傳奇色彩的活佛。七歲時，他所主持的青海郭隆寺因反對清王朝而遭焚毀。當時，年幼的章嘉活佛被幾名近侍僧人保護著躲避在一個很偏僻的山洞裡。身在京都的雍正皇帝得知這一情況後，深恐這位小活佛有危險，立即下令找到小活佛並將其護送到北京。

清軍接到聖旨後，便在青海各地貼出佈告，限時交出小活佛，聲稱否則將把「村莊、寺廟蕩平」（藏文《章嘉乳必多吉傳》）。

聞此訊，山上的僧人哭作一團，認爲無論下山或不下山都衹有一死。在此情況下，小活佛不願連累別人，挺身而出，毅然走下山來。當小活佛在僧人護送下來到清軍大帳之前時，「其他人早被那威嚴的氣氛嚇得魂不附體，而年僅七歲的小活佛卻毫無懼色，對答如流」，這情形引起了清軍大將的驚異。

清軍奉旨將小活佛送到北京，當時雍正皇帝恐其年幼無知，不懂宮中禮節，暫時沒有召見他，而是命他住在土觀活佛那裡，向土觀活佛學習宮廷禮儀。不料，小活佛十分聰明伶俐，待到皇帝召見他時，他不但彬彬有禮，對答如流，而且顯得十分天眞可愛，致使身爲一國之主的大清皇上也不由得「將小活佛抱在懷裡」（藏文《章嘉孔必多吉傳》），請至內室。

雍正皇帝給小活佛特殊的賞賜，恩准他使用一些當時衹有皇帝才能使用的「黃幰車」、「金龍黃傘」、「九龍褥」等，並明文規定他的所有費用一概由朝廷供給。他還命小活佛「與第四皇子（即後來的乾隆皇帝）一同習學漢、滿、蒙三種文字。……自十二歲至十八歲。滿漢蒙三種文字，均已精通，政教典籍亦深貫徹。」（《蒙藏佛教史》）。

三世章嘉活佛與乾隆皇帝自幼同窗，兒時就建立了純眞的友誼。成年後，他們各自登上了政、教高位，便終生合作。章嘉三世一生解決了許多民族、宗教問題，並往往是受命於危難之時，奔波在大漠南北、蔥嶺內外、雪域高原。三世章嘉活佛一生評著和著作甚多，著名的蒙文大藏經《甘珠爾》便是他主持譯印的。他的文筆優美流暢，譯著內容準確，無論當世還是後世，都備受人們稱讚。當時的乾隆皇帝還曾親筆爲章嘉活佛的一些著作寫序言。三世章嘉活佛的著作多次被譯爲外文，珍藏於一些國家的圖書館內。

由於章嘉活佛的功績以及他特殊的經歷和身分，使乾隆皇帝特別的恩崇，經常被召入宮，與皇帝共商國家大事。章嘉活佛所乘的轎可破例直入東華門，不必在東華門外下轎。炎熱的夏季，皇帝特別關照讓活佛住進御用園林，並傳旨御膳房爲他提供飲食。除此之外，連衣服、扇子等一切夏令用品也都替他準備好，可謂關懷備至。據藏文史料記載，當時乾隆皇帝還經常利用晚上時間登門拜訪章嘉活佛，或談國事，或叙友情，不拘形式。他們有時手挽著手，顯得特別親密，免除了朝廷的繁瑣禮節。

當時京城內外的百姓也非常崇敬章嘉活佛，據《衛藏通志》記載，當時人們見到章嘉活佛所乘的黃車過來，爭相把手絹鋪在地上，讓車輪從上面滾過，以此作爲福運。

北京現存規模最大，保存最完好的藏傳佛教寺廟「雍和宮」，就是清代乾隆年間，在乾隆皇帝和章嘉活佛的倡議下建成的。雍和宮建造在原雍親王府的舊址上，由皇庫直接撥款興建。掌時乾隆皇帝說：「佛教之所以能夠長時間在西藏發展，完全由於那裡有好的寺院，倘若現在在京城也能建造一處修習經典的大寺院，定會有益於佛教的弘傳……從前，雖然在內地也爲薩班和八思巴講經修建過寺院，但至今已徒有虛名。儘管元朝先輩歷代皇帝均已確立推崇佛教，還曾與前輩章嘉活佛一起修建過七湖寺講經『札倉』。但是從未在這大國都建造講經寺院。如今讓咱們二人在這王宮之中建起佛堂，成立幾個全面講修佛法的『札倉』。這樣做不是對佛教文化的興旺發達大有好處嗎？」（藏文《章嘉孔必多吉傳》）

雍和宮的建成，對清代皇室成員進行宗教活動提供了場所，也爲京城藏傳佛教信徒，提供了瞻禮之地。

此外，這一時期始建於康熙年間，峻工於乾隆年間的清朝廷熱河行宮的外八廟，其中有不少座廟宇是與藏傳佛教有關的，由此可以看出藏傳佛教在清朝時期的影響程度。

承德的普寧寺，是採納三世章嘉活佛的建議，依西藏三摩耶廟的形式建造的。當時乾隆皇帝平定了準噶爾部的叛亂後，在承德舉行盛大慶功會時，決定建寺樹碑紀念這一功績。乾隆親自爲該寺命名並書寫寺名「普寧寺」。寺內所供奉的上樂王佛以及寺內的每座佛殿、每尊佛像，乃至每條道路，都是依據藏傳佛教的儀典精心設計的。

外八廟中俗稱圓亭子的普樂寺，是專爲生活在巴爾喀什湖附近的哈薩克族，和生活在蔥嶺以北的柯爾克孜族進京朝覲而建立的寺廟。寺內闍城有四座琉璃喇嘛塔，闍城旭光閣內演示著立體曼陀羅和佛的靈光。

外八廟中的普陀宗乘廟，這個廟名本身就是藏語「布達拉」的漢譯，所以有小布達拉宮之稱。此廟是爲乾隆皇帝六十壽辰，和皇太后八十壽辰接待參加慶典的各少數民族王公貴族而建的。普陀宗乘寺完全仿西藏布達拉宮形制所營造，隨順山勢，自然散置，寺內佛堂均按布達拉宮設置。足見喇嘛教在當朝皇帝心目中的位置。其中也不難看出，在清朝康乾盛世的百餘年中，藏傳佛教爲其社會安定，提供了一定的信仰基礎。

西元一七八〇年，乾隆皇帝爲迎接西藏的第六世班禪而在承德修建了外八廟中的須彌福壽寺。當時乾隆皇帝逢七十大壽，六世班禪帶領西藏僧俗官員二千餘人，行程一萬公里，歷時一年中，專程前來慶賀。爲迎接班禪活佛，乾隆皇帝大興土木，在短短的一年裡仿照班禪在西藏長年居住的札什倫布寺而修建了規模宏大的須彌福壽寺。

爲了能與班禪活佛直接對話，乾隆皇帝專門向章嘉活佛學習了藏語。當乾隆皇帝在避暑山莊第一次見到六世班禪的時候，立即用藏語向他表示親切的問候，還特意地指出：「朕過去不會說藏語，祇是爲了迎接您的到來，才專門向章嘉活佛學習了一些日常用語，很不熟練，至於那些深奧的宗教用語，還要請章嘉活佛擔任翻譯。」（藏文《章嘉乳必多吉傳》）

到了清光緒年間，西元一九〇七年十一月二十七日，清政府邀請十三世達賴赴五臺山朝佛。十一月二十九日，十三世達賴從塔爾寺啓程，途經蘭州、西安、臨潼、華山，由潼關乘船渡黃河。一九〇八年正月十八，達賴一行到達五臺山麓。五臺縣官、五臺山札薩、大喇嘛等在山門前下了帳篷歡迎，一切禮節都按西藏的禮俗進行。

達賴在五臺山給全體僧衆講經說法，摩頂，並派人給五臺山各寺廟熬茶、放布施。

西元一九〇八年七月二十七日，清政府特派軍機大臣和山西巡撫前來五臺山，邀請達賴立即動身赴京覲見。十三世達賴即從五臺山動身赴京，在春戶（譯音）地方改乘火車，於八月初三到達北京。達賴喇嘛至京後，在黃寺行宮休息。

八月二十日，達賴覲見了慈禧太后和光緒皇帝。九月初六，光緒皇帝在北京中南海給達賴洗塵。

清政府册封達賴「誠順贊化西天大善自在佛」，決定每年賞給達賴「廩訖銀」一萬兩，由四川藩庫按時撥付。但十三世達賴在京居留期間，慈禧太后和光緒皇帝突然連續駕崩。西元一九〇八年十月初九日，宣統皇帝繼位。達賴喇嘛提出了返藏要求，清政府批准達賴回藏，並令沿途各省所屬州縣，準備招待並派兵擔任警衛。

從以上敍述大略可以看出，藏傳佛教對於國史上不少朝代的政治都有過重要的影響。

時至今日，經過一代又一代藏傳佛教僧侶、信徒們的不懈努力，藏傳佛教已越出國界在世界許多地區有了愈來愈大的影響。

今天，藏傳佛教的信徒除分佈於西藏、內蒙全境、川西北、青海大部、甘肅南部、新疆準噶爾盆地、雲南麗江以北各縣、寧夏北部、遼寧與黑龍江兩省西部外，還分佈於外蒙古、原蘇聯境內的布里亞特地區、與西藏接壤的不丹、錫金、孟加拉、尼泊爾，以及印度藏交界處的廣大地區，甚至遠及臺灣。

海外

近年來，藏傳佛教在歐美傳播很廣。比如：在比利時的首都布魯塞爾，矗立著藏傳佛教寧瑪派的烏金貢桑確林寺；在希臘的雅典附近，每年從各地來此學習藏傳佛教寧瑪派教法的學生達幾百人；在法國南郊的卡斯特朗市，也建立了一座藏傳佛教寺院。

藏傳佛教的噶舉派，自一九五九年以後在國外的活動也增多了。目前在印度、尼泊爾、不丹，共有二十四座寺院，一千多位僧尼。此外在加拿大、法國、英國、美國、錫金、拉達克也都建有寺院。

關於藏傳佛教近年在歐美廣泛傳播的原因，美國紐約州立大學帝州學院歷史系助教授譚·戈倫夫在他題爲〈北美藏學研究簡介〉的講稿中如此分析：「隨著六〇年代初，一系列意外事件的發生，歐洲和北美的青年人對東亞的興趣也相應增長起來。美國在越南的戰爭，就如同對美國文明失望的青年人到印度去尋找宗教出路一樣，引起了人們的極大關注。整個三〇年代和七〇年代初這個時期，數以萬計的西方人士湧入印度和尼泊爾，對於自己國家文化相去甚遠的這一地區的文明產生了好奇心；宗教的信徒，虔誠的和非虔誠的，也從北美和歐洲大批地會集到這裡……美國人的興趣從歐洲轉向亞洲和宗教徒湧入南亞這兩個因素，爲西方人士改變原來信仰而信奉西藏佛教提供了肥沃的土壤……」

的確，不少北美洲人由於被藏傳佛教和西藏事件所吸引，在那一地區無形中形成了「達摩中心」。這些中心從阿拉斯加安克拉治的卡瓦欽達摩中心和夏威夷巴哈拉的德拉昂宇，穿越大陸擴展到美國首都華盛頓。

在美國科羅拉多州博爾德，由西藏著名藏傳佛教徒降央仲巴仁波切在一所大學裡設立了「那若巴學院」，專門研究藏傳佛教的教義。降央仲巴仁波切還在北美的紐約、邁阿密、華盛頓、洛杉磯、舊金山、波士頓、芝加哥、亞特蘭大、蒙特利爾、多倫多、溫哥華等地創辦了四個「金剛界」學院和二十四個「法性」中心，構成了廣佈於北美的弘法網絡。

在美國還有由寧瑪派僧人德江仁波切創辦的「益西寧波」（即智藏論師、古印度佛學家）中心，在美國各地有六個活動中心。

這些純粹的宗教組織，主要研究、弘揚藏傳佛教的教義，出版關於藏傳佛教的翻譯作品。

一九五八年以後，由瑞士比丘尼阿尼安塞美特發起成立了一個「高級西藏學研究中心」。此後，類似的西藏研究中心在世界其他國家成立了許多。關於西藏學，近幾年突然變成一個熱門學科。

在北美，有從事西藏研究的高級學術機構二十一個。如：格西・澤登降稱建立的洛杉磯「東方研究大學」；科羅拉多州博拉德的「那若巴學院」；麻薩諸塞州阿墨斯特的

「美國佛學院」；加利福尼亞州柏克萊的「寧瑪學院」等等。

紐約的「西藏研究中心」開辦西藏佛學、語言、坐禪、烹飪等講習班；加拿大的「艾伯塔西藏社」舉辦宗教、語言學習班；此外在北美的新墨西哥聖菲、印第安那大學都設有西藏佛教研究中心。

在前蘇聯，藏學、西藏佛教跟遠東問題、布里亞特、蒙古問題一樣，從十八世紀開始爲蘇聯學界所重視，在沙皇和蘇維埃時期，出現了一批研究西藏問題的著名專家。一九一七年於彼得堡建立的佛教文化研究所，是十月革命後第一個研究西藏問題的中心，這個機構的研究文章多爲佛教哲學論文，它所提供的有關西藏問題研究的資金、檔案、文物和圖書，其規模和數量都極爲龐大。此外，在前蘇聯的科學院聖彼得堡列寧格勒研究所、亞洲博物館、喀山大學、聖彼得堡列寧格勒東方學系、符拉迪沃斯托克東方學院、原蘇聯地理學會等都設有從事西藏問題研究的單位。

德國的萊比錫大學的某些研究機構，自二〇年代和三〇年代時就對中亞問題愈來愈感興趣，於是成立了「萊比錫大學比較宗教史研究所」。該校的約翰·舒伯特於一九六〇年獲得第一個藏學教授職位，他從中國資料中研究「多種語言的喇嘛教銘文」，並開設了「西藏歷史學家」這門課程。

日本於一九五三年成立了西藏研究會（JATIS），不少學者致力於藏學和藏傳佛教的專門研究。研究者研究《西藏大藏經》，討論佛教的歷史和義理方面的問題，無論是一般的佛教或密教，涉及梵文、漢文、藏文，論著累累。一九六一年，三名藏族人索南伽、開珠藏卜、才仁根瑪前往日本，參加東京的《東洋文庫》工作，開闢了日本藏學研究的新紀元。由於在日本的藏人與日本學者通力合作，大大促進了藏學的研究和出版工作。

在法國，由於早期學者巴考、吉博、利奧塔爾、達維、蓓薩爾等，對西藏的考察記錄以及相當數量的讀物的發表，使不少法國人對西藏和西藏佛教產生興趣。而藏學專家拉露於三十年代編寫了大藏經《丹珠爾》索引，更爲法國學者對藏傳佛教的研究發揮分類、編目的功能。

在東歐的波蘭、匈牙利也都有佛教的傳播和藏傳佛教研究機構。在匈牙利科學院中，收藏著浩繁的藏文、蒙文書籍，這爲研究藏傳佛教鋪平了路基。在布達佩斯，收藏有《甘珠爾》和《丹珠爾》，這些典籍包括了大藏經中不同的經典部分。

此外，在緬甸、印尼、印度、意大利、德國（指原東德）、荷蘭、法國、英國和美國，都已先後召開過有關藏學的國際會議。

五〇年代末，大批旅居海外的藏胞把藏傳佛教寺廟建在了旅外藏胞比較集中的居住地。在印度、尼泊爾、不丹、錫金等國家，建立起藏傳佛教寺廟一百四十五座。旅外藏胞在國外亦不放棄自己的信仰，不間斷地進行弘教活動。分散旅居的藏胞，大多依然在住宅中設有佛堂和佛龕。他們雖身處異國，卻仍以傳統的方式進行弘教活動。

由美國回故鄉甘肅省甘南藏族自治州夏河縣定居的寧瑪派喇嘛貢保才旦，年輕時是夏河縣紅教寺的喇嘛，一九五七年去印度朝聖，在印度住了二十年，後來又旅居美國，在美國加利福尼亞等州講經傳法。他在美國有六十多名弟子，聽他傳經講課者不計其數，他們來自全美各地。一九八四年貢保才旦喇嘛回國定居，國外的弟子和信徒，仍追隨著他，千里迢迢地從海外來向他請益。

除了一些前來我國拜師的信徒外，每年前來我國瞻禮和研究藏傳佛教寺廟、文物的外國學者也逐年增多。前往西藏、青海、甘肅甘南、四川甘孜、阿壩、雲南西部參觀者，絡繹不絕，由此可見，藏傳佛教作爲佛教的重要支系，已受到世人的矚目。

一九九二年元月　完稿於蘭州

參考書目

1.《藏事論文集》（宗教集）上、下册，西藏人民出版社，一九八五年八月版。
2. 佟錦華著，《藏族傳統文化概述》，中國藏學出版社，一九九〇年二月版。
3. 常霞青著，《麝香之路上的西藏宗教文化》，浙江文化出版社出版。
4. 牙含章著，《達賴喇嘛傳》，人民出版社，一九八四年九月出版。
5. 苗滋庶、李耕、曲又新、羅發西編，《拉卜楞寺概況》，甘肅民族出版社，一九八七年八月版。
6. 李冀誠著，《西藏佛教・密宗》，今日中國出版社，一九八九年十二月版。

7.中共甘肅省委統戰部編，《甘肅宗教》，甘肅人民出版社，一九八九年一月版。
8.譚・戈倫夫《北美藏學研究簡況》（講稿），載四川外語學院編，《國外藏學研究》雜誌第一期。
9.多吉占堆，〈班禪大師靈塔祀殿開工典禮紀實〉，載《中國西藏》，一九九一春季號。
10.多吉占堆，《八寶丹珠爾在布達拉宮重輝》，載《中國西藏》，一九八九年冬季號。
11.郝劉祥、張小農、于子成，〈在亞堆村過望果節〉，載《中國西藏》，一九九〇年秋季號。
12.洛桑年扎，〈噶舉派高僧對藏族文化的貢獻〉，載《中國西藏》，一九九〇年秋季號。
13.青海民族學院編，《西藏佛教史講義》，油印本。
14.才讓加，〈關於藏族寺院經濟的興衰及其實質的探討〉，載《西北民族學院學報》，一九九〇年第二期。
15.孫林，〈藏傳佛教對於死亡的偉大實踐：藏密瑜伽中陰靜修法簡介〉，載《西北民族學院學報》，一九九一年第四期。
16.娜茜，〈藏戲源流初探〉，載《西藏研究》，一九八七年第一期。
17.波米・強巴洛卓，〈哲蚌寺及其創建者甲羊劫吉〉，載《西藏研究》，一九八七年第二期。
18.波米・強巴洛卓著，敏學譯，〈色拉寺及其創建者釋迦益西〉，載《西藏研究》，一九八七年第三期。
19.才旦夏茸著，蒲文成譯，〈喀的喀寺院的宗喀巴大師聖像〉，載《西藏研究》，一九八七年第三期。
20.谷川，〈德格印經院概述〉，載《西藏研究》，一九八七年第四期。
21.王璐、天放，《乾隆皇帝與第三世章嘉活佛》，載《西藏研究》，一九八七年第四期。
22.楊學政，〈西藏佛教在雲南的傳播和影響〉，載《西藏研究》，一九八八年第一期。
23.周潤年，〈西藏佛教對藏區雕版印刷業的影響〉，載《西藏研究》，一九八八年第二期。
24.石世梁，〈佛教密宗釋論〉，分載《西藏研究》，一九八八年第三期，一九八八年第四期、一九八九年第一期。
25.何周德，〈桑耶寺綜述〉，載《西藏研究》，一九八八年第三期、第四期。
26.張慶有，〈拉卜楞寺藏書梗概〉，載《西藏研究》，一九八八年第三期。
27.張駿〈西藏寺院密宗殿的壁畫〉，載《西藏研究》，一九八九年第一期。

28.霍巍〈西藏靈塔與肉身之制初探〉，載《西藏研究》，一九八九年第二期。
29.平朗〈漫談唐卡及其保護〉，載《西藏研究》，一九八九年第二期。
30.田必偉〈藏族原始宗教觀念演變試析〉，載《西藏研究》，一九八九年第三期。
31.旺堆〈五世至九世班禪合葬靈塔〉，載《西藏研究》，一九九〇年第二期。
32.萬瑪多吉〈拉卜楞寺殿樂沿革試析〉，載《西藏研究》，一九九〇年第三期。
33.歐朝貴・朱布久，〈羌塘草原上的帳篷寺廟——柏爾貢巴〉，載《西藏研究》，一九九一年第一期。
34.豆格才讓、扎嘎〈班禪世系的產生及歷世班禪轉世過程〉，載《西藏研究》，一九九一年第三期。
35.東嘎倉・才讓加，〈拉卜楞寺經濟運行及思考〉，載《西藏研究》，一九九一年第三期。
36.萬瑪，《略論藏傳佛教史上的女密宗師瑪吉拉珍及其能斷派》，載《西藏研究》，一九九一年第四期。
37.張慶有，〈拉卜楞寺活佛轉世資料〉，載《西北民族研究》，一九九〇年第一期。

<附表>

■達賴喇嘛世系表

世次	名	出生地	生年	在位時間	享年
1	根敦珠巴	後藏霞堆	西元1391年	西元1419 -1474年	84
2	根敦嘉措	後藏達納	西元1475年	西元1476 -1542年	68
3	瑣南嘉措	前藏堆龍	西元1543元	西元1543 -1588年	46
4	雲丹嘉措	蒙古圖克隆 汗	西元1589年	西元1603 -1616年	28
5	阿旺・洛桑嘉措	前藏窮結	西元1617年	西元1642 -1682年	66
6	倉央嘉措	前藏門隅	西元1683年	西元1697 -1706年	25
7	格桑嘉措	理 塘	西元1708年	西元1720 -1757年	50
8	強白嘉措	後藏扎布里	西元1758年	西元1762 -1804年	47
9	隆朵嘉措	鄧 柯	西元1805年	西元1808 -1815年	11
10	楚臣嘉措	理 塘	西元1816年	西元1822 -1837年	22
11	克珠嘉措	康 定	西元1838年	西元1842 -1855年	18
12	成烈嘉措	沃卡巴卓	西元1856年	西元1860 -1875年	20
13	土登嘉措	拉薩郎敦	西元1876年	西元1878 -1933年	58
14	丹增嘉措	青海湟中	西元1940元	西元1940 -	

■班禪喇嘛世系表

世次	名	出生地	生年	在位時間	享年
1	克主杰	後藏拉堆	西元1385年	西元1385-1438年	54
2	索南曲朗	後藏萬龍	西元1439年	西元1439-1504年	66
3	羅桑敦珠	後藏達奎	西元1505年	西元1505-1566年	62
4	羅桑卻吉	拉柱嘎爾	西元1567年	西元1567-1662年	96
5	羅桑益西	接堆參	西元1663年	西元1663-1737年	75
6	巴丹益西	間扎京策爾	西元1738年	西元1738-1780年	43
7	丹白尼馬	後藏	西元1782年	西元1782-1853年	72
8	丹白旺久	後藏	西元1855年	西元1855-1882年	29
9	曲吉尼馬	瓊科爾結	西元1883年	西元1883-1937年	55
10	卻吉堅贊	青海循化	西元1939年	西元1949年3月-	

〔資料來源〕金楓出版，《藏傳佛教藝術》

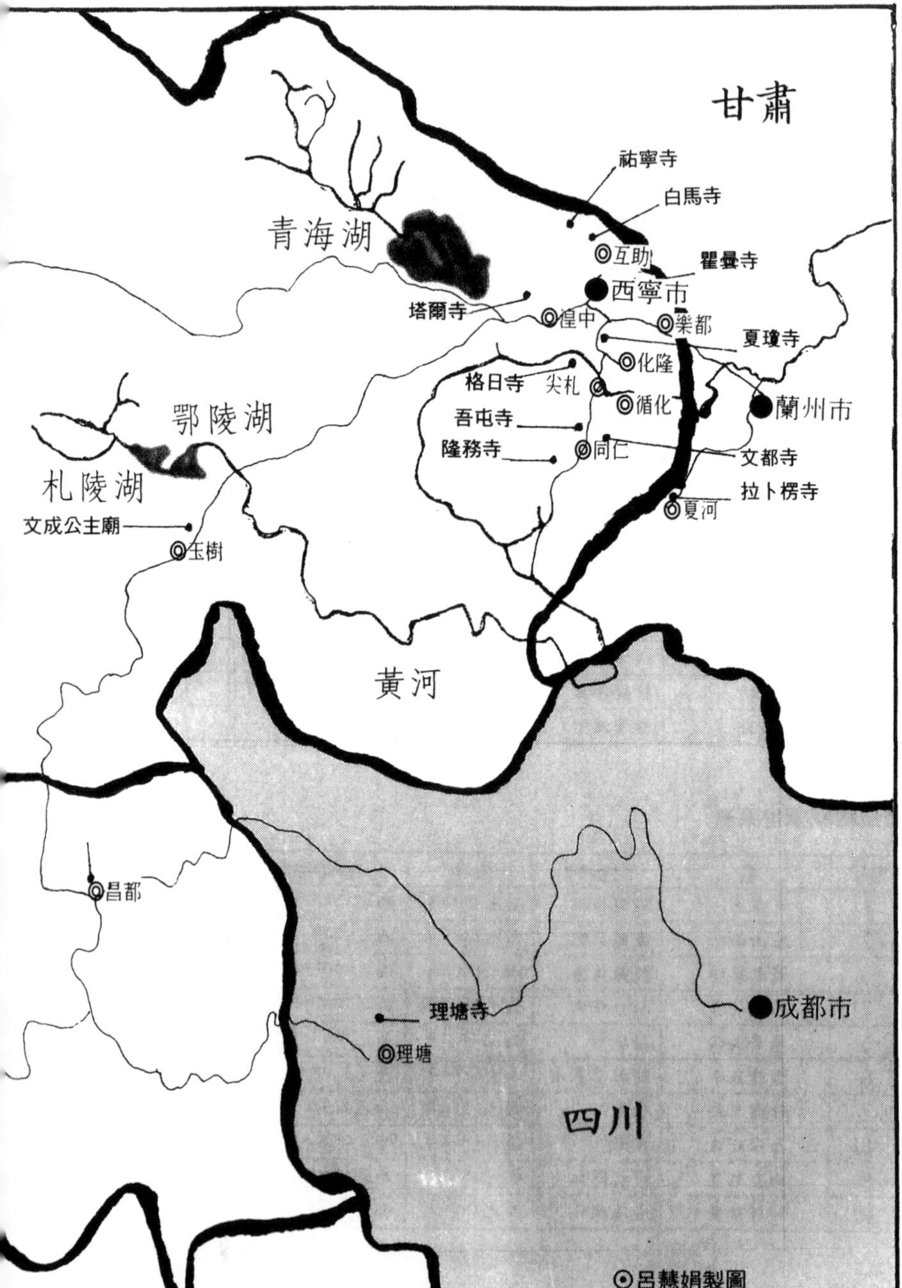
甘肅
祐寧寺
白馬寺
青海湖
互助
瞿曇寺
西寧市
塔爾寺
湟中
樂都
夏瓊寺
化隆
格日寺
尖札
循化
蘭州市
吾屯寺
鄂陵湖
隆務寺
同仁
文都寺
札陵湖
拉卜楞寺
夏河
文成公主廟
玉樹
黃河
昌都
理塘寺
成都市
理塘
四川
呂慧娟製圖

新疆
青
西藏
小昭寺
熱振寺
大昭寺
扎什倫布寺
色拉寺
那塘寺
林周
哲蚌寺
夏魯寺
拉薩市
布達拉宮
薩迦寺
薩迦
達孜
墨竹工卡
日喀則
業爾巴寺
迦材寺
年楚河
札囊
甘丹寺
百居寺
桑鳶寺
乃東
昌珠寺
雅魯藏布江
澤當寺
公路
河流
湖泊

■青藏高原著名藏傳佛寺

寺名	教派	興建年代	地點	備註
大昭寺	格魯	唐、歷代增修	西藏拉薩市	已修復完好
小昭寺	格魯	唐、歷代增修	西藏拉薩市	殘破
布達拉宮	格魯	唐、十七世紀擴建	西藏拉薩市	完好
桑鳶寺	寧瑪、薩迦	唐、歷代增修	西藏扎囊縣	殘破
昌珠寺	格魯、寧瑪	唐	西藏乃東縣	殘破
迦材寺	格魯、寧瑪	唐	西藏墨竹工卡縣	有遺址
業爾巴寺	噶當、寧瑪	唐	西藏達孜縣	有遺址
白馬寺	格魯	唐末、五代之間	青海省互助縣	已重建
托林寺	格魯、寧瑪	五代、宋之間	西藏扎達縣	
熱振寺	噶當	西元1056年	西藏林周縣	殘破
薩迦寺	薩迦	西元1073年	西藏薩迦縣	北寺已毀，尚存南寺
夏魯寺	布頓	西元1087年	西藏日喀則縣	殘破
那塘寺	噶當	西元1153年	西藏日喀則縣	印經院已毀
昌都寺	格魯	西元1347年	西藏昌都縣	殘破
澤當寺	格魯、噶舉	西元1351年	西藏乃東縣	殘破
瞿曇寺	格魯	西元1392年	青海省樂都縣	完好
甘丹寺	格魯	西元1409年	西藏達孜縣	毀，現正重建建
哲蚌寺	格魯	西元1416年	西藏拉薩市	已維修完好
色拉寺	格魯	西元1418年	西藏拉薩市	已維修完好
白居寺	噶舉	西元1439年	西藏江孜縣	已修復
扎什倫布寺	格魯	西元1447年	西藏日喀則縣	已修復
夏瓊寺	格魯	西元1577年	青海省化隆縣	毀，現正重建
塔爾寺	格魯	西元1578年	青海省湟中縣	完好
理塘寺	格魯	西元1612年	四川省理塘縣	毀
祐寧寺	格魯	西元1709年	青海省互助縣	毀，現正重建
拉卜楞寺	格魯		甘肅省夏河縣	已修復
吾屯寺	格魯		青海省同仁縣	已修復
隆務寺	格魯		青海省同仁縣	修復中
文都寺	格魯		青海省循化縣	毀，現正重建
格日寺	格魯		青海省尖扎縣	已修復
文成公主廟			青海省玉樹縣	完好

〔資料來源〕金楓出版，《藏傳佛教藝術》